GOLDMANN
ESOTERIK

Buch

Mit über einer Million begeisterten Lesern seiner bisher drei bei Goldmann erschienenen Bücher ist Erhard F. Freitag der in Deutschland bekannteste Vertreter des positiven Denkens in der Schule von Dr. Joseph Murphy. Freitag arbeitet in München als Hypnosetherapeut und leitet dort seit 1974 ein Institut für Hypnoseforschung. Seine Vorträge im ganzen Bundesgebiet werden von Tausenden besucht. Sein Buch »Kraftzentrale Unterbewußtsein« hat inzwischen eine Auflage von über 500000 Exemplaren erreicht.

In seinem neuesten Buch setzt Freitag sich mit den Alltagsproblemen von Menschen auseinander, die sich selbst den Weg des positiven Denkens erschlossen haben und versuchen in ihren Alltag umzusetzen. In einem Brief hat er sich an alle Interessenten seiner Arbeit und Patienten seines Instituts gewandt und die wichtigsten Fragen zur Praxis des positiven Denkens gesammelt, die er in diesem Buch gemeinsam mit der Autorin Carna Zacharias beantwortet.

Autoren

Erhard F. Freitag wandte sich nach einer kaufmännischen Ausbildung dem Beruf des Heilpraktikers zu. Er ist heute einer der bekanntesten Hypnosetherapeuten der Bundesrepublik und hat seit 1974 in München ein Institut für Hypnoseforschung. Seine Form der Therapie, die auf dem »Positiven Denken« von Dr. Joseph Murphy basiert, ist einmalig in Europa.

Carna Zacharias arbeitet als Autorin und Journalistin in München. Sie schrieb das Kinderbuch »Jana« (1983) und das Sachbuch »Wo liegt Utopia?« (1985).

Von Erhard F. Freitag sind als Goldmann-Taschenbücher bisher erschienen:

Kraftzentrale Unterbewußtsein (11740)
Hilfe aus dem Unbewußten (11744)

in Zusammenarbeit mit Carna Zacharias:
Die Macht Ihrer Gedanken (10357)

Erhard F. Freitag

MIT CARNA ZACHARIAS

Erkenne Deine geistige Kraft

GOLDMANN VERLAG

Umwelthinweis:
Alle bedruckten Materialien dieses Taschenbuches
sind chlorfrei und umweltschonend.
Das Papier enthält Recycling-Anteile.

Der Goldmann Verlag
ist ein Unternehmen der Verlagsgruppe Bertelsmann

Umschlagentwurf: Design Team München
Satz: IBV Satz- und Datentechnik GmbH, Berlin
Druck: Elsnerdruck, Berlin
Verlagsnummer: 11812
Lektorat: Michael Görden
Ba · Herstellung: Heidrun Nawrot/sc
Made in Germany
ISBN 3-442-11812-6

9 10 8

Inhalt

Vorwort 9

Teil I: Fragen zur Lebensphilosophie 11

Jeder Mensch ist perfekt · Zum Unterschied von positivem Denken und Wunschdenken · Egoismus und positives Denken · Gibt es einen freien Willen? · Wie kann ich die Polarität verstehen? · Was ist Glauben? · Fördert positives Denken nicht die Konfliktvermeidung? · Die Kraft der Verneinung · Warum gibt es soviel Böses auf der Welt? · Ist das Böse nicht genauso real wie das Gute? · Viele Zeichen deuten auf Endzeit · Was ist Glück? · Was ist Liebe? · Was ist Erfolg? · Kann das Leben immer aus Freude bestehen? · Soll ich meine Wünsche einer höheren Instanz überlassen? · Wer bin ich?

Teil II: Fragen zu konkreten Problemen 67

Erfüllung der Zukunftsperspektiven · Unklare Zukunft statt klare Gegenwart · Habe ich Alternativen? · Warum habe ich Angst? · Ich leide unter Negativität · Wie gehe ich mit meinen Aggressionen um? · Wie vergesse ich meine schwere Kindheit? · Warum bin ich so einsam? · Keine Zeit zum Meditieren · Interesse an körperlicher Liebe verloren · Wie kann ich Harmonie in mein Leben bringen? · Warum bin ich abhängig von der Meinung anderer? · Wie finde ich die richtige Arbeit? · Beruflicher Erfolg trotz »Negativität«? · Wie motiviere ich meine Umwelt? ·

Warum sind meine Kinder so undankbar? · Wie werde ich meine Geldsorgen los? · Welche Einstellung hast du zum Geld? · Warum hänge ich am Besitz? · Wie wichtig ist gesunde Nahrung? · Sind alle Krankheiten psychosomatisch? · Vorbereitung aufs Sterben · Beten für andere · Brauchen wir Gurus?

Teil III:
Fragen zu Theorie und Praxis des positiven Denkens 153

Warum ein Buch mit Fragen und Antworten? · Wie arbeitet mein Unterbewußtsein? · Was bedeutet positives Denken? · Was ist Gedankenkontrolle? · Welche Therapieformen führen mich am schnellsten zu meinem Ziel? · Was ist Hypnose? · Was spielt sich in deinen Seminaren ab? · Soll ich Seminare besuchen? · Eine Methode zur Tiefenentspannung · Wie soll ich die Suggestionen anwenden? · Unterschied zwischen Suggestionen und Affirmationen · Negative Suggestionen · Ziele und Suggestionen · Was sind Subliminals? · Kinder und Suggestionen · Keine Änderung durch Suggestionen · Rückschläge mit positivem Denken · Warum mache ich immer die gleichen Fehler? · Wie lerne ich loszulassen?

Nachbemerkung 219

Dank

Für die freundliche Unterstützung in den letzten Jahren danke ich Rainer Holbe von RTL +.

Angelika Prechtel sei gedankt, sie hatte die Idee zu diesem Buch.

Von Herzen Dank an alle, die mit ihren Fragen zur Entstehung dieses Buches beigetragen haben.

Vorwort

Liebe Freundin, lieber Freund,

Wie soll ich leben? – Diese Frage hast du dir sicher schon ein paar Mal in deinem Leben gestellt, und wahrscheinlich geschah es in Zeiten der Neuorientierung, in Krisen. Solange es uns gut geht, leben wir einfach und denken auch nicht lange darüber nach, was wohl die Gründe für unsere Zufriedenheit sein mögen. Doch dann stellt sich irgend etwas in den Weg, eine Krankheit, eine Trennung, eine Kündigung, und wir halten inne, wir denken nach über unser Leben. Wenn nicht so, ja wie soll ich denn dann leben, fragst du dich vielleicht verzweifelt. Deine alten Muster funktionieren nicht mehr, neue sind noch nicht in Sicht. Du fühlst dich unsicher, du hast Angst. Und dann, manchmal ganz plötzlich, kommt von irgendwoher ein Funke. Ein Gedanke steigt in dir hoch, oder du reagierst wie elektrisiert auf einen Anstoß von außen. Ja, das ist es! Du rappelst dich auf und beginnst, erst unbeholfen, dann immer mutiger, einen neuen Weg auszuprobieren. Mit diesem Buch geben wir dir eine Anleihe auf deine zukünftigen Erkenntnisse, du kannst damit deine Schulden aus der Vergangenheit bezahlen…

Wie soll ich leben? Die Frage begleitet dich dein ganzes Leben lang, und es gibt niemanden auf der ganzen Welt, der sie für dich schlüssig und ein für alle Mal beantworten könnte. Auch wir nicht. Aber eines ist uns möglich: Wir können dir genau den Impuls, den Anstoß geben, der dich ermutigt, deinen Weg zu gehen. Nimm unser Buch also bitte nicht als ein Buch der sogenannten ewigen Wahrheit, nimm es als Anregung, einen Dialog mit dir selbst zu eröffnen. Und das ist der aufregendste und lehrreichste Dialog, den du überhaupt in deinem Leben führen kannst!

Wir nehmen an, daß du die Bücher *»Kraftzentrale Unterbewußtsein«, »Hilfe aus dem Unbewußten«* und *»Die Macht Ihrer Gedanken«* kennst oder zumindest eines von ihnen. Aber auch wenn das nicht der Fall ist, findest du alles in dem vorliegenden Buch, was du zum Thema »positives Denken« wissen mußt.

Noch eine Anmerkung: Obwohl wir dieses Buch, wie schon *»Die Macht Ihrer Gedanken«*, gemeinsam geschrieben haben, sind wir zu dem Entschluß gekommen, ausschließlich in der Ich-Form von uns zu reden (und dich wieder zu duzen). Wir glauben, daß du dich dadurch direkter angesprochen fühlst, denn wir konnten dadurch noch persönlicher sein.

Und nun wünschen wir dir mit einem Ratschlag von Carlos Castaneda für die Zweifelsfälle des Lebens alles Gute: »Ist es ein Weg mit Herz? Wenn er es ist, ist der Weg gut, wenn er es nicht ist, ist er nutzlos.«

Herbst 1987 *Erhard F. Freitag, Carna Zacharias*

Teil I:
Fragen zur Lebensphilosophie

Jeder, der beginnt, über sich selbst nachzudenken, stößt zwangsläufig auf philosophische Fragen. Fragen, die alle Menschen bewegen und die doch ausschlaggebend für das persönliche Glück eines jeden einzelnen sind. Was ist der Mensch? Woher kommt er, wohin geht er? Das steht hinter allen diesen Fragen. Jeder, ob es ihm bewußt ist oder nicht, macht sich ein Bild vom Menschen, legt sich eine Meinung, einen Glauben über das Menschsein an sich zurecht. Ich glaube, es ist besser, wenn du dir dieses Menschenbild, das du in dir trägst, bewußt machst. Denn dann hältst du dich nicht mit unwichtigen Problemchen auf, sondern kommst immer gleich zum Kern der Sache.

Frage: Du sagst: Jeder Mensch ist ein in sich geschlossenes, perfektes System, in das andere nicht das Recht haben einzugreifen. Warum dann Therapie?

Meine Therapie versucht nicht, irgendwo einzugreifen, weil das nicht möglich ist und auch niemals Sinn einer Hilfestellung sein kann! In meiner Philosophie liegt der Sinn jedes Seins im Wachsen, Wachsen durch Bewußtseinserweiterung. Genau das versuche ich zu erreichen. Dem Menschen als perfektes, vollständiges Universum etwas hinzufügen zu wollen, ist mit dem Wunsch zu vergleichen, Gott in seiner Schöpfung Verbesserungsvorschläge zu machen. Auf unserer momentanen Evolutionsebene sind wir keineswegs in der Lage, über den Kochtopfrand hinwegzusehen. In einem wissenschaftlichen Computerexperiment in Göttingen wurden von Fachleuten Verbesserungsvorschläge zur Strukturveränderung eines (simulierten) Landes eingegeben. Die Wissenschaftler erarbeiteten Vorschläge mit dem Ziel, diesem Land mit einem niedrigen technologischen Standard einen höheren Lebensstandard zu ermöglichen. Das Ergebnis war niederschmetternd. Alle Maßnahmen endeten mit Reduzierung der Lebensqualität, in vielen Fällen sogar mit der Vernichtung des ganzen Volkes. Alles, was Menschen an Positivem dem Lauf der Dinge hinzufügen wollten, war falsch. Alles, was in ein gewachsenes System von außen künstlich eingebracht wird, paßt nicht und ist nicht assimilierbar.

Wir Menschen sind zur Zeit auf keinen Fall in der Lage, einen Vorgang zu verbessern. Durch Hinzufügungen kommt es zu Bedingungen, die wir nicht überblicken können. In sich geschlossene Systeme können nur aus sich selbst heraus Voraussetzungen entwickeln, die zum Wachsen geeignet sind. Alles, was künstlich von außen aufgezwungen wird, führt nicht zur Vervollkommnung, sondern zum Zusammenbruch des Systems. In jedem System, in jedem Menschen, ist alles enthalten, was zur Reise benötigt wird. Wenn es hier überhaupt ein Problem gibt, so liegt es in der Unkenntnis des Menschen um seine Reise-Utensilien.

Hier nun setzt meine Therapie an. Nicht wissen bedeutet, daß man etwas nicht zur Kenntnis genommen hat. Meine Therapeuten sind im übertragenen Sinne von mir autorisierte Reiseführer und helfen den Reisenden, die Schönheit des Landes, des Innenreichs, zu erkennen. Meine Therapeuten sind Expeditionsführer auf der Abenteuerreise Leben. Sie sind Wegweiser dem Wanderer, der fragt. Zu mir kommen, in Seminare und Therapien, immer mehr »Suchende«, die sich nebenbei von Krankheiten und Problemen lösen möchten. Immer mehr erkennen ihre Selbst-Verhaftung und suchen die Los-Lösung in Freiheit.

Ich verstehe meine Therapie als einen Katalysator, der durch seine Anwesenheit einen Reinigungsprozeß ermöglicht. Ich habe in meinem Leben noch nie einen Menschen verändert und so wird es auch bleiben. Meine Hand bietet Hilfe zur Selbsthilfe in Freiheit. In allem ist alles enthalten. In jeder menschlichen Zelle ist der gesamte Bauplan für einen kompletten Menschen gespeichert. In jedem Menschen sind all die Antworten, zu denen er eines Tages die passende Frage stellen wird. Nur, es ist impliziert (enthalten), eingewickelt sozusagen. Wenn ein Mensch überhaupt etwas braucht, dann ist es jene Ent-Wicklungshilfe, die es ihm ermöglicht, sich zu entwickeln. Wenn dein Kind geboren wird, so fügst du ihm auch nichts Neues hinzu, du schaffst lediglich (möglichst günstige) Voraussetzungen dafür, daß sich all das, was schon lange in ihm ist, entwickeln kann.

Stell dir vor, auf einer langen Mullbinde ist fein säuberlich aufgeschrieben, wo auf einer Insel ein Schatz vergraben liegt. Wie es aber Mullbinden so an sich haben, ist auch diese aufgewickelt. Um aber an den Schatz zu kommen, brauchst du die Informationen. Doch die sind dir nur zugänglich, wenn du beginnst, die Mullbinde zu ent-wickeln.

Erkenne, daß das Wissen um die genaue Lage des Schatzes immer vorhanden ist. Doch um dieses Wissen in dein persönliches Bewußtsein zu bringen, bedarf es noch einer kleinen Entwicklung – jetzt ist das Geheimnis gelöst. Genauso sehe ich den Menschen. Er ist in Entwicklung begriffen und fragt dabei manchmal nach »Aufroll-Hilfen«. Manche fangen am wissenschaftlichen, andere am mystischen Ende an. Das ist egal, das Ergebnis ist das gleiche, denn Wissenschaft und Mystik feiern heute Hochzeit.

Im neuen holographischen Weltbild heißt es: *In jedem Teil ist der Bauplan des Ganzen.* Das Ganze ist im Teil, das Teil im Ganzen. Es gibt also nichts hinzuzufügen, alles ist in vollkommener Ordnung. Das Universum – und mit ihm der Mensch – ist paradoxerweise ein geschlossenes System, das gerade deshalb geschlossen ist, weil es jederzeit offen dafür ist, notwendige Entwicklung zu betreiben.

Dem Menschen geht es wie der Hummel. Eigentlich könnte eine Hummel niemals fliegen, denn, so behaupten es Aerodynamiker, sie ist aufgrund ihres Kraft-Masse-Verhältnisses gar nicht in der Lage zu fliegen. Ihre Flügel sind zu klein, um den großen Körper auch nur für kurze Zeit in die Luft erheben zu können. Aber sie fliegt offensichtlich! Scherzbolde sagen: Weil sie nicht weiß, daß sie eigentlich fliegen kann, fliegt sie. Der Mensch weiß, daß er eigentlich »fliegen« kann, aber zu oft schon wurde es ihm ausgeredet, und so glaubt er den Atheisten und bleibt, im Gegensatz zur Hummel, sitzen.

Therapie, so wie ich sie verstehe, besteht darin, dem noch erdgebundenen Wesen Mensch zu helfen, im stillen Kämmerlein erste Flugversuche zu machen und so seiner Bestimmung mehr und mehr zu entsprechen. Die Natur des Menschen ist der Fähigkeit zu fliegen näher als seine grobstoffliche Körperlichkeit. Therapie bedeutet für mich, dem Suchenden liebevoll die Hand zu reichen, wenn er danach fragt, ihn dort zu geleiten, wo sein Weg schwierig sein mag. Therapie ist für mich, mit meinem Gegenüber von der Liebe Gottes im Land der Lebenden zu sprechen. Ist, uns gegenseitig da ein Licht zu sein, wo Finsternis herrscht. Therapie ist für mich tätige Liebe. Den anderen zu fragen: Was kann ich für dich tun? Was kann ich dir geben? Ist ihm das Gefühl zu geben, ihm bei allem zu helfen, was er braucht? Ist ihm seine Angst vor der Einsamkeit, der Isolation, der Armut zu nehmen? Therapie greift nicht ein und fügt nichts hinzu, sondern sie bedeutet *da* zu sein, wo ich gebraucht werde. Ich versuche, diesen Geist in meiner Praxis walten zu lassen und, Liebe lehrend, sie gleichermaßen zu lernen.

Jemand, dessen irdisches Leben zu Ende war, kam in den Himmel, und Gott zeigte dem Ankömmling noch einmal rückblickend seinen Lebensweg. »Siehst du da unten unsere Spuren?« fragte Gott. Und der Mensch blickte hinunter, sah noch einmal alle Stationen seines Lebens und sagte: »Schau, dort in der Wüste sehe ich nur meine Spuren. Dort, wo es mir schlecht ging, hast du mich verlassen.« Da antwortete Gott: »Nein, als es dir schlecht ging, trug ich dich.«

Diese symbolische Geschichte bietet sich mir an, wenn ich an Therapie denke, an tätige Liebe. Dem anderen zu helfen, ohne daß er es merkt, ohne jede Bedingung, nicht des Dankes wegen. Aus Liebe. Den anderen tragen, dort wo er es braucht, und es unmerklich zu tun. Therapie ist, dem Fragenden zu sagen, wo der Topf mit dem eventuell benötigten Wachstumsmittel steht. Kurz, Liebe ist die einzige Therapie, und die Welt braucht Therapeuten, weil ihr Liebe fehlt!

Wünsche zu haben, Träumen nachzuhängen, ist zeitlebens eine unserer wesentlichsten Beschäftigungen. Der Mensch lebt nicht vom Brot allein, er ist ein geistiges Wesen, das sich in geistigen Sphären bewegt. Doch wir kennen alle diese verworrenen Tagträume, in denen man sich zum Beispiel als Präsident phantasiert, aber gleichzeitig weiß, daß man dieses Amt niemals bekleiden wird. Wo liegt der Unterschied zwischen Wünschen und Wünschen? Darauf versuche ich im folgenden zu antworten.

Frage: Was ist der Unterschied zwischen positivem Denken und Wunschdenken?

Das Wunschdenken (wishful thinking), von dem du sprichst, ist für mich nichts anderes als eine Ansammlung illusionärer Träume, die gar nicht die Voraussetzungen haben, sich zu erfüllen. Der wertvollste Samen kann nicht keimen, wenn du ihn auf der Autobahn säst! Der Boden ist nicht der richtige dafür.

Ich nehme mal an, du bist klein und ausgesprochen mollig. Du stellst dir nun vor, daß du ein international gefragtes, superschlankes Fotomodell bist. Das tust du heimlich, denn du möchtest dich ja nicht lächerlich machen. Gleichzeitig beklagst du dich jeden Tag darüber, daß du zu dick bist und läßt kein Tortenstück in deiner Nähe unverspeist. In diesem Fall *willst* du zwar superschlank sein, aber du *glaubst*, daß du zu dick bist und auch so bleiben wirst.

Der wesentliche Unterschied zwischen Wunschdenken und positivem Denken besteht also darin, daß du einmal etwas *willst* und das andere Mal etwas *glaubst*.

Das Wollen entspringt dem intellektuellen Bewußtsein. Diese Kraft ist gegenüber dem Glauben recht oberflächlich, leicht von außen zu beeinflussen und sehr wechselhaft. Heute willst du ein schickes Auto, morgen allem Weltlichen entsagen und übermorgen drei Kinder. *Dein Wille wird von deinem Ego eingesetzt, um dessen Ziele zu erreichen.* Bis zu einem gewissen Grad ist das durchaus nutzbringend. Dein Wille bringt dich dazu, jeden Morgen zur Arbeit zu gehen, er läßt dich die Dinge des Alltags erledigen, er kann dich allerlei unternehmen lassen, damit deine Person in einem gewissen Glanz erstrahlt. Auf einer tieferen Ebene ist dein Wille jedoch machtlos. Ja, er ist sogar ein Hindernis, denn er hat immer etwas Gewalttätiges an sich, er möchte unter Einsatz von Kraft etwas erreichen. Nun kannst du mit der Kraft deines Willens zwar zum Beispiel die Möbel in deiner Wohnung umstellen. Aber kannst du allein mit der Kraft deines Willens den richtigen Lebenspartner finden, ein Kind bekommen, deinen Traumjob finden? Nein, das ist unmöglich. Es verhält sich sogar gerade umgekehrt. Je mehr Willensenergie du einsetzt, um ein solches Ziel zu erreichen, desto mehr Hindernisse wirst du auf dem Weg dorthin antreffen. Ich drücke es anders aus: *Die Energie, die du einsetzt, um ein Ziel zu erreichen, ist selbst das Hindernis auf dem Weg zu deinem Ziel.* Je mehr Energie, desto größer also das Hindernis!

Wunschdenken ist Wollen, das von keinem Glauben gespeist ist. Du willst auf der seelischen Ebene etwas mit aller Gewalt, weil du Angst hast, es nicht zu bekommen. Ein übermäßig angespannter Wille ist ein Zeichen von mangelndem Vertrauen. Glaube dagegen ist die Gewißheit, daß das, was du wünschst, schon da ist. Und »Alle Dinge sind dem möglich, der da glaubt.« (Markus-Evangelium).

Ich könnte mir denken, daß du allergisch gegen das Wort »Glaube« bist, weil du es in deiner Kindheit zu oft in der Kirche gehört hast. »Das kann man nicht beweisen, das muß man glauben«, wurde uns auf unsere Fragen nach Gott gesagt, und so ist Glaube eine höchst zweifelhafte Angelegenheit für uns geworden. Etwas, woran man sich klammert, wenn man keine Beweise hat. Vergiß bitte alles, was sich für dich mit dem Wort Glauben verbindet und laß das Wort so auf dich wirken, als hättest du es noch nie gehört. Glaube ist das, dessen du gewiß bist in deinem tiefsten Inneren. Das, worauf du ständig deine Aufmerksamkeit lenkst. Das, was du durch deine Gedanken daran erschaffst.

Der Mangel an Beweisen rührt daher, daß das reine Sein sich der logischen Beweisführung des Intellekts entzieht. Im Mittelalter machte sich ein Haufen superschlauer Gelehrter daran, nach sogenannten Gottesbeweisen zu suchen. Doch was nützt schon eine Liste logisch einwandfreier Begründungen, wenn du in deinem Herzen nicht *weißt*, daß es Gott gibt? Oder nimm das absurde Wort »Liebesbeweis«. Damit sind allerlei Gesten gemeint, die *jeder* ausführen kann. Doch gleichgültig, ob du deiner Frau jeden Tag Blumen mitbringst und ihr jeden Wunsch von den Augen abliest: Sie muß *glauben*, das heißt, in ihrem Herzen *wissen*, daß du sie liebst – sonst kannst du dich mit deinen »Liebesbeweisen« auf den Kopf stellen.

Glaube ist also notwendig, damit sich Wünsche verwirklichen können.

Wie aber entsteht Glaube bei einem, der ein ständiger Zweifler ist? In meinem Buch *»Die Macht Ihrer Gedanken«* habe ich es so ausgedrückt:

Glauben hat etwas zu tun mit Selbstvertrauen.

Selbstvertrauen entsteht aus Selbstbewußtsein.

Selbstbewußtsein ist die Wirkung von Meditation über das Selbst.

Meditation über das Selbst ist nicht grüblerisches Nachforschen, logische Durchdringung. Sammle einen längeren Zeitraum hinweg (wenn du willst, dein ganzes Leben lang) absichtslos Informationen über das Selbst. Vertraue deiner Intuition, gib dem sogenannten »Zufall« eine Chance, dir das zufallen zu lassen, was du gerade brauchst. Auf diesem Weg wirst du dir deines Selbst bewußt. Wenn dir etwas bewußt ist, dann hast du Vertrauen in diese Sache – und aus Vertrauen in deine Möglichkeiten erwächst der Glaube, daß du sie auch verwirklichen kannst.

Wenn du dir über einen längeren Zeitraum Wünsche vorgestellt hast, die sich nicht erfüllen, überprüfe sie einmal. Frag dich: Glaube ich wirklich daran, daß ich das erreichen kann? Falls doch nicht so ganz: Wie kann ich den Wunsch formulieren, damit ich daran glauben kann?

Ich nehme an, du wünschst dir, wie Millionen anderer Leute auch, einen Sechser im Lotto zu haben. Wenn du dir diesen Wunsch genauer anschaust, wirst du wahrscheinlich feststellen, daß du nicht wirklich daran *glaubst*, daß dir das jemals gelingen wird. Anstatt nun Jahre deines Lebens mit einem fruchtlosen Wunschdenken zu verbringen und arm zu bleiben, ändere doch einfach deinen Wunsch. Wünsche dir, daß du *irgendwie* zu Geld kommst, daran kannst du vermutlich sehr viel leichter glauben. Auch Befürchtungen sind Glaube, negativer Glaube. Wenn du dir etwas wünschst, aber im selben Moment befürchtest, daß du es doch nicht bekommen wirst, geschieht dir auch nach deinem Glauben: Du wirst es *nicht* bekommen.

Befreie das, was du dir wünscht, aus den Ketten der Angst, der Befürchtungen und des angestrengten Wollens. Gib es frei. Laß es los. Dann erst kann es tatsächlich sein. Und genau das ist es doch, was du dir ersehnst: Das es einfach *ist.*

Doch manchem ist selbst die Erfüllung von Wünschen unheimlich.

Frage: Besiegt positives Denken den Egoismus wirklich oder verstärkt es ihn nicht gerade?

Wie alles in der Schöpfung: weder noch, denn alles ist eine Frage der Dosierung und der Mittel, zur rechten Zeit am rechten Ort. Du kannst alles so interpretieren, wie du es willst, du kannst in allen Vorgängen dich selbst durch deine Meinung kundtun. Im Denken selbst liegt schon grundsätzlich wägen, messen, urteilen. Ob du zum Beispiel eine Zeitspanne als zu kurz oder zu lange beurteilst, hängt von dir ab, bzw. davon, ob du gerade Schmerzen oder Freude mißt. Hast du einen Wettkampf verloren, so sagst du »gut«, wenn dein Schmerz darüber möglichst kurz war, während der Gewinner »gut« sagt, wenn sein Gefühl der Freude über den Sieg lange anhaltend war. Würdest du nicht von deinem Ego ausgehen, wäre wenig oder gar nichts mehr gut oder böse. Diese Prädikate verteilst du nur nach dem Schlüssel: Ist es *für mich* gut oder böse? Gehe vom Standpunkt des Allgemeininteresses aus und lerne, in *jetzt* brauchbar oder nicht einzuteilen. Das Glühwürmchen und die Sonne wären dir gleich groß, wärest du nicht an Maße und Gewichte gebunden.

Positives Denken heißt aufbauendes Denken und ist Mittel zum Zweck eines intensiveren Lebensgefühls. Durch zielgerichtetes Denken kommst du schneller zum Ziel. Bist du ein Egoist, so wirst du mit positivem Denken deinem Wunsch nach Machtfülle wesentlich besser und schneller entsprechen können. Aber: All der Egoismus, der dir begegnet, ist für die Evolution ein notwendiges Verhaltensmuster, das irgendwann seine Notwendigkeit verliert und dann abgelegt wird.

Positives Denken beschleunigt Prozesse. Es gibt dem Ego Futter und dem Herzlichen noch mehr Herzlichkeit. Positives Denken führt zum Ziel, negatives auch! Denn das sind nur Namen, subjektive Definitionen nicht objektivierbarer Vorgänge. Lerne du deshalb zu akzeptieren, wenn der eine »gut« und der andere »schlecht« zum gleichen Geschehen sagt. Schmutz in deinem Wohnzimmer gefällt dir nicht, er ist »schlecht«, während ein Physiker dazu sagt, daß Schmutz nur Materie am falschen Ort ist. Und ein Dritter findet Schmutz in seinem Wohnzimmer gar völlig in Ordnung – weil er gerade renoviert und der Schmutz nur die Vorstufe zu einer größeren Sauberkeit ist. Wer hat nun recht?

Ein Mensch, der lernt, sein zielgerichtetes Denken im Interesse vieler einzusetzen, handelt zum Nutzen aller und wird gelobt. Jemand, der lernt, sein zielgerichtetes Denken zu seinem eigenen Nutzen einzusetzen, wird getadelt, zumindest von denen, die nichts abbekommen.

Laß positive Denker mit dieser, in deinen Augen egoistischen, Art zu denken und ihre Ziele zu verfolgen, fortfahren, solange sie wollen. Versuche nicht, jemandem sein neues Spielzeug kaputtzumachen. Interpretiere bitte nicht auch noch in positives Denken negative Motive oder Ergebnisse. Der in der Lebensphilosophie Geübte versucht damit nichts anderes als das Urteilen *überhaupt* zu unterlassen. Es gibt nichts Gutes oder Schlechtes, es gibt nur jetzt Brauchbares oder zur Zeit nicht Brauchbares. Es gibt keine Situation, die nur ungut wäre. Die Definition ungut ist immer Ausdruck einer recht untergeordneten Perspektive. Gott, die höchste Instanz, nannte die Schöpfung gut und sehr gut. Positives Denken hat auf Egoismus nur insofern Einfluß, als die Phase des egozentrischen Denkens über eine vorübergehende Intensivierung abgekürzt werden kann.

Wer schnell seine persönlichen Wünsche erfüllen konnte, wird genauso schnell bemerken, daß Materie, Macht und was immer er unbedingt haben mußte, letztlich schal und fade bleiben müssen. Er wird dann, in einem etwas anderen Sinn, als wir gemeinhin den Spruch benutzen, sagen: Da war doch noch was...

Er wird dann beginnen, nach dem zu suchen, was er noch nicht kennenlernte. Er wird es dann irgendwann finden, jenseits des engen Gesichtskreises seiner persönlichen Welt. Er erlebt die Welt des Du und findet über das Du zum Wir. Dieses Wir wird zunächst im Bereich der Partnerschaft liegen, um sich dann zum Wir im Sinne der ganzen Menschheit auszudehnen. Wie lange das auch währen mag, irgendwann wird sich das Bewußtsein ausdehnen, und aus förderndem Denken entwickelt sich das Gefühl des Mittragens bis hin zur Verantwortung für diesen Planeten. Aus egozentrischem Denken wird *immer* kosmisches Bewußtsein. Mit positivem Denken geht's nur schneller.

Nun fragst du dich vielleicht, ob du überhaupt die Wahl hast, dieses zu tun und jenes zu lassen. Das Problem des freien Willens ist ein Dauerbrenner in der Philosophie und niemand, der über das Wesen des Menschlichen nachdenkt, kommt an ihm vorbei.

Frage: Gibt es einen freien Willen?

Manch einem Leser wäre es angenehm zu hören, es gäbe keinen freien Willen. Die liebste Rolle des Menschen scheint die des Opfers zu sein. Er ist jahrtausendelang zu dieser Weltsicht erzogen worden und konnte deshalb gar nicht lernen, selbständig zu denken und zu handeln. Für den normalen Bürger gab es immer einen übermächtigen Gott, der in Fürsten, Königen, Kaisern und Päpsten Stellvertreter auf Erden hatte. Für die Frau war zudem noch der Mann selbsternannter Herrscher. Die sogenannte Obrigkeit, ob Staat oder Kirche, hat bis in dieses Jahrhundert hinein versucht, die Freiheit des Willens und der Meinungsäußerung so gut wie möglich in Grenzen zu halten. Wo die weltliche Macht in ihrer Kontrollmöglichkeit begrenzt war, dort wurde der allmächtige, alles sehende, alles wissende Gott bemüht, um Angst zu verbreiten und so Fügsamkeit und Gehorsam zu erzwingen. Bereits sehr früh wurde durch die Kirche der Gedanke vermittelt, daß Gott unsere Gedanken liest und uns hart bestraft, sollten wir nach unserer eigenen Façon selig werden wollen. Sehr früh schon wurde gelehrt: Der Mensch denkt, Gott lenkt.

Sprüche haben es oft an sich, Teilwahrheiten auszudrücken, sie sind zum Teil richtig, zum Teil Politik. Ähnlich verhält es sich mit deiner Frage. Der Mensch hat grundsätzlich einen freien Willen, aber nur im Rahmen dessen, dessen er sich bewußt ist, und das heißt, was er von seiner Natur und der Natur seiner Gedanken weiß. Die kürzeste Antwort auf deine Frage wäre »jein«. *Ja, der Mensch kann im Verhältnis zu anderen Erscheinungsformen seinen Willen äußern, nur weiß er oft gar nicht, was er will.* Stell dir vor, du hast in der Schweiz ein Nummernkonto, auf dem eine Million Schweizer Franken sind. Nur, du weißt es nicht! Ist das nicht schrecklich? Da hast du sehr viel Geld und könntest nach unseren Maßstäben herrliche Dinge damit tun, aber du bist dir deines Reichtums gar nicht bewußt und drehst jeden Pfennig dreimal herum, bevor du ihn für Kleinigkeiten ausgibst.

Da hat jemand sehr viel Geld und weiß es nicht. Da hat jemand einen freien Willen, nur er weiß (glaubt) es nicht! Er meint, daß sein freier Wille schon damit ausgelastet ist, daß er das Sofa von der rechten in die linke Ecke seines Zimmers schiebt. Dabei könnte er ein Schloß bauen.

Was fängt jemand mit Geld an, von dem er nichts weiß? Vermutlich dasselbe wie jener mit dem freien Willen, von dem er nichts weiß. Nämlich gar nichts. Wenn du aber von deinem Schweizer Konto erfährst, würdest du, so wie ich dich kenne, erstmal nach der Nummer fragen, nachschauen, und dann weitersehen. Aber wie du mich kennst, verrate ich dir die Nummer nicht, sondern empfehle dir, nun, da du ja weißt, daß dieses Konto existiert, gleich weiterzusehen. So kommst du bald zu der Erkenntnis, daß die Freiheit des Willens mit seinen Möglichkeiten weiter reicht, als du mit Millionen Schweizer Franken je kommen kannst. Doch die Millionen sind etwas Handfestes, das mit dem freien Willen ist wohl eine Verheißung, aber wer weiß, ob sie auch Millionen wert ist. Glaubst du.

Ich habe dir jetzt erklärt, daß wir einen freien Willen haben. Nun komme ich zu der Verneinung derselben Aussage. Der Mensch hat keinen freien Willen dort, wo es dem Schöpfer, oder nenne es die Evolution, um Grundsätzliches geht. Der Sinn des Lebens liegt wohl im Erkennen durch Lernen, in der Bewußtwerdung. Sobald du diesem Prinzip wenig oder gar nicht entsprechen willst, sobald du ein störrischer Esel sein möchtest, setzen leichte bis massive Zwangsmaßnahmen ein, um dich auf dem gewollten Weg zu halten. Ich glaube, daß unser freier Wille dort seine Grenzen findet, wo unsere Existenz sinnlos werden würde. Du würdest aus dem Rahmen herausfallen, deine Anwesenheit in der Schöpfung wäre ohne Aufgabe. In der gesamten Natur, soweit wir sie erfassen können, hat alles seinen Platz, ist alles gleichgültig, ist alles zugleich Basis für etwas und Ergebnis von etwas, aus dem es wurde. Dir ist nicht die Macht gegeben, nein zum Strom des Lebens zu sagen. Was immer du auch tust, es dient der Schöpfung und damit allen Wesen.

Sobald du mit deinem Willen gegensteuern möchtest, entsteht Reibung bzw. Leiden, und das führt dich zurück auf deinen Weg. Der Wille des Menschen ist in dem Maße frei, in dem er sich befreit. Der Schöpfer in dir vermag Wunder zu tun, sobald er sich seiner selbst bewußt geworden ist. Du bist frei, sobald du dir der Grenzenlosigkeit des Geistes und seiner Möglichkeiten bewußt wirst. Du bist unfrei, solange du deine Möglichkeiten nicht siehst, sie nicht zur Kenntnis nimmst. Du bist frei, wenn du erkennst, was du vermagst, und diese Erkenntnis ist gleichzeitig auch dein Vermögen. Das ist nicht in Gold aufzuwiegen, soviel du auch immer herbeischaffst. Bewußtsein macht frei, Bewußtsein ist *Macht*. Komm heraus in die Freiheit, spreng den Fels des Unbewußten!

Dieses Bewußtsein arbeitet in einer ganz bestimmten Weise. Darüber möchte ich dir auf den folgenden Seiten berichten.

Frage: Wie kann ich die Polarität und ihre Gesetzmäßigkeiten besser verstehen?

Wenn du polar denkst, vergleichst du dieses mit jenem. Was auch immer du siehst oder feststellst, du glaubst es mit etwas Ähnlichem vergleichen zu müssen, um zu einer Beurteilung zu kommen. Wenn du Licht betrachtest, vergleichst du das, was du da siehst, mit dem Licht, das du schon kennst, und bewertest dann das Licht. Du sagst, es ist ein schwaches Licht oder es ist zwielichtig, hell, diffus, strahlend, gleißend. Du sagst, Deutschland liegt auf der nördlichen Halbkugel und diese hat ihren Namen vom Nordpol. Australien liegt auf der südlichen Halbkugel und diese wird nach dem Südpol benannt. Der Südpol ist die *andere* Seite, das Gegen-Teil des Nordpols, und dieser Vergleich hilft dir zu verstehen, etwas festzumachen. Um zu verstehen, braucht dein Verstand etwas, womit er vergleichen kann. Er braucht Fixwerte, von denen er ausgehen kann, um dir zu sagen: Das, was du wahrnimmst, ist von dem mir Eingeprägten so und so weit entfernt, wärmer oder kälter, besser oder schlechter.

Plus und Minus sind zwei Eckpfeiler, die dein Kopf braucht, um den Inhalt einer Aussage bewerten zu können. Wenn eine Batterie 12 Volt hat, so sagt das aus, daß auf der Minus-Seite 12 Volt mehr anliegen als am Plus-Pol. Plus wird bei einer Stromspannung danach beurteilt, wie weit sich der Wert von Minus entfernt. Wärme beurteilst du danach, indem du feststellst, wieviel Grad sie von Null entfernt ist.

Der normale Mensch braucht für alles und jedes Marken, Festwerte, um dadurch im Vergleich die Abweichung zu erkennen und damit gleichzeitig zu bewerten.

Da stehst du zum ersten Mal in einer fremden Landschaft am anderen Ende der Welt, und du sagst: »Ich finde, hier sieht es ein bißchen wie im Allgäu aus.« Wenn du einem Menschen begegnest und dich fragst: »Was ist das für ein Mensch?«, dann beginnst du, ihn zu vergleichen mit anderen, die du kennst. Du kommst zu dem Schluß, daß er im Vergleich zu Hinz, Kunz und Lieschen Müller freundlicher, liebenswürdiger usw. ist.

Wenn von Polaritätsdenken gesprochen wird, geht es darum,

etwas *nicht* polar zu sehen. Etwas *nicht* mit etwas anderem zu vergleichen. Einen Menschen mit einem anderen zu vergleichen, bedeutet, ihm nach unserer Weltsicht Unrecht zu tun. Jeder Mensch ist unvergleichlich, einmalig, ein vollkommenes System, dem nichts hinzugefügt werden muß, ein System, das nur noch ein wenig in der Zeit baden muß, um in seiner Vollkommenheit, Klarheit und Reinheit sichtbar zu werden. Einen Menschen polar zu sehen, heißt, ihn zu beurteilen, heißt, ihn zu *ver*-urteilen. Wenn von Ein-Sicht die Rede ist, so ist damit gemeint, nur *eine* Sicht von etwas zu haben und somit keine Relation zu schaffen. Die Philosophie, deren Sicht allem übergeordnet ist, besagt: alles ist einmalig, auch wenn seine Art vielfältig existiert.

Vergleiche schaffen Bewertungen und damit Urteile, und Urteile wiederum lassen den einen anders abschneiden als den anderen. Von einem Menschen zu sagen, er sei häßlich, heißt, *deine* Wertvorstellungen, deine Schönheitsideale anzulegen und ihn daran zu messen. Oder: Was ist klug? Männer, in ihrer Oberflächlichkeit, sagen oft von Frauen, daß es ihnen an Klugheit mangelt. Wahr ist das bestimmt nicht. Es ist allenfalls eine männliche Bewertung. Der Ausdruck von männlich orientierter Intelligenz ist nicht in der Lage, den Ausdruck von weiblich orientierter Intelligenz zu erfassen und kann deshalb kaum etwas anderes, als durch beurteilen verurteilen.

Nicht polar zu denken fordert: Vergleiche nichts, nimm, was du siehst, einfach wahr. Nimm das, was du siehst, für-wahr. Es ist so, wie es ist, es ist unvergleichlich und bedarf von dir keiner Ergänzung.

Du stellst die Frage nach dem polaren (dualen) Denken, weil du fühlst, daß du mit diesem Denkschema öfters Unrecht tust. Du hast in der Vergangenheit erlebt, daß andere entsetzt waren, wenn du mit deinen Maßstäben daherkamst. Du erkanntest, daß andere manchmal mit anderen Maßstäben zu messen sind, und du wirst bald erkennen, daß dieser Maßstab im gemeinsamen Nenner zu finden sein wird. Alles, was du in der äußeren Welt erkennst, ist eine individuelle Erscheinungsform dieses gemeinsamen Nenners. Und der ist mit nichts zu vergleichen, weil er ja ein übergeordnetes, allen gemeinsames Größenverhältnis darstellt. Das Denkmodell von der Ein-Sicht sagt: Es gibt nicht zwei, drei oder vieles. Es gibt nur *Eins*. Das Vielfältige ist immer nur eine wechselnde Erscheinungsform des Einen und dieses »Eine« kann nicht benannt werden. Deshalb geben wir allen Ausdrucksformen dieses Einen verschiedene Namen als Ersatz.

Polar denken bedeutet: aufteilen, einteilen, werten, urteilen, befinden. Und beurteilen, Namen geben, messen, wägen heißt soviel wie von der Bildprojektion auf der Leinwand mit ihren Milliarden verschiedener Formen auf die Beschaffenheit, auf das verursachende Prinzip im Projektor schließen zu wollen. Daß es existiert, wissen wir, aber damit hat es sich dann auch schon. Namen geben, wägen, messen bedeutet, Informationen sammeln über den Hintergrund. Seine Eigenschaften über die verschiedenen Erscheinungsformen herauszukristallisieren. Früher glaubte man, alle natürlichen Substanzen seien voneinander getrennt. Heute wissen wir, daß alles nur getrennt *erscheint*, daß es sich lediglich durch die unterschiedliche molekulare Zusammensetzung voneinander unterscheidet.

Nun geht es mir nicht darum, wiederum das polare Denken zu verurteilen. Polares Denken ist auf dieser Evolutionsstufe notwendiges Parameter, ein notwendiger Maßstab zum Verstehen dieser Welt. In der Frühgeschichte war es lebenswichtig, Gefahren zu beurteilen, die Geschwindigkeit eines Tieres zu vergleichen mit der Geschwindigkeit eines anderen Tieres, um entscheiden zu können, ob Gefahr drohte. Doch heute zeigen sich am Horizont neue Gefilde, Jagdgründe, in denen die zu erlegende Beute kein Wild, sondern Erkenntnis ist. Heute ruft nicht nur der Körper nach Nahrung, sondern der Geist ist es, der hungrig nach Erkenntnis ist.

Doch genau hier liegt die Schwierigkeit. Einen Bären zu erlegen, verlangte den Einsatz von List, Kraft, Mut und Geschicklichkeit. Ein Bär wiegt so und soviel Zentner, hat Länge und Breite und läuft so und so schnell, und das alles findest du nur durch vergleichendes Denken heraus. All dies hat sich im Laufe unserer Geschichte entwickelt und wird auch noch lange der tragende Pfeiler zu unserer täglichen Lebensbewältigung sein. Der Übergang zum Wassermannzeitalter findet nicht am Wochenende statt. Es werden zehn und mehr Generationen nötig sein, um von des Jägers fetten Beute zu des Geistes Licht und Glanz zu finden. Die Nahrung des zukünftigen Menschen wird sich seiner Zielrichtung anpassen. Die Menge wird abnehmen, dafür die Qualität zunehmen. Indem sich der Geist des erwachenden Menschen entfaltet, offenbart sich seine neue Arbeitsstätte.

Ein erwachender Geist wird seinen Belangen und Bedürfnissen entsprechend handeln und so die Zielrichtung des neuen Menschen bestimmen. Die Notwendigkeit, durch vergleichende Beurteilung zum Jagdglück zu kommen, entfällt mehr und mehr, und damit auch die Notwendigkeit zum polaren Denken. Die Zeit, in der der Teufel nicht mehr notwendig ist, um Gott zu definieren, geht parallel mit dem Denken, in dem alles *gleich-gültig* ist. Alles ist gleich (wertig), alles hat seinen Platz, nichts ist hoch- oder minderwertiger. Alles Niedere dient dem Höheren und ist deshalb nicht minderwertiger, denn das Höhere ist auf das Niedere angewiesen, es ist seine Quelle. Das Höhere ist das Bewußtere und entstammt dem, aus dem es entwachsen ist. Die Erde, aus der ein Baum wächst, dient der Evolution und macht den nächsten Schritt des Lebens durch ihre Existenz erst möglich. Die Erde ist unbewußter, weniger spezialisiert, ist aber vollkommen gleich-gültig dem Baum gegenüber, denn der Baum wäre ohne die Erde gar nicht existent.

Polares Denken ist dort nötig und somit auch völlig richtig, wo es um die Eroberung des physikalischen Universums geht. Die materielle Welt hat ihre eigenen, ihre nützlichen Gesetze. Doch du bist ein vieldimensionales Wesen, und alle Ebenen in dir unterliegen ihrer eigenen Gesetzmäßigkeit. Du wirst, wenn du in deines Vaters Haus von einem Raum zum anderen gehst, immer neue, andere Parameter zur Beschreibung des Wahrgenommenen benötigen. Vieles von dem, was ist, läßt sich durch vergleichendes, polares Denken aufzeigen, und vieles von dem, was ist, läßt sich nur aus der übergeordneten Sicht der Raum- und Zeitlosigkeit erkennen. Die Maßstäbe des einen sind nicht die Maßstäbe des anderen. Du kannst sagen: Diese Frau trägt ein rotes Kleid und jene ein grünes, aber du kannst nicht sagen, diese Frau ist ein guter Mensch und jene ein schlechter, weil du gar nicht in der Lage bist, das *Sein* eines Menschen in seiner Totalität zu beschreiben.

Jedes Land dieser Erde hat seine eigene Währung und das, weil es sich vom anderen getrennt, ja vielleicht sogar isoliert sieht. Gäbe es nur eine Währung, ginge vieles leichter, doch aus der begrenzten Sicht der Währungshüter wäre die Aufhebung der Grenzen gleichbedeutend mit dem Verlust von ein wenig Ich. Das Wir benötigt tatsächlich die Reduktion des Ich, aber dem Ich fließen durch das Wir auch Energien zu, die es alleine gar nicht erzeugen kann.

Versuche, polares Denken als *eine* Perspektive in deiner Sicht der Dinge anzunehmen und die »Einsicht« als eine andere, sich entwickelnde Sicht der Dinge zu akzeptieren. Suche nicht, dich aus dem polaren Denken vollständig zu lösen. Suche nicht nach der Einsicht, laß dich von ihr finden. Das Übergeordnete sucht *dich* zu ordnen, dich zu entwickeln, es hat die geeigneten Wege zum Ziel. Stell dich dem Höheren uneigennützig zur Verfügung. Gib der Erde dein Bestes, und sie wird dir dein Bestes geben.

Wie aber kannst du dich dem Höheren zur Verfügung stellen? Dafür gibt es einen Schlüssel, und er heißt Glauben.

Frage: Was ist Glauben?

Normalerweise glaubst du: Glauben ist, wenn man annimmt, daß es klappen wird. Wenn du nicht glaubst, daß es klappen wird, sagst du, daß du zweifelst. Bist du vornehmer, so »befürchtest du, daß es wohl nicht...«

Glaube, im tiefsten Sinne des Wortes, hat nichts zu tun mit hoffen auf einen guten Ausgang. Wenn du weit jenseits des Wissens angekommen bist, ist Glaube in deinem Leben das total beherrschende Element. Vom Intellekt aus betrachtet, ist Glaube etwas Irrationales, und diese Irrationalität ist es denn auch, die für die meisten Menschen die Barriere darstellt, die sie zwar überwinden müßten, aber nicht können. Doch wenn Glaube dich im tiefsten Sinne des Wortes erfüllt, hat dein Verstand schon lange vorher alle Viere von sich gestreckt. Sein Gezeter und seine – auf seiner Ebene durchaus logischen – Argumente haben dich nicht aufhalten können. Du hast jenseits allen Wissens, jenseits aller Logik, jenseits aller Linearität das Unfaßbare, Unlogische, Irrationale, das alles Verbindende gefunden, das, was dein Verstand dir lange vorenthalten hat. Ebenso, wie jede Seele auf ihrer Suche nach Erlösung die Ebene absucht, mit der sie sich identifiziert, um dann irgendwann von der Suche im Außen abzulassen und zum Esoteriker zu werden, ebenso wird sie mit intellektuellen Werkzeugen ausgerüstet aufbrechen, um nach dem Glauben zu suchen, von dem sie so oft hörte.

In jedem Menschen lebt gleichermaßen die Sehnsucht, die im Glauben mündet, und in jedem Menschen wiederholt sich das gleiche Spiel. Zuerst weigert er sich ritterlich, standhaft zu glauben. Glaube, so sagt er, ist etwas für Dumme, allenfalls für Mystiker. Ich für meinen Teil halte mich an das, was ich sehen und anfassen kann und an sonst gar nichts! Dann kommt die nächste Phase, das Schweigen, jahrelang, auch jahrzehntelang. Dann sagt er: Ich glaube, morgen wird etwas geschehen, das dies oder jenes zur Folge hat. Er hat in der Vergangenheit ein paarmal erlebt, daß er, seltsamerweise, etwas vorausahnte. Das war zwar unglaublich, ja unlogisch, aber er kann es nicht mehr wegschieben. Im Laufe der Jahre befaßt er sich dann mit Ahnungen, Hellsehen, Telepathie, Präkognition. Erst zögernd, dann enthusiastisch, er wird sogar zum überzeugten Verfechter des Übersinnlichen. Ohne zu ahnen, was da mit ihm geschieht, verläuft er sich immer mehr im Niemandsland und nimmt sogar manchmal Spott und Ironie von Andersdenkenden in Kauf. Langsam, zögernd, nähert er sich etwas ganz und gar Schrecklichem: der Meditation. Völlig unglaublich zwar, aber wieso eigentlich nicht, sagt er, und fängt damit an. Wähend der Meditation wird das Unfaßbare faßbar, das Irrationale rational, das Unlogische logisch. Warum?

Zunächst weiß er es nicht. Er hat etwas gefunden, ohne zu bemerken, wie. Es entzog sich gewissermaßen seinen Sinnen. Nennen wir es den gemeinsamen Nenner, das Verbindende, das, was allem zugrunde liegt. Sein Verstand bäumt sich noch einmal auf, weil doch alles so wenig beweisbar ist. Was er fand, ist nicht materiell, nicht räumlich, nicht zeitlich. Es ist anscheinend überdimensional, ganz sicher aber unbeschreibbar und an nichts und niemanden festzumachen.

Wenn jemand etwas gefunden hat und nicht beweisen kann, daß er es gefunden hat, wenn er etwas hat und es doch nicht vorzeigen kann, wenn er von etwas erfüllt ist, das andere nicht sehen können – dann ist es verständlich, daß dieser Jemand mit sich, mit dem Rest seiner materiellen Denkweise und anderen in Schwierigkeiten kommt. Es ist auch verständlich, daß sich Zweifel melden. Sie fragen höflich, ob sie nicht eventuell gebraucht werden bei diesem Dilemma. Uns, sagen die Zweifel, kannst du im Notfall gut für deinen rettenden Rückzug benutzen. Sollten die anderen dir beweisen, daß alles ganz anders ist, kannst du dich auf uns berufen... Dieses Spiel spielt jeder so lange, wie er Lust hat, und bis es ihm langweilig wird.

Glaube ist auf Grundsätzliches bezogen, vergleichbar mit einer übergeordneten Form von Wissen. Im Bereich der Zahlen solltest du zum Beispiel nicht »glauben«, daß drei mal drei neun ist, sondern du solltest es wissen. Glaube im raum-zeitlichen Universum ist nur ein schwacher Ersatz von Wissen. Ausschließlich auf diese Ebene bezogen ist es daher ganz richtig, wenn es heißt: Glauben ist nicht Wissen (wenn du »glaubst«, daß drei mal drei neun ist, bist du dir unsicher, ob es nicht auch acht oder zehn sein könnte). Nur, diese Erkenntnis gilt nicht absolut.

In den Dimensionen, die über unseren Sinnen, über unserem Intellekt liegen, im Übersinnlichen sozusagen, können wir nicht wissen, weil wir die Maßstäbe unserer fünf Sinne nicht anlegen können. Jeder einzelne muß hier für sich selbst den Weg finden, der nicht über wissen, aber über erfassen, erfahren, erkennen führt. Die Ungenauigkeit unserer Sprache macht hier Probleme, weil das sich vorwiegend als materiell empfindende Wesen Mensch erst noch die Sprache für den nächsten Schritt zur Spiritualität entwickeln muß. In tausend Jahren wird die Hälfte unseres täglichen Wortschatzes nicht mehr in Gebrauch sein, weil er sich ausschließlich am drei- (höchstens vier-) dimensionalen Weltbild orientierte. Neue Worte, als Ausdruck weiterer Dimensionen, werden aufzeigen, daß die Evolution weitergegangen ist. Die Natur des Geistigen wird integriert, wird Bestandteil des Denkens eines jeden Menschen sein. Philosophen und Theologen, heute noch eine Minderheit, die zudem oft genug eng und konservativ denkt, werden dann nichts außergewöhnliches mehr sein, denn der Mensch des Wassermann-Zeitalters wird mehr und mehr zum hauptberuflichen Philosophen werden.

Was für die Menschen zu Columbus' Zeit die Entdeckung der Neuen Welt war, wird für dich eventuell die Entdeckung der *Anderen Welt* sein. Es ist die Welt des Spirituellen, des Geistigen, die Welt, die im Jenseits liegt. Und das heißt, jenseits deiner fünf Sinne.

Die Welt, in der Glaube Maßstab ist, Glaube, der dir das Licht ist, das dir den Weg leuchtet aus deiner Verhaftung, Verwurzelung im Materiellen. Im Übergang wirst du den Begriff Glauben etwas zweckentfremden und sagen: Ich glaube, daß morgen gutes Wetter sein wird, aber du sagst das nur, weil du dir der Zugehörigkeit des Wortes »Glauben« zu einer für dich nicht rationalen Welt nicht bewußt bist.

Wenn du die Botschaft von der Anderen Welt vernommen hast, wird die in deine Natur gelegte Neugier dich auffordern, zum Endecker zu werden. Je nach deiner Individualität, rüstest du alleine oder mit anderen eine Expedition aus, nimmst du deine fünf Sinne zusammen und begibst dich auf die Reise. Du hast von der Anderen Welt gehört, und dein Verstand freut sich: Endlich mal was Neues, sagt er, denn er langweilt sich schnell. Wenn ich die Andere Welt nicht riechen kann, werde ich sie bestimmt schmecken können und außerdem: wozu habe ich meine Hände? Meinen Augen und Ohren wird aber auch gar nichts entgehen, so daß ich mit reicher Beute zurückkehren werde. Die Jagd beginnt, der Reinfall auch. Jetzt hilft nur noch Schweigen, weil das am besten die fehlende Jagdbeute versteckt. Du erklärst dich gewissermaßen im Schweigen und sinnst auf Abhilfe. Wenn du jetzt immer noch deinen Verstand fragst, ist tatsächlich guter Rat teuer. In der Vergangenheit half dir dein

Kopf, zurückblickend ist alles erklärbar, alles logisch. Wieso also sollte es mit dem Vorausschauen nicht möglich sein? Das, was kommt – so sagt der Kopf – muß doch eine logische Fortführung dessen sein, was gewesen ist. Das ist zwar logisch, aber dennoch nur im übertragenen Sinne anwendbar.

Das, was kommt, ist diesmal tatsächlich etwas ganz anderes. Du bist jetzt weder in der Urzeit, noch im Mittelalter der Menschheit, damals, als sich mit jedem Jahrhundert das Neue konsequent aus dem Alten entwickelt hatte. Du stehst jetzt am Rande eines Quantensprungs der Evolution. Du bist jetzt auf einmal nicht mehr der Arbeiter im Steinbruch, sondern Medium. Du bist Mittler von Geistigem, du bist ein »Ruf«, der erschallt. Wann es soweit ist, entscheidest, wie immer, du. Du brauchst nur dein Werkzeug niederzulegen und aus dem Bergwerk herauszukommen, ans Licht. Wenn du herauskommst, sozusagen aus dir herausgehst, erfährst du, was sich in und hinter dem Begriff Glaube verbirgt. Du erkennst, daß deine erste Expedition durchaus zu Resultaten führte, doch du warst dir dessen bisher nicht bewußt. Jetzt fängst du an, nach neuen Möglichkeiten zu suchen, du lernst zu begreifen, ohne deine Hände einzusetzen. Du entwickelst deine Sensibilität und wirst von Jahr zu Jahr feinfühliger. Du entwickelst deine Sensitivität und öffnest damit den Kanal für übergeordnete Botschaften. Du gehst aus dir heraus, du überwindest dich selbst, und du weißt, es war dein letzter Kampf. Von nun an gibt es in dir und um dich herum nur noch Miteinander, Gemeinsamkeit und »Durcheinander« zum Ziel.

Sieger sein zu wollen, gehört der Vergangenheit an, du willst nicht mehr Erster sein. Wenn du vorangehst, so, um Wegweiser zu sein. Nichts hat sich im Außen geändert, aber wenn du als Erster gehst, dann um zu dienen. Du bist jetzt kein Forderer mehr, sondern ein Förderer. Du bewahrst und hilfst. Alle Maßstäbe des vergangenen Menschen gelten für dich nicht mehr. Du erkennst in der Endlichkeit des Menschen den Samen und die keimende Unendlichkeit. Deine Frage nach dem Glauben war Ausdruck deiner Sehnsucht nach Wachstum. Wenn der erste Schritt gewußt hätte, daß er eine tausend Meilen lange Reise nach sich zieht, würde er manchmal lieber mit dem zweiten begonnen haben.

Deine Frage nach dem Glauben schien so harmlos und löste doch eine Lawine aus. Du stehst an der Schwelle und zögerst. Was du hast, weißt du, was kommt, weißt du nicht. Doch es scheint wie ein Zwang zu sein, dieser inneren Stimme zu folgen. Sie spricht von einem neuen Himmel und einer neuen Erde. Soll ich dir glauben, fragst du? Und während dein Verstand dich noch beschwört, ein solch unabwägbares Risiko auf keinen Fall einzugehen, tust du schon den ersten Schritt. Denn irgend etwas in dir weiß es besser.

Du zögerst doch noch? Dann bist du vielleicht derjenige, der die folgende Frage gestellt hat.

Frage: Fördert positives Denken nicht eher die Konfliktvermeidung, als daß es tatsächlich hilft, Konflikte zu bewältigen?

Das ist ein Mißverständnis. Viele Formen von Haß und Gewalt entstehen ja erst dadurch, daß über einen längeren Zeitraum hinweg falsche Harmonie vorgespielt wurde und Konflikte nicht ausgetragen werden konnten. Unterdrückte Aggressionen machen krank, und jeder kennt die Horrormeldungen aus der Zeitung vom treusorgenden Familienvater, der »ohne Grund« seine Familie umbringt. Gefühle zu unterdrücken und Konflikte mit anderen Menschen nur aus Angst vor Auseinandersetzungen zu vermeiden, ist gefährlich.

Ziel jeder Psychotherapie ist es ja, Gefühle, deren wir uns gar nicht bewußt sind, ans Licht zu holen, denn nur im Lichte des Bewußtseins können sie aufgelöst werden. Wenn du Wut im Bauch hast und deinem Partner oder deinen Eltern gegenüber mal mit der Faust auf den Tisch hauen willst, dann tu dir bitte keinen Zwang an! Gefühle, die nun einmal da sind, müssen ausgedrückt werden, sonst vergißt man sie nie. Ein »mörderischer« Haß kann erst entstehen, wenn du unzählig viele Male deine Wut heruntergeschluckt hast!

Wir alle sind Schauspieler, die auf der Bühne des Lebens bestimmte Rollen übernommen haben. Wir sind so beschaffen, daß wir aus *Handeln* lernen. Das Baby, das sich am Tag nach seiner Geburt in tiefe Meditation begibt und, neunzigjährig, als Erleuchteter stirbt, gibt es nicht. Wir können uns nur durch die anderen erkennen, wir sind zu einem ständigen Austausch mit anderen geradezu gezwungen. Nur so verwirklichen wir unsere menschlichen Möglichkeiten.

Beobachte einmal kleine Kinder oder junge Tiere. Wie oft sind sie in irgendwelche Wettkampfspiele oder ein spielerisches Kräftemessen verwickelt. Konflikte sind nicht nur unvermeidlich, sie sind von uns selbst inszenierte Situationen, in denen wir etwas lernen wollen. Ein Kind im Trotzalter, ein Jugendlicher in der Pubertät, erkundet im Konflikt mit den Eltern seine Kräfte, lernt sich selbst kennen. Ein Kind, das immer nur unterwürfig Ja und Amen zu den Wünschen seiner Eltern und Erzieher sagt, ist in seinem Selbstwertgefühl schwer gestört.

Konfliktvermeidung ist Anpassung aus Angst. Die Angst, nicht geliebt und geschätzt zu werden, wenn du »aufmüpfig« bist, läßt dich dann den Mund halten und ist keineswegs abgeklärte Nächstenliebe.

Konflikte zu *bewältigen* ist eine ganz andere Sache. Du beginnst damit, daß du deine Gefühle ernstnimmst, daß du sie dir zugestehst. Versuche doch einmal, ein negatives Gefühl ganz neutral anzunehmen. Laß es zu. Schau es dir an, als wäre es ein Ding. Wie sieht es aus? Wie groß ist es? Welche Farbe würdest du ihm geben? Wo in deinem Körper sitzt es genau? Vermeide jede Verurteilung, du akzeptierst jetzt, was *ist*.

Du siehst hier schon den Unterschied zur »Vermeidung«. Du drückst dein negatives Gefühl nicht mit Gewalt in einen Winkel, der deinem Bewußtsein nicht mehr zugänglich ist. Im Gegenteil, du gestattest dem Gefühl, ins helle Licht zu kommen. Du akzeptierst, daß es ist. Jawohl, du akzeptierst ohne jede Wertung, daß da ein Gefühl von Neid, Wut, Eifersucht oder was auch immer *ist*.

Nun folgt der zweite Schritt. Du verabschiedest dich von diesem Gefühl. Vielleicht magst du es auf deine Hand legen und wegpusten. Oder du stellst dir vor, daß du es höflich zur Tür begleitest und hinausläßt. Laß dieses Gefühl los. Du hast es gehabt, doch dieser Augenblick ist vorüber, nun kommt ein Augenblick, der frei von diesem Gefühl ist. Wenn du das schaffst, wirst du mit der Zeit eine echte Konfliktfreiheit erleben. Du wirst in einem Moment einen Konflikt, eine Auseinandersetzung mit jemandem haben, aber im nächsten könnt ihr wieder Freunde sein. Denn da ist nichts Negatives in dir zurückgeblieben.

Die unangenehmsten Konflikte sind doch die, die über einen längeren Zeitraum vor sich hinschwelen und dadurch immer verfahrener werden. Schließlich hat niemand mehr den Mut, den ersten Versöhnungsschritt zu tun, um nicht sein Gesicht zu verlieren. Beide Seiten streiten ihre eigenen negativen Gefühle ab und sehen »das Böse« nur auf der anderen Seite. Wenn du deine eigenen negativen Gefühle zuerst *zuläßt* und dann *losläßt*, löst sich der Konflikt ganz von selbst auf. Der Zusammenstoß war dann ein reinigendes Gewitter, nach dem die Sonne um so heller scheinen kann.

Lerne die hohe Kunst des Vergebens. Verzeihe dir und anderen immer und immer wieder. Das ist vielleicht die schwierigste Lektion, die wir Menschen zu lernen haben, aber es ist auch zugleich der sicherste Weg zu Glück und echter Harmonie. Verzeihe deinen Eltern (das ist oft am schwersten), verzeihe deiner Frau (deinem Mann), verzeihe deinen Kindern, verzeihe deinen Freunden und deinen Feinden. »Liebt eure Feinde«, das bedeutet nicht, daß man ihnen mit aufgesetzter Freundlichkeit begegnen soll. Das heißt, daß du ihnen verzeihst. Der Haß und die Unversöhnlichkeit, die oft viele Jahre lang deine Seele zerfressen, schaden viel mehr dir selbst als dem »Feind«. Deine negativen Gedanken bringen Negatives in deinem Körper, in deinen Lebensumständen hervor. Du tust also etwas für dich selbst, wenn du verzeihst. Vielleicht fällt dir das Verzeihen etwas leichter, wenn du dir das immer wieder vor Augen hältst. Ich möchte noch einmal ganz klar sagen: Positives Denken ist das Gegenteil von Konfliktvermeidung. Es zeigt einen Weg, wie Konflikte – die in bestimmten Augenblicken sogar notwendig sind – aufgelöst werden können. Das allerdings finde ich sehr positiv!

Zu oft wird das Wort »positiv« nicht nur mit Schönfärberei, sondern auch mit Anpassung gleichgesetzt. Und ein kritikloser Anpasser möchtest du natürlich (hoffentlich) nicht sein. Hier eine Aufklärung dieses Mißverständnisses.

Frage: Auch in einem klaren »Nein« kann Kraft und Kreativität liegen. Wo hat die Verneinung Platz in deinem Weltbild?

Deine Frage läßt durchklingen, daß du »positiv« mit schwächlichem Jasagen verwechselst. Ich habe in diesem Buch schon erläutert, daß ich unter positiv »konstruktiv«, also aufbauend, verstehe. Manchmal kann nur etwas aufgebaut werden, wenn etwas anderes zuvor aufgelöst oder zurückgewiesen wird. Etwas verneinen bedeutet dann, sich weigern, etwas als wahr und richtig zu akzeptieren. Diese Art der Verneinung ist aufbauend, denn um etwas als falsch zu erkennen, muß man ja wissen, was richtig oder wahr ist! »Eure Rede aber sei: Ja, ja: nein, nein« sagte Jesus und bekräftigte damit unser Vermögen, etwas anzunehmen, aber auch etwas klar zurückzuweisen. Nein sagen an der richtigen Stelle und im rechten Augenblick hilft Negatives aufzulösen und den Weg für etwas Besseres zu bereiten.

Meine langjährige berufliche Erfahrung hat mich gelehrt, daß Nein sagen zu können ein Zeichen eines gesunden Selbstwertgefühls ist. Die Mutter, die ihren Kindern alles erlaubt, ist schwach und erzieht kleine Monster. Ein Mann, der im Berufsleben zu allem und jedem Ja sagt, gilt als Anpasser und wird bald nicht mehr ernstgenommen. Stets ja zu sagen ist das Verhalten von Menschen, die keine klaren Ziele haben. Sie lassen sich wie ein Blatt im Wind mal hierhin und mal dorthin treiben und sind unfähig, ihrem Leben selbst eine Richtung zu geben. Diese schwächliche Art des Sich-Treiben-lassens hat nichts mit Vertrauen in das Leben zu tun. Vertrauen setzt Stärke und Selbstbewußtsein voraus: Ich weiß, was ich will und vertraue darauf, daß sich meine Vorstellungen verwirklichen. Das, was meinen Vorstellungen nicht entspricht, kann ich zurückweisen.

Die konstruktive Art des Neinsagens setzt also einen *Maßstab* voraus. Du mußt wissen, warum du nein sagst. Nehmen wir an, du möchtest dich in einer Abendschule beruflich weiterbilden. Deine Freunde wollen aber, daß du abends etwas unternimmst mit ihnen. Hast du nun dein Ziel der beruflichen Weiterbildung im Auge, dann ist dein »Nein« zu den Freunden ein positiver Akt, denn du sagst dieses Nein *für* etwas anderes.

Frauen fällt es oft besonders schwer, nein zu sagen. Unser Klischee von Weiblichkeit verlangt ein sanftmütiges »Ja« zu möglichst allen Wünschen der Familie und Gesellschaft. Die Angst, als unweiblich zu gelten, hindert viele Frauen daran, klare Grenzen abzustecken.

Die Unfähigkeit, nein zu sagen, ist gefährlich. Sie führt fast immer zu Depressionen. Depressionen entstehen, wenn Menschen aberzogen wurde, ihre Gefühle zu zeigen und auszudrükken. Ein Kind, das immer und immer wieder ja sagen mußte, wenn es eigentlich nein meinte, staut eine größer und größer werdende Menge von Aggressionen in sich an. Und nun entsteht ein Teufelskreis: Die Aggressionen darf es nicht herauslassen, weil es lieb und fügsam sein muß, und durch das Jasagen werden die Aggressionen wiederum immer stärker.

Schließlich gibt es keinen anderen Ausweg, als diese unausgelebten Aggressionen gegen sich selbst zu wenden und es entstehen Depressionen. Depressionen aber können schwere psychosomatische Krankheiten auslösen oder in den Selbstmord treiben.

Du siehst, es ist sogar lebenswichtig, daß du nein sagen kannst! Wenn du das selber nicht schaffst, laß dir in meiner Therapie helfen.

Mit einem kurzen und klaren »Nein« verhinderst du übrigens auch, von anderen Leuten in die endlose Erörterung von Mangelsituationen und Schwierigkeiten hereingezogen zu werden. Das, woran wir ständig denken, erschaffen wir durch unser Denken erst, gleichgültig, ob wir es erwünschen oder befürchten. In jedem Fall *erwarten* wir es, und so wird es eintreffen. Das Reden über Negatives schafft also das Negative erst, und deshalb solltest du es vermeiden, in solche schädlichen Gespräche hineingezogen zu werden. Sag nein zu solch einem aufgezwungenen Geschwätz! Das ist eine *positive* Handlung.

Erst wenn du es gelernt hast, mit Selbstbewußtsein etwas abzulehnen, wirst du geistige und seelische Herrschaft darüber erlangen. Du wirst nicht länger von den Umständen beherrscht, du kannst sie meistern und in deinem Sinne gestalten. Und wenn du nein sagen kannst, werden andere Menschen dein Ja um so mehr schätzen. Sie wissen dann, daß es ehrlich ist und aus vollem Herzen gesagt wird. Ich freue mich schon auf dein nächstes Ja.

Wenn du soviel über das Positive und das Negative nachdenkst, dann ist die folgende Frage sicher auch von zentraler Bedeutung für dich.

Frage: Warum gibt es soviel Krieg, Haß und Böses auf der Welt?

Wenn »alles« sich symbolisch in einem Kreis darstellt, dann ist es gleichgültig, wo du einsteigst, um seine Natur und sein Wesen zu ergründen. Wo auch immer du anfängst, du kannst nach rechts oder nach links auf die Suche gehen. Du wirst dem anderen, der den Weg in der Gegenrichtung nahm, auf halber Strecke begegnen. Rechts ist nur die Opposition von links, links nur die Voraussetzung von rechts. Beide Richtungen haben das gleiche Ziel, beide Wege münden am gleichen Ort.

Polarität heißt Plus und Minus, und es gäbe kein Plus, wenn es nicht mit einem Minus vergleichbar wäre, ebenso wie Minus nur etwas über sein Vehältnis zum Plus aussagt. Beide Pole sind nur existent aus der Perspektive, aus der du das, was *ist*, zu verstehen suchst. Auf deiner Suche nach Verständnis vergleichst du das eine mit dem anderen, um über die Unterscheidung die Einzigartigkeit des einen oder anderen zu finden. Du hast dir in Gedanken ein Muster zurechtgelegt, um einen Maßstab zu haben, du könntest sonst nicht »ermessen«, was du zu fassen suchst.

Du hast zwei bekannte Größen, hell und dunkel, gegenübergestellt, um die dritte, unbekannte, zu verstehen. Hell und dunkel bedingen einander und sind für sich alleine nicht real. Beide sind nur Erscheinungsformen von dem, was du suchst. Du hast dir mit deiner polaren Welt einen Maßstab geschaffen und versuchst mit ihm, das Unermeßliche festzumachen. Du weißt nicht, daß du Gleiches mit Gleichem vergleichst. Aus deiner Sicht ist alles separiert, isoliert, stellt etwas Eigenständiges dar. Du suchst in deinem polaren Denken nach dem Verbindenden, ohne es je finden zu können. Du weißt nicht, daß da keine Verbindung ist, weil es nie eine Trennung gab. Sie besteht nur in der dir eigenen Art zu denken. Deshalb behaupte ich, daß es in der Welt keinen Krieg und Haß als eigenständige Kraft gibt. Haß ist nur eine Erscheinungsform von Liebe, aus Liebe entstanden. *Haß ist von dir nicht erkannte Liebe.*

Du behauptest z. B. zu wissen, was gut ist. Ich glaube, daß du da eine These aufstellst von einer Sache, die gar nicht vorhanden ist. Es gibt im ganzen Kosmos nichts, das deiner Definition von »gut« entspräche. Somit gibt es auch im ganzen Kosmos nichts, das deiner Definition von »böse« entspräche. Du legst einen unpassenden Maßstab an, um das »Sein« beurteilend zu ermessen und zu verstehen.

Ich weiß, daß du auch nach dem Lesen dieser Zeilen noch lange behaupten wirst, daß das Böse aber doch Realität sei. Die Wirklichkeit jedoch ist die, daß dir von der Gesellschaft eingebleut worden ist, in diesem Denkmuster zu denken.

Das wird auch daran deutlich, daß in verschiedenen Kulturen jeweils etwas ganz anderes als gut oder böse gilt. Folterung und Kannibalismus zum Beispiel, für uns eindeutig der Kategorie »böse« zuzuordnen, gehörten bei einigen Naturvölkern zu einem heiligen Ritual und waren damit »gut«.

Fang jetzt bitte nicht an, Beweise aufzuzählen, daß neulich dieses oder jenes nicht gut war. Um die wahre Natur von Gut und Böse, von Haß und Liebe zu erfahren, ist es notwendig, daß du dich von allen Denkmustern, von allen Maßstäben befreist. Du mußt dich von allem befreien, was du weißt. Alles, was du weißt, ist nämlich nur der Inhalt dessen, was du zu wissen *glaubst*. Es besteht nur aus Inhalten, die dir vermittelt wurden, die du übernommen hast. Alles, was du weißt, verstellt dir den Blick für das, was ist.

Jenseits all deines Wissens jedoch beginnt die Realität. Die ist nicht gut, nicht böse, sie *ist*. Jenseits deines Wissens bist du in der Lage, die polare Sicht verstehend zu überwinden und zu einer neuen »*Ein*-Sicht« der Dinge zu gelangen. Als Weg dorthin dient Meditation, sie führt aus dem Zeitlichen, Räumlichen, Polaren in die Einheit, jenseits von Raum und Zeit.

Aus dem alten Denken heraus ist das zwar völlig irreal und erscheint deinem gewohnten Denken als Zumutung. Spiel einfach mal das Spiel des Austauschens. Suche im Bösen das Gute, sieh im Guten das Böse. Verfolge Gut und Böse bis zu ihrem Ursprung und erkenne, daß beides aus der gleichen Quelle entspringt und dort »eins« sind. Zu »zwei« wird es, indem ein Teil links und der andere rechts seinen Weg sucht und dir daher unterschiedlich begegnet.

Nimm als Beispiel das Meer. Es spendet Leben, ja es ist die materielle Quelle des Lebens auf diesem Planeten. Aber es vernichtet auch Leben. Wieviele Menschen ertranken im Laufe der menschlichen Geschichte? Ist Wasser, ist das Meer, für dich gut oder böse?

Wir alle sind Gewohnheitstiere, die nur ungern neue Wege beschreiten. Weil es unbequem sein könnte, weil es Angst macht, entschließen wir alle uns möglichst nur, wenn es sein muß, ausgetretene Pfade zu verlassen.

Viele von uns sind in ihrem Alltag so einseitig geworden, daß sie nicht mehr die Vielzahl von Möglichkeiten sehen, die sich täglich auftun. Jeden Tag gibt es Situationen, die über neue, erweiterte Wege eine Verbesserung der Lebensumstände anbieten – aber sie werden nicht gesehen.

Wie in Hypnose schaut der normale Mensch geradeaus und verpaßt wichtige Abzweigungen. Dieses nicht nach links und nicht nach rechts sehen führt manchmal soweit, daß Symptome von Unwohlsein übersehen werden: Gefahren, Sackgassen, Irrwege, Lügen, Trugschlüsse werden verdrängt, ignoriert. Bis dann ein Zusammenbruch die Folge ist. Noch wird er als Zufall beschimpft, noch wird kein Zusammenhang mit den Lebensumständen akzeptiert, noch hat das eine mit dem anderen nichts zu tun.

Die materialistische Weltsicht läßt nicht zu, Verbindungen zu erkennen, die mit dem bloßen Auge unsichtbar sind. Nur über die Intuition, jener höheren Ausdrucksform von Intelligenz, ist ein Ahnen und Fühlen der Zusammengehörigkeit möglich. Bis dann endlich im Krankenbett das Nötigste – nämlich Zeit – ausreichend zur Verfügung steht. Begünstigt durch leichte medikamentöse Vernebelung kann jetzt die leise Stimme tief im Inneren wahrgenommen werden. Sie war immer da, wurde aber immer überhört.

Jetzt endlich beginnt ein Dialog mit jener Instanz in uns, die vorausschauend ist. Die tatsächlich weiß, was gut ist, gut ist in dieser Situation, jetzt, heute, hier. Wir alle haben das erlebt, haben Lehren aus Krankheiten gezogen. Je nach Einsichtigkeit, innerer Offenheit und Bereitschaft. Je nach Einsicht und Durchlässigkeit kann jetzt ein vollkommen verändertes Leben beginnen. Wir haben jetzt die große Chance unseres Lebens, wenn wir bereit sind, darauf zu verzichten, auf unsere bisherige Art zu denken. Oft entschließen wir uns dazu aufgrund dieser Schau der Zusammenhänge und der daraus sich entwickelnden Erkenntnisse. Oft aber hält es nicht lange an. Etwas jedoch hat sich geändert: Nie wieder brauchen wir derart massiven Druck, bis wir reagieren.

War dieser Prozeß negativ? Wer will, kann hier – aber auch sonst jederzeit – erkennen, daß Krankheit zum Beispiel ein Mittel zum (guten) Zweck war. Irgendwo in uns entstand hier eine Tendenz zu den Ereignissen, weil unser Blick zu fixiert war. Die Gesamtsituation in Scheibchen zerlegt, läßt den Anfang schlecht, das Ende gut erscheinen. Sogar so gut, daß mancher, zum guten Ende gekommen, den schlechten Anfang nicht missen möchte!

Ich für mich habe erkannt, daß das Endergebnis immer ein Fortschritt war, für mich immer einen besseren Zustand, einen höheren Wert darstellte als das, was vorher war. Ich für mich schaue manchmal staunend auf einen neuen Anfang, oft nicht wissend, wohin das alles führen soll, aber voller Vertrauen. Was auch immer geschieht, es dient nur meiner Entwicklung und ist von mir schon lange als mein direkter Weg zum Ziel willkommen geheißen worden.

Falls du noch nicht locker läßt, empfehle ich dir, auch die Antwort auf die nächste Frage zu lesen.

Frage: Ist das Böse nicht genauso real wie das Gute?

Von deiner Position aus betrachtet, hast du vollkommen recht. Nur, was ist »real«? Es stimmt, daß die Löwin gerade eine Antilope getötet hat. Es stimmt genauso, daß die Löwin gerade ihren vier Jungen Nahrung gebracht hat. Gut und Böse sind ausschließlich eine Sache des Standpunktes. Wer wird nach dem Urteil gefragt? Mein Lehrer Dr. Joseph Murphy sagte deshalb: Vermeide jegliches Richten. Dort, wo ein Richter ist, ist Leiden. Nur gelingt vorurteilfreies Leben den meisten von uns wohl nicht. Fast möchte ich sagen, wir haben geradezu selbstverständlich unsere eigene Meßlatte dabei. Ständig und überall beweisen wir, daß hier und dort etwas nicht stimmt. Dieses Urteilen ist Ausdruck von Unsicherheit, Angst, Lieblosigkeit und zeigt die Zerrissenheit des Richtenden. Da wir alle mehr oder weniger »sehen«, was andere falsch machen und auch nicht zögern, es zu sagen, erschaffen wir Leid. *Be-urteilen heißt ver-urteilen.* Verurteilen bedeutet, jemanden als weniger gut hinzustellen. Der solchermaßen Verurteilte leidet mit Sicherheit.

Lernen wir alle, es zu akzeptieren, daß der andere, von unserem Standpunkt aus betrachtet, nur etwas *anders* macht, als wir es getan hätten. Ein dritter wiederum würde unser Tun durch Beurteilen gleichermaßen verurteilen. Urteilen ist immer richten. Menschen, die richten, brauchen die Schuld des anderen. Hier fühlt sich einer schuldig und sucht jetzt andere, die ihm ähnlich sind. Jemand, der sich schuldig fühlt, möchte sich ablenken, möchte seine Schuldgefühle weitergeben.

Gott richtet nicht. Er nannte seine Schöpfung gut und sehr gut. Vor ihm sind wir alle gleich. Es gibt vor Gott keine Bösen oder Guten, wir alle sind seine Kinder, er liebt uns ohne Unterschied. Das, was wir gut oder böse nennen, ist von uns selbst in die Welt hineingetragen worden.Die gesamte Schöpfung ist so eingerichtet, daß sich eins aufs andere aufbaut. Eins bedingt das zweite. Das erste ist nötig, damit das zweite möglich wird. »Lasset den ersten unter euch euren Diener sein«.

Die Pflanze dient mit ihrer ganzen Existenz der Schöpfung. Sie bewirkt im Boden Veränderungen. Sie erzeugt Sauerstoff. Sie dient mit ihrem Körper anderen, höheren Existenzformen als Nahrung. Lerne zu erkennen, daß das gesamte Universum nur aus *Einem* besteht, das in der Erscheinungsform des Vielfältigen sichtbar wird. Erkenne, daß das eine nicht vom anderen getrennt ist. Der Löwe tötet nicht im tatsächlichen Sinne, er braucht Nahrung und die Antilope dient mit einem Teil ihres Seins diesem Bedürfnis. Soweit der Mensch Fleisch essen will, dient also dieses Fleisch seinem Wohlergehen. Es geht von einem etwas niederen Seinzustand in einen etwas höheren ein, indem es vom Menschen einverleibt wird. Das gegessene Tier erfährt eine Transformation. Das Gute erfährte eine Veränderung zum Besseren. Dieser Prozeß ist »Werden« und nicht sterben.

Das, was du tot nennst, ist Wandlung. Du setzt Wandlung mit »tot« gleich, weil du Angst hast vor dem Geschehen. Du urteilst vom niederen, vom materiellen Standpunkt aus. Du nennst deinen Tod schlecht, böse, leider nicht vermeidbar, weil du nicht weißt, daß du im Sterben verwandelt wirst, daß nur dein Körper zurückbleibt, du aber zum ewigen Leben erweckt wirst. Du nennst Leid aus deiner Sicht schlecht. Du tust dies, weil du nicht genau hinschaust, woher es kommt, und auch nicht siehst, wohin es führt. Leid – du nennst es »das Böse« – ist Mittler, es ist das Mittel, das durch den Zweck geheiligt wird. Das »Böse« hat dir schon oft geholfen zu sehen, zu erkennen. Das, was du böse nennst, ist auf deiner speziellen, individuellen Ebene notwendig, damit das Gute werden kann. Nur du weigerst dich beharrlich, das zur Kenntnis zu nehmen. Alles, was dir bisher an Bösem widerfuhr, hat dich größer und stärker werden lassen. Es war genau das Wachstumsmittel, das du gebraucht hast. Hör endlich auf zu urteilen! Gott in seiner unendlichen Güte und

Weisheit hat alles geschaffen, was ist. Er hat nicht dem von ihm geschaffenen »Guten« ein Bein gestellt, indem er das Böse schuf.

Nimm das wohl gewaltigste Ereignis der letzten Jahrtausende, den Zweiten Weltkrieg. Er dient mit dem aus ihm entstandenen Leiden allen zukünftigen Menschen als Mahnmal. Nie gab es in der europäischen Geschichte solange Frieden wie nach diesem Krieg. Jede Form von Leiden führt zu einer ihm entsprechenden Form von Weiterentwicklung.

So, wie es grundsätzlich keinen Zufall gibt, so gibt es ihn natürlich auch nicht im Speziellen. Böses, unter dem du leidest, ist von dir verursachtes Geschehen, und es ist einzig und allein dazu da, dir *Brücke* zu sein. Oder anders gesagt: Dir das Licht zu sein, das deinem Pfad leuchtet. Ein Krieg im Großen oder ein Krieg im Kleinen führt immer zu einer aus ihm entstehenden Periode des Friedens. Solange du und ich, solange wir in der Polarität verhaftet sind, bedürfen wir alle noch des Anstoßes. Das Pendel schwingt nur nach rechts, wenn es von links kommt. Die Dunkelheit der Nacht hat ihren Grund im mangelnden Licht. Das Licht des Tages löst das Dunkel der Nacht auf. Je mehr du in der Dualität gefangen bist, desto mehr brauchst du es, vom Leben gebeutelt zu werden, um die Hochs des Lebens zu spüren.

Leiden – oder wie du es nennst, »das Böse« – ist solange für dich da, wie du urteilend und richtend durch die Lande ziehst. Solange du die Schöpfung in Gut und Böse aufteilst, wirst du leiden. Der Mensch braucht auf seiner Suche nach der *Einsicht*, nach der Einheit, das Böse, um das Gute empfinden zu können. Real existent ist weder das eine noch das andere. Alles, was ist, ist nichts anderes als zweckdienlich, das heißt, zur Zeit am besten geeignet, dir, der Schöpfung zu dienen.

Jetzt sag bitte nicht, daß du viele andere kennst, die gleich dir, bestimmte Geschehnisse als böse und vermeidbar bezeichnen. Du denkst, wenn viele eine Sache gleich beurteilen, sei damit eine gewisse Objektivität und Realität bewiesen. Leite nicht aus der Aussage vieler, die den gleichen Fehler machen, »Objektivität« ab. In der gesamten Schöpfung gibt es gar nichts, was für uns objektivierbar wäre. Aus unserer Sicht heraus erscheint uns das, was wir sehen als das, was »ist«. Doch alles, was du für dich wahr-nimmst, ist Maya, Illusion! Wir alle sind nicht im geringsten dazu in der Lage, eine Definition vom Sein an sich zu geben. Unsere Perspektive ist immer eine Sicht mitten aus dem Geschehen heraus, sie ist niemals übergeordnet. Wann immer Medien oder Erleuchtete von der Natur des Seins Aussagen machten, reichte die Sprache bei weitem nicht aus. Die Sprache ist ein hochentwickeltes Werkzeug des Intellekts und zu vielem fähig – aber sie wird niemals fähig sein, den Schöpfer und sein Werk wirklich zu beschreiben.

Nenne die Schöpfung weder gut noch böse, denn du urteilst damit über den Schöpfer selbst. Wenn du den Schöpfer und sein Werk in Teilen schlecht oder böse nennst, müßtest du ja Verbesserungsvorschläge haben. Ich nehme nicht an, daß du ernsthaft Gott Verbesserungsvorschläge machen möchtest, du würdest sehr schnell deine Grenzen erkennen. Du kannst dem Universum nichts hinzufügen. Es ist alles in absoluter Vollkommenheit vorhanden. Du kannst Gott nur deine Loyalität geben. Statt beweisen zu wollen, daß das Böse genauso real ist wie das Gute, solltest du lieber deine Kraft und deinen Geist dazu einsetzen, von der *Liebe* zu reden, die in beiden gleichermaßen zum Ausdruck kommt.

Liebe hat soviele Erscheinungsformen, wie es Erscheinungsformen im Kosmos gibt. Sieh nicht in dem einen dies, und in dem anderen jenes. Alles hat denselben Ursprung, dieselbe Aufgabe und dasselbe Ziel. Das Gute und das Böse sind gleichermaßen real und notwendig, so wie eine Wurst zwei Enden hat. Das eine ist das rechte Ende, das andere das linke Ende. Wenn es aber um *die* Wurst geht, sind ihre Enden doch unwichtig. Für mich hat sie nicht zwei Enden. Für mich hat sie einen Anfang und ein Ende. Du nennst den Anfang der Wurst gut, das Ende böse. Mein Rat: Fang am Ende an, so kommst du zum Anfang.

»Das Ende« ist heutzutage etwas, das bedrohlich über der ganzen Menschheit, ja über diesem Planeten zu hängen scheint. Viele haben Angst, daß es gar keinen »Anfang« mehr geben wird.

Frage: Viele Zeichen deuten auf Endzeit. Ich will aber nicht sterben, ich habe Angst vor dem Tod. Wie kann ich leben?

Deine Frage beschäftigt die Menschen schon zu allen Zeiten, in allen Jahrhunderten immer wieder. Im Laufe der Zeit sind wir alle oft vor der Gefahr eines Weltunterganges gewarnt worden, das ist nichts Neues. Und nichts passierte. Mit Recht ärgert das die professionellen Teufelsaustreiber, und man bedient sich heute der stichhaltigsten wissenschaftlichen Beweise, um jetzt oder nie »das Ende« einzuläuten. Ich sage Teufelsaustreiber, weil immer mit dem Aufzeigen der Katastrophe zugleich auch vom Marktschreier das Mittel zum Abwenden des Untergangs angeboten wird. (»Sobald das Geld im Kasten klingt, die Seele aus dem Fegefeuer springt.«) Die Zeitung sagt, wenn ihr oft genug die Sonntagsausgabe kauft, dann sagen wir euch, wie wir gemeinsam noch einmal das Steuer herumreißen können. Der Politiker sagt, wenn du mich wählst, dann garantiere ich dir, daß alles noch einmal gut gehen wird. Der Papst sagt, ihr müßt mehr mit uns beten und fleißiger spenden, dann rettet die einzig seligmachende Kirche noch einmal die Welt. Die Schwarzen sind einer Meinung, die Roten einer anderen und die Grünen wiederum einer ganz anderen, und das freut viele.

Alle spielen das gleiche Spiel mit dem Feuer, überall, wo es brenzlich wird, wird ein Weltbrand hineininterpretiert, aber nicht, weil das tatsächlich so sein muß, sondern um mehr Feuerlöscher zu verkaufen.

Wenn ich das Wort Endzeit höre, so bedeutet das für mich, daß das Fische-Zeitalter zu Ende geht und gleichzeitig das Wassermannzeitalter beginnt. In dieser Zeit, die sich Moderne nennt und ach, so aufgeklärt ist, spricht man, wie eh und je, weniger gern von einem Anfang, dafür um so lieber von einem Ende. Ich schlage dir vor, interpretiere alles, was du auf ein Ende bezogen hörst, in einen Anfang um. Jedes Ende ist der erste Schritt zu einem Anfang. Trauerst du um das Ende einer Schwangerschaft? Nein, du freust dich auf die Geburt! Die Schöpfung läuft auf vollen Touren, und es könnte eigentlich besser gar nicht sein, wenn da nicht hin und wieder Leute den Teufel an die Wand malen würden. Sie greifen beachtenswerte Ereignisse auf und sagen – in ihrer Logik völlig zurecht –, wenn das so weitergeht, dann... Doch erstens kommt es anders und zweitens als man denkt. Die Hochrechnungen aller Endzeitler stimmen nicht, weil wir überhaupt nicht in der Lage sind, Prozesse längere Zeit in die Zukunft hinein zu verfolgen. Glaubst du, daß die Affen mit Stöckchen Kurven in den Sand malten und die Existenz der Menschheit voraussagten? Unendlich viele Kreuzungen, unendlich viele Ereignisse veränderten ständig das, von dem wir glaubten, das es so und so kommen müsse.

Hoimar v. Ditfurth hat in seinem außerordentlichen Buch »So laßt uns denn ein Apfelbäumchen pflanzen« mit wissenschaftlicher Genauigkeit ausgeführt, was uns alle erwartet und welche vielfachen Tode wir alle sterben, *wenn das so weitergeht.* Gleichzeitig beweist er, daß wir nicht mehr abspringen können. Die Kugel rollt. Selbst beten hilft nicht mehr und »so laßt uns denn ein Apfelbäumchen pflanzen«. Meint er! Ich habe dieses Buch schon Tausenden empfohlen, weil es wirklich geeignet ist für alle, die auszogen, das Fürchten zu lernen. Mein Hintergedanke ist: So real auch immer die Gefahr ist, die Herr v. Ditfurth aufgezeigt hat, es muß eine Hoffnung geben. Ich glaube , wenn nur allen unmißverständlich bewiesen ist, daß es wirklich nicht mehr geht, dann kommt von irgendwo ein Lichtlein her. Der Erfolgsautor beschreibt in einem Kapital die Unfähigkeit des Menschen, auf dieser Evolutionsstufe fördernd, aufbauend, helfend in die Schöpfung einzugreifen. Einem Computer wurde ein fiktives Land eingegeben, mit niedriger Technologie und einer intakten Infrastruktur. Wissenschaftler aus mehreren Fakultäten entwarfen Pläne, wie man die Lebensbedingungen dieses Landes verbessern könnte. Dieses nur als Planspiel bestehende Land nannten sie Tanaland. Tanaland, so sagt Prof. v. Ditfurth, wurde durch alle noch so gut gemeinten und wissenschaftlich fundierten Maßnahmen ausnahmslos zum Ruin und Untergang geführt. Keine der beschlossenen Maßnahmen konnte eine Verbesserung der Lebensbedingungen erzielen, ganz im Gegenteil.

Wenn wir also durch noch so sorgfältiges Vorausdenken nicht

fähig sind zu entscheiden, was benötigt wird, wenn wir tatsächlich nicht in der Lage sind, der Schöpfung etwas hinzuzufügen, dann, so glaube ich, sind wir genausowenig in der Lage, aus sich anbahnenden negativen Entwicklungen das kommende sichere Ende abzuleiten. Nimm nur die moderne Wettervorhersage: Das Problem ist hier, daß es zu viele Variablen gibt. Weit über hundert Daten, aus denen sich das morgige Wetter entwickelt, sind in ständiger Veränderung begriffen. Deshalb hat Lottospielen eine höhere Erfolgsquote als eine Wetterprognose.

Die Schöpfung läßt sich nicht in die Karten sehen. Wir können zwar theoretisch diese Welt im atomaren Feuer vergehen lassen, aber ich glaube, wirklich nur theoretisch. Wir können uns in logischen Gedankenspielen selbst vernichten und unseren Planeten obendrein, aber ob wir es tatsächlich auch ausführen können, wäre zu beweisen. So wie der Mensch in seinem privaten Leben theoretisch unendlich viele Vollmachten hat, aber konkret an entscheidenden Kreuzungen demütig zurücktreten muß, so hat auch die Menschheit einen großen Spielraum, aber er ist nicht unbegrenzt. Ich glaube an die weise, beschützende, lenkende Hand Gottes, die nicht zuläßt, daß *alles* Leben auf diesem Planeten stirbt. Genauso meine ich, daß zur Abwendung des Untergangs auf diesem Planeten keine Wunder geschehen werden, weil Wunder nicht nötig sind. Die alte Menschheit wird Lehrgeld zahlen müssen, aber dieses Lehrgeld wird zugleich so etwas wie ein Lösegeld sein, das uns von Leiden schaffenden Verhaltensmustern befreit.

Der Übergang ins Wassermannzeitalter ist für mich deutlich allerorts zu sehen. Immer mehr Menschen leben nicht nur für den Gewinn alleine. Immer mehr überwinden die Beschränkungen des alten Menschen und sind bereit, die Hand zum Frieden zu reichen, ohne zu fragen, was sie dafür bekommen. Immer mehr suchen nach Alternativen, sind mit weniger zufrieden. Werte wie Familie, Partnerschaft, Liebe, Gesundheit, Glaube sind die Ziele einer kommenden Menschheit. Alles, was wir jetzt erleben, gehört zum Loslösungsprozeß einer Spezies, die bisher festhielt, und deshalb nicht die Hände zu einer Schale öffnen konnte, in die Neues fließt.

Bei Millionen mal Millionen Menschen aller Zeiten hat sich immer neu bewahrheitet, daß der Glaube an ein Fortbestehen, der Glaube an einen guten Ausgang mehr bewirkt als alle intellektuellen Lösungsmodelle. Solange wir Hoffnung haben, werden wir auch leben.

Laß uns noch einen anderen Aspekt deiner Frage beleuchten. Wer von Endzeit spricht, kaschiert damit im Grunde seine Angst vor dem Tod. Er sagt nicht: »Ich habe Angst vor dem Sterben«, sondern er sagt: »Ich habe Angst davor, daß wir alle sterben werden«. Da arbeitet jemand mit einem Trick. Er will seine Todesangst ins Gespräch bringen und spricht die eventuelle Angst des Gesprächspartners an. Da Politiker und Kirchen schon lange das Bangemachespiel betreiben, wird der Ängstliche bald einen Kollegen finden. Angst und Angst gesellt sich gerne. Zwei Angsthasen unterhalten sich jetzt darüber, daß im nächsten Winter eventuell die Rüben ausgehen werden. Sie reden über ihre eigene Angst, aber sie tun so, als bedauerten sie das Ableben der gesamten Gattung. Hier haben sich also zwei getroffen, die eine ganz persönliche Angst haben, das aber nicht zugeben können. Dieses Verhalten ist ja überall anzutreffen, wie oft wurdest du schon von »guten« Freunden davor gewarnt, dies oder jenes zu tun. Hier lag genau das gleiche Muster vor. Jemand hatte Angst und wollte dir das mitteilen, aber er fürchtete sich davor, das offen und direkt zu tun und wurde daher zum Prediger in der Wüste. Geh am besten diesen Warnern aus dem Wege, sie sind umgeben von der Aura des Unguten, sie verpassen dir einen kalten Fröstler, erwarten jedoch eine Reaktion von dir, als erhieltest du einen warmen Schmuser. Wenn du also an Endzeit denkst, empfindest du Angst, aber nicht wegen der anderen, sondern um deinetwillen. Du nimmst dich dabei wahr, du fühlst dich und spürst deine Angst, du möchtest dich selbst ins Gespräch bringen. Versuche es einmal mit lebensspendenden Gedankenmustern, anstatt Horrorvisionen auszumalen. Daß du von dir sprechen willst, ist legitim, aber umgib dich dabei mit einem Flair, das warm ums Herz werden läßt. Laß andere an der Sonnenseite deines Wesen teilhaben, auf daß du tröstest und nicht getröstet werden mußt.

Eine andere Variante von Endzeitlern ist die Sorte von Menschen, die zwar selbst keine oder nur wenig Angst haben, aber dich mit deiner Angst konfrontieren und alsbald manipulieren wollen. Das ist die gefährlichste von allen. Es sind Politiker, meist Demagogen, die dich in ihren Bann ziehen wollen. Sie probieren, wo sie dich packen können und bringen dich um. Sie wollen dich abhängig machen und sprechen vom Teufel, um sich selbst als Erlöser anzubieten.

Du bist aber vollkommen in der Lage, die Motive eines Menschen zu erkennen, wenn du selbst durchlässig bist. Wann auch immer du jemanden reden hörst, achte auf die Gründe für seine Reden. Entwickle einen Automatismus, der dich in Sekundenschnelle dein Gegenüber aus deinem Unterbewußtsein heraus erfassen läßt. Es ist viel wichtiger, sich auf das einzustimmen, was der andere denkt, als auf das, was er sagt. Ihr redet dann nie aneinander vorbei, wie es diejenigen tun, die am Worte haften. Viele können mit Worten nicht umgehen, andere manipulieren mit Worten, benutzen sie als Versteck.

Wenn du von Endzeit sprechen hörst, kannst du einigermaßen sicher sein, daß der andere etwas ganz anderes will, als mit dir über dein bevorstehendes Ende zu reden. Manchmal ist von Endzeit zu reden auch nur völlig unbewußte Konversation, weil das Thema gerade Mode ist. Themen wie Wetter, Krankheit, Krieg, Tod, endlose Auslassungen über Haushaltsarbeiten oder Klatsch sind bei Menschen, die sonst nichts zu sagen haben, das Thema der Wahl. Sei dir bewußt, warum du von Endzeit reden möchtest. Tust du es, weil du Konversation machen willst? Weil du von deiner persönlichen Angst sprechen möchtest? Das ist in Ordnung, aber tue es nicht, wenn du damit Macht über andere erlangen willst. Mächtige sind immer Sklaven ihrer eigenen Macht, die sie bei genauem Hinsehen ohnmächtig erscheinen läßt.

Laß mich deine Frage umformulieren: Viele Zeichen deuten auf einen großen Wandel hin, ich will dabei sein, ich habe Freude am Leben, ich lebe gerne. Es heißt, wenn etwas Neues beginnt, muß manchmal etwas altes Platz machen. Übertragen auf dich kann das bedeuten: Wenn du am Alten festhälst, bist du möglicherweise kein Ort, an dem Neues geschehen kann. Deshalb ist das einzige, was du zu tun hast, loszulassen. Gib deine Verhaftung mit deiner Vergangenheit und der ganzen Menschheit auf. Stell dir das so vor, als würdest du dich einfach umdrehen, als würdest du dich der Sonne zuwenden. Du brauchst nichts anderes zu tun, als dich dem zuzuwenden, was kommen will. Wenn du gestattest, daß das Neue kommen kann, wirst du mit dabei sein. Loszulassen ist deine einzige Chance. Bete, meditiere, reinige deinen Körper und deinen Geist. Ergib dich der Liebe, weil in ihr am besten dein Zeichen zur Hingabe, deine Bereitschaft, dich zu verlieren, deutlich wird.

Du mußt lernen, daß das, was du deine Sicherheit nennst, Illusion ist. Deine einzige Chance ist es, ein Zeichen tätiger Liebe zu sein. Nicht mehr von ihr zu reden, sondern sie zu leben, sich mit allem, was du bisher warst, auf sie einzulassen. Indem du dich mit dem Ende beschäftigst, weist du auf das Neue hin. Befasse dich mit dem Neuen, das aus dem Alten entsteht und nenn diesen Geburtsvorgang nicht sterben. Wenn du dich mit dem, was in dir wohnt, womit du dich identifizierst, auf der Seite des immerwährenden Lebens weißt, dann stehst du auf der richtigen Seite.

»Wer aber auf das Glücklichsein verzichtet, erfüllt sein Dasein nicht«, das hat der Philosoph Ludwig Marcuse geschrieben, und ich finde, er hat vollkommen recht damit. Doch da erhebt sich sofort eine riesengroße Frage.

Frage: Wie kann ich glücklich sein und was ist Glück überhaupt?

Glück-sache, sagen viele. Nur befriedigt diese Aussage nicht, denn Glück setzt sich, bedingt durch unsere Zerrissenheit, meist aus vielen Facetten zusammen. Wer unter Druck steht, braucht meist nur sehr wenig, um glücklich zu sein. Ein Verdurstender ein Glas Wasser. Ein Schwerkranker sagt: Wenn ich gesund bin, dann will ich glücklich sein. Aber ist er dann tatsächlich gesund, hat er lange wieder vergessen, daß er dann glücklich sein wollte. Nach dem Glück befragt, nennt er vieles, was er gerne möchte, um sich dann zu gestatten, glücklich zu sein. Wenn du keinen Partner hast, sagst du: Wenn ich einen Partner habe, bin ich glücklich, wenn ich einen Partner habe, werde ich auch ihn glücklich machen.

Aber stimmt das? Sind Menschen glücklicher, weil sie einen Partner haben? Ein anderer sagt: Wenn ich viel Geld habe, bin ich glücklich. Sind Reiche glücklich? Wenn du ein Glas Wasser hast, gesund bist, reich bist und einen Partner hast, müßtest du dann nicht glücklich sein? Ich kenne viele, die haben viel Wasser, sind gesund und reich und an Partnern mangelt es auch nicht. Trotzdem sind sie todunglücklich.

Was fehlt? Warum sind so unendlich viele unglücklich? Fast alles läßt sich kaufen, machen, tun. Liegt Glück hinter oder vor den Wünschen? Kommt der Bewußtseinszustand, den wir als »Glück« empfinden, nach der Wunscherfüllung oder vorher? Ist das Gefühl, glücklich zu sein, verbunden mit Voraussetzungen, bei deren Nichterfüllung glücklich sein nicht möglich ist? Ist Glück lernbar, ist es machbar? Ist Glück Zufall, ist es eine Gabe, eine Gnade?

Was sind also eventuell die Bedingungen, unter denen es dir und mir möglich ist, Glück zu *haben*? Was müßten wir beide lernen, um Glück zu haben, um glücklich zu sein? Müssen wir beide etwas machen oder müssen wir nichts machen? Wenn Glück Zufall ist, ist der Zufall dann von etwas abhängig? Aber ist es dann noch ein Zufall? Fällt uns dann etwas zu? Aber wieso, woher? Oder ist der, der Glück hat, begabt, ist Glück also eine Gabe, die der eine hat und der andere nicht? Hat dieser Zustand etwas zu tun mit einem Gnadenakt und wenn ja, von wem, weshalb?

Fast zu viele Fragen, um sie alle ausführlich zu beantworten. Wir alle haben auf jeden Fall in unserem Gepäck immer und ständig *Bedingungen* dabei. Bedingungen, unter denen wir, falls sie erfüllt sind, zufrieden sein wollen. Zufriedenheit ist ein kleiner Abkömmling vom Glück. Im Inneren wissen wir zwar: Wer Bedingungen stellt, dem begegnen Bedingungen. Bedingungen sind wie Ohrfeigen. Eine folgt der anderen. Auf jeden Fall, so glauben wir, und unter uns besonders die Politiker, ist allenfalls bedingtes Glück aushandelbar. Der Händler merkt aber lange nicht, daß er sich selbst die Bedingungen abgehandelt hat, mit denen er sich dann zufriedengibt. Und wenn der Händler mit dem anderen Händler genügend Bedingungen abgehandelt hat, sagt beider Logik: Mehr ist unter diesen Bedingungen nicht machbar, und sie geben sich zufrieden, sie versuchen beide, sozusagen be-dingt glücklich zu sein.

Da Bedingungen jedoch für den, der sie gestellt hat, Vorteile bewirken sollen, muß die andere Seite schwer aufpassen und braucht ein paar Anwälte, Polizisten und Soldaten. Hier liegt wohl klar erkennbar be-dingtes Glück vor, es ist be-Dingt, an Dinge gebunden.

Lassen wir also die Bedingungen. Nun gibt es die Theorie: Alles, was ein Mensch kann, hat er gelernt. Die Frage wäre demnach berechtigt: Können du und ich es lernen, Glück zu haben? Du hast sprechen, rechnen, schreiben gelernt, alles, worauf du stolz bist, daß du es vermagst, ist das Produkt von Lernen durch Tun. Ist im Prozeß des Fortschreitens, sich in eine bestimmte Richtung zu entwickeln.

Ist Glück lernbar? Daß Erfolg lernbar ist, darüber habe ich recht viel gesagt und geschrieben. Eins scheint auf jeden Fall sicher zu sein: Glück ist, wie alles andere auch, die Folge von etwas. Glück ist also direkter Ausdruck von etwas. Aber wovon? Wenn wir ihm Bedingungen stellen, ist es nur bedingt existent. Kaufen kann man es auch nicht. Man hat versucht, Glück zu machen, zum Beispiel andere glücklich zu machen, so etwa im Sinne von Liebe anstatt Krieg machen. Leider kam bei diesem Liebe-statt-Krieg-Machen höchstens ein Kraftakt heraus, manchmal einem Gefecht ähnlich. Lieblos war es auf jeden Fall. Beim Glück scheint es mir so ähnlich zu sein, es ist nicht machbar. Man kann es haben, aber es ist nicht ans Haben gekoppelt.

Untersuchen wir, was oder wie es ist. Glück ist ein Zustand! Genau gesagt, ein Gemütszustand. Es drückt sich in einem Gefühl aus. Überlegen wir mal, was wir brauchen, um dieses Gefühl zu haben und was hinderlich wäre.

Satt müßten wir nicht unbedingt sein, jedoch hungern dürften wir auf keinen Fall. Auch die Temperatur sollte einigermaßen stimmen. Je mehr Glücksgefühl in uns selbst, desto weniger muß im Außen, als Rahmen sozusagen, vorhanden sein. Einigermaßen sicher sollten wir uns fühlen, aber das ist doch eigentlich auch schon alles.

Am Anfang sprach ich von Zerrissenheit: Je mehr wir es sind, desto mehr »Kittmaterial« brauchen wir. Je mehr wir sozusagen ganz sind, desto weniger muß gekittet werden, um so weniger bedarf es eines Bedarfs. Je weniger du – aus vollkommen freien Stücken – persönlichen Bedarf hast, desto mehr Zufriedenheit liegt vor. Das ist die Aura von Glück.

Nähern wir uns dem Glück von dort aus, wo wir die Eigenschaften eines Glücklichen beschreiben können. Er braucht außer dem Lebensnotwendigsten nichts, weder Geld noch Gut, stellt keine Bedingungen, nichts kann ihm weggenommen werden. Er lebt in einem Zustand der Unabhängigkeit. Sein Zustand ist, von außen betrachtet, unbegründet, hat keinen Grund. Alles Äußere kann deshalb nicht reduzierend auf sein Glück wirken. Er ist Magnet für alles, was er braucht, ohne das Geringste dafür tun zu müssen. Die ganze Welt schenkt sich ihm. Alle Sucher dieser Welt glauben, in seiner Nähe das gefunden zu haben, wonach sie suchten. Ihre Dankbarkeit drückt sich deutlich in ihren Hinterlassenschaften aus. Der Glückliche erhält so viel, daß er auch zum Geber auf materiellem Gebiet wird. Seine Zufriedenheit zeigt das Maß seines Glücks. Und dieses Glück ist Ausdruck von Liebe, die er gefunden hat, ohne sie je zu suchen. Er öffnete sich ihr. Er wurde zu Liebe, weil er vollkommene Widerstandslosigkeit war. Es fällt mir schwer, den Namen eines Glücklichen zu nennen. Riskieren wir's. Ich glaube, Jesus Christus war ein Glücklicher. Er wollte und brauchte nichts für sich. Von allen Seiten strömte ihm zu, was eines Menschen Herz erfreut. Heute, nach 2000 Jahren, bewirkt die Liebe Jesu mehr denn je den Prozeß des Werdens. Die Bergpredigt zieht immer mehr Menschen in ihren Bann. Gruppierungen vielfältigster Art suchen auf ihre Weise, Liebe zu leben und sie in Frieden, Freiheit und Glück zu verwandeln.

Alle Schriften verheißen gleichermaßen das Himmelreich. Soweit die Erde Himmel sein kann, ist für jeden einzelnen diese Verheißung lebbare Realität.

Glück ist ein Zustand innerer und äußerer Freiheit, das heißt, Unabhängigkeit im totalen Sinn. Glück ist ein seliger Zustand. Gestatte mir, bei dieser philosophischen Betrachtung das Materielle miteinzubeziehen. Die Seele ist frei und bedarf doch des Körperlichen als eine Art Gefäß. Genauso verhält es sich mit dem Glück. Als höchster Ausdruck von Unabhängigkeit bedarf es doch der Materie. In seiner höchsten Form dort, wo diese Unabhängigkeit sichtbar gewordene Liebe ist, dort, wo sie sich manifestiert durch den Menschen selbst.

Nur der Mensch kann Glück empfinden und es ausdrücken, nur durch ihn findet diese Qualität von (Glück-) Seligkeit Einlaß in diese Welt. Hier liegt ein, für unsere polare Welt so typisches, »Sowohl-als-auch« vor. Glück ist nur existent, wenn es frei von jeglicher Bindung, Bedingung ist und braucht doch den Menschen, braucht *dich*, um in Erscheinung zu treten.

Zusammenfassend: Du kannst nichts tun im Sinne von aktiv werden, um glücklich zu sein. Du kannst dich nur ergeben, demütig dein Haupt neigen (Intellekt), dein Herz öffnen (Gemüt), tief eintauchen in das Wissen um deine Herkunft und Gott, den Vater, sein Werk durch dich tun lassen.

Kannst du dir Glück ohne Liebe vorstellen? Ich nicht, und deshalb ergibt sich für mich die nächste Frage konsequent aus der vorigen.

Frage: Was ist Liebe?

Wenn ich dir sage, Liebe ist *alles*, es gibt nichts außer Liebe, dann erscheint das einem normal Denkenden als unrichtig, unlogisch, allenfalls theo-logisch. Du kannst anstelle des Wortes Liebe auch sagen: Alles ist Eins. Du kannst sagen, es gibt nichts außer Gott. Metaphysiker sagen: Es gibt nur einen Geist, nur ein Gesetz, nur eine Substanz, und ich bin eins mit alldem. Die einen nennen es

Liebe, die anderen Gott, die nächsten eine Substanz oder ein Prinzip, wieder andere Geist. Alle benutzen gleichermaßen Umschreibungen von etwas nicht Beschreibbarem. Die moderne Physik zum Beispiel ist dabei, sich mit der Mystik zu verheiraten. Was Metaphysiker, Mystiker, Seher, Gurus schon immer sagten, beginnt heute in der Physik wissenschaftliche Grundlage zu werden. Natürlich sind auch hier durchaus nicht alle für eine Vermählung. Separatisten gibt es überall. Aber *ein* Gedanke scheint sich heute in der Wissenschaft doch etabliert zu haben: Der kleinste Baustein von allem ist nicht materieller Natur, ist eine nicht materielle Substanz, die in allem, was existiert, gleichermaßen enthalten ist. Es gibt also eine Ursubstanz, der man zwar wissenschaftliche Namen geben kann, die dadurch aber nicht faßbarer wird.

An den Grenzen der Physik, sagen Fachleute, gibt es nichts Stoffliches, dort ist alles Energie und dazu noch eine schwer oder gar nicht einzuordnende Form von Energie. Einige gestatten den Begriff Geist. Geist ist zwar unbegreiflich, aber es gibt in diesem Niemandsland kein in Worte ausformbares Wissen. Es liegt jenseits unserer Begrifflichkeit, unseres Vermögens zu verstehen.

Mystiker sagten zwar schon immer: Alles ist Geist, alles ist Bewußtsein ohne Form, Funktion und Absicht. Nur was soll der Kopfmensch, der Wissenschaftler mit seinen intellektuellen und materiellen Werkzeugen damit anfangen? Er hat sich selbst die Aufgabe gestellt, alles, was ist, zu beweisen und was nicht beweisbar ist, das existiert eben nicht. Vornehm ausgedrückt: Bei Begriffen wie Geist oder Bewußtsein ist Wissenschaftlichkeit im klassischen Sinn einfach nicht mehr gegeben. Nichtmaterielle Disziplinen wie die Psychologie werden von orthodoxen Naturwissenschaftlern noch immer belächelt, denn schließlich hat Herr Sauerbruch, so sehr er sich in den Körpern auch umguckte, die Seele nicht gefunden.

Deine Frage nach der Definition von Liebe kann ich dir sicher nicht beantworten, ich kann dir aber von meinem Verständnis von Liebe berichten. Liebe ist, was du für deine Eltern empfindest, Liebe ist, was du für deinen Partner empfindest, Liebe ist, was deine Kinder und deine Freunde mit dir verbindet. Liebe ist, den Menschen so zu sehen, wie Gott ihn gemeint hat. Liebe ist, den anderen spüren zu lassen, daß er unsterblich ist. Liebe ist, zu lieben. Liebe ist das, was du für Gott empfindest. Liebe ist das, was dich hat werden lassen. Liebe ist das, was dich am Leben hält. Liebe ist, dich in dein Tun vollkommen hineinzubegeben.

All dies sind Rationalisierungen, Umschreibungen von Liebe. Liebe aber entzieht sich vollkommen jeder Beschreibung. Liebe ist unauffindbar, wenn du sie in Worte zu fassen versuchst. Wenn du sie findest, kannst du sie nicht benennen, wenn du sie benennst, hast du sie damit nicht gefunden.

Such die Liebe nicht im Außen. Sie und du, ihr seid nicht zwei getrennte Erscheinungsformen. Liebe ist etwas, das man nur durch Erfahrung kennenlernen kann. Sie ist dir am nächsten, wenn du dich offenbarst, dich öffnest, in dich hineinschaust. Wenn du das Folgende annehmen kannst, haben wir beide es leichter:

Du bist der vollkommene Ausdruck von Liebe. In dir gipfelt die Schöpfung auf diesem Planeten. Es gibt auf dieser Welt dich und deinesgleichen als sich ständig weiterentwickelnder Ausdruck des Schöpfers. Gott ist die Liebe und er drückt durch dich diese Liebe auf der persönlichen Ebene aus. Alles was ist, hat den gleichen Sinn wie du: symbolischer Ausdruck von Liebe zu sein. Liebe als das alles Umfassende, das alles Enthaltende hat keinen Zweck, keinen anderen Sinn als sich selbst zu erfüllen. Ohne Bedingung, ohne Ziel. *Liebe ist das, was im Kosmos am radikalsten nichts will, total bedingungslos ist, und sie verändert und revolutioniert deshalb am allermeisten.* Wehe, du begibst dich da hinein, dann wirst du zum Revolutionär...

Du wirst für alles, was du tust, nichts mehr verlangen. Du gibst und gibst und gibst, ohne nach Belohnung zu fragen. Du gibst ohne Ansehen der Person. Du fürchtest nicht mehr, dich zu verausgaben, denn es gibt nichts Grenzenloseres, nichts Unendlicheres als die Liebe. Alles, was dich bisher umfangen hielt, alles, was dich bisher fesselte, ist aufgelöst in ihrem verzehrenden Feuer. Wenn du in dieser Liebe bist, ist Gott es selbst, der deine Schritte lenkt, der deine Werke tut. Wenn du in dieser

Liebe bist, ist Gott auf die Erde niedergestiegen, und es werden Wunder in deinem Leben geschehen.

Liebe gehört also notwendigerweise zum Glück. Und aus »glücklicher Liebe« wächst Erfolg.

Frage: Was ist Erfolg?

Erfolg ist das, was erfolgt. Erfolg ist die Wirkung, die auf eine Ursache hin einsetzt. Erfolg ist im Universum der Polaritäten die Bedingung von etwas, also abhängig. Erfolg ist die eine Seite, die möglich wird, wenn eine andere Seite die Voraussetzung dazu geschaffen hat.

Das ist dir zu abstrakt? Erfolg ist nicht, daß du die Taschen voller Geld hast. Erfolg ist nicht, daß du viel Zeit hast. Auch nicht dann, wenn du bekannt bist. Wenn du gesund bist, bist du deshalb noch nicht erfolgreich. Und es reicht nicht, wenn du tun kannst, was du willst. Erfolg ist auch nicht, daß sich all diese Sachverhalte zusammen erfüllen.

Um erfolgreich zu sein, brauchst du im Grunde nichts von den oben aufgeführten Zuständen. Erfolg liegt in einer Geisteshaltung, die sehr selten ist, deshalb gibt es auch sehr selten tatsächlich erfolgreiche Menschen. *Erfolg liegt in Zufriedenheit.* Zufriedenheit nun bezeichnet einen Status jenseits jeglicher Polarität. Zufriedenheit ist autonom, unabhängig, ohne Bedingung.

Wie ist das bei dir? Nehmen wir an, du bist zu neunzig Prozent zufrieden. Der Rest setzt sich aus dem zusammen, von dem du glaubst, es zu brauchen, um zufrieden sein zu können. Normalerweise sagst du: Wenn ich dieses und jenes *habe*, dann, ja dann will ich zufrieden sein. Du bindest einen Gemütszustand an Voraussetzungen, die meistens sogar materieller Art sind. Ich zum Beispiel will zufrieden sein, wenn dieses Buch positiv bei dir ankommt. Wenn es dir hilft, du zufrieden und mir vielleicht dankbar bist. Ich stelle also auch Bedingungen, um zufrieden sein zu können, das heißt, ich mache mich in diesem Fall von dir abhängig. Genau dieses Verhalten ist typisch für uns alle und nur schwer zu ändern. (Ich habe schon beim Thema »Glück« darüber gesprochen.) Wenn du gut beobachtet hast, ist dir aufgefallen, daß da irgendwo der Wurm drin ist. Wann immer du in die Nähe deiner Wunschvorstellung kamst, stellte sich seltsamerweise die Zufriedenheit nicht ein. Dieses Gefühl Zufriedenheit ist unabdingbar, um dich erfolgreich zu fühlen. Du aber stellst ihm Bedingungen.

Wenn du beschwipst bist und dabei ein gutes Gefühl hast, ist die Voraussetzung, also die Bedingung dazu, Alkohol, und das funktioniert auf die Dauer nicht. Das Gefühl hält nicht lange an, kehrt sich sogar manchmal gegen dich, wenn du zuviel trinkst und am nächsten Tag einen Kater hast.

Erfolgreich bist du, wenn deine Seele zufrieden in ihrem Selbst ruht. Sowohl die Seele als auch das Selbst sind nicht materieller Natur, sie brauchen nur deinen Körper, um in dieser Welt wirken zu können. Das, was sie be-wirken wollen, entspricht ihrem eigenen Wesen. Ihre Hoffnung richtet sich nicht auf das Errichten eines materiellen Reiches, sie sind inkarniert, um zu vergeistigen, zu befrieden. Um Haß, Kampf, Angst in das zu verwandeln, was sie ursprünglich waren und in was sie einst einmünden werden.

Alles in diesem Universum entspringt derselben Quelle bzw. mündet im selben Meer. Wir umschreiben in unserer Unbewußtheit sowohl Quelle als auch Mündung mit dem Wort Liebe. Alles ist aus ihr entsprungen und ist ihr gleichermaßen *ent*-sprungen. Alles kehrt dorthin zurück.

Du willst erfolgreich sein und suchst nach Mitteln und Wegen, um dein Ziel zu erreichen. Du fragst nach Strategien, bist zu fast allem bereit. Weil du dich als körperlich empfindest, glaubst du, in der körperlichen Welt zu finden, was du suchst. In der ersten Halbzeit deines Lebens ist alles eine Verkörperung des Geistigen und wird in der zweiten Halbzeit dann eine Vergeistigung des Körpers. Du bist, weil du hier und jetzt bist, im Begriff, nach neuen Werten, neuen Wertvorstellungen zu suchen. Intuitiv weißt du, wohin dein Weg führt, du wirst aber ständig irritiert durch die Massenmedien, die von Erfolg-Reichen berichten. Alles entspringt und mündet am selben Nichtort zur selben Nichtzeit, also alles entspringt und endet im nicht Materiellen.

In der Mystik nennt man diesen Ursprung allen Seins das Nichtsein. Wenn ich sage, alles entspringt aus Liebe, durchläuft vielfältige Verwandlung und mündet wieder in Liebe, dann ist also der Ort des Enstehens von Erfolg nicht zeitlich, nicht materiell, er ist ein Nicht-Ort. Demnach kann Erfolg nicht materieller Natur sein. Erfolg ist nach dieser Definition nichts anderes als Liebe. Oder, zum besseren Verständnis, *Erfolg kann nur ein Gemütszustand sein.*

Erfolg ist nur dann als vorhanden anzusehen, wenn bei dir ein Gefühl der Zufriedenheit vorliegt. Unabhängig von Geld und Gut! Hier liegt das Problem. Aus diesem Grunde findest du so wenige Erfolgreiche in meinem eben erklärten Sinne des Wortes. Deshalb gibt es sowenig Zufriedene. Deshalb gibt es so wenig Frieden.

Wird Befriedigung im Besitz von Macht und Geld gesucht, muß sie unerfüllt bleiben. Unzufriedenheit muß die Folge sein. Werde dir also klar darüber: Erfolg ist Zufriedenheit mit dem erreichten Zustand von seelischer Stabilität und Ausgeglichenheit. Sobald du Bedingungen stellst, Erfolg mit irgend etwas koppelst, bist du auf der falschen Fährte. Oder, korrekter, du bist dann ein ganz normaler Mensch. Denn genau hier liegt ja ein sehr typisches menschliches Verhalten vor.

Wir alle, fast ohne Ausnahme, stellen ja ständig Bedingungen. Wir alle sind vollauf beschäftigt damit, überall und jedem kundzutun, was wir wollen, wie wir's wollen und unter welchen Bedingungen wir eventuell dazu bereit wären.

Mach dir bitte an dieser Stelle klar: Genau dieses Verhalten führt nicht zu wahrem Erfolg oder zu innerer Zufriedenheit. Werde dir in sovielen Stunden als nötig bewußt, was du tatsächlich brauchst, um dich erfolgreich zu fühlen. Nenn' für dich alleine die Summe, die du zu brauchen glaubst. Bedenke die Gesamtsituation, von der du sagst: *Wenn* dieses und jenes, *dann*... Sei dir bewußt, daß du Abhängigkeiten erschaffst. Wahrscheinlich wirst du Kompromisse eingehen, aber tendiere möglichst zur bescheidenen Seite. Sorge dich nicht, *lebe*!

Je mehr Geld du hast, um so weniger echte Freunde sind um dich. Je mehr du dir eine Machtposition erarbeitet hast, um so mehr wird dich die entsprechende Seite deines Naturells auch dazu bewegen, sie einzusetzen. Du willst geliebt werden, einen Mächtigen jedoch fürchtet man. Du manipulierst, und du merkst vielleicht lange nicht, daß du es selbst bist, der manipuliert wird. Du verbindest Erfolg mit Ruhe und Zeit für sich selbst haben, jederzeit weit weg fliegen zu können, viel Zeit mit wahren Freunden zu verbringen.

Frage bitte recht bald mal einen Reichen, einen Mächtigen, ob er Zeit, ob er Freunde hat, ob es ihm so richtig gut geht. Werde dir möglichst bald dessen bewußt, wie dein Kompromiß aussehen wird. Reichen dir eine Million Dollar oder können es auch Lire sein? Für mich bedeutet Erfolg, am Ende meines Lebens zu wissen, daß ich gelebt, meine inneren und äußeren Werte (mit-) geteilt habe. Wenn ich die Übereinstimmung von Seele, Körper und Geist ausdrücke. Eine friedvolle Seele *bin*!

Nun habe ich soviel über Glück, Liebe und Erfolg gesprochen, daß vielleicht eine ganz andere Frage in dir aufsteigt:

Frage: Kann oder soll das Leben immer aus Gleichmaß, Freude und Glück bestehen?

Ja, selbstverständlich kann das Leben aus Gleichmaß, Glückseligkeit und Freude bestehen. Fragt sich nur, was das ist. Wer glaubt, glücklich zu sein und dieses Glück festhalten zu können, wer mit nur Wenigem auskommt – der hat auch eine Möglichkeit, auf dieser Ebene zu sein. Wer *glaubt*, Gleichmaß, Glück und Harmonie – sind sie erstmal erreicht – dann auch als Dauerzustand leben zu können, für den ist es so. Alles nicht dem Inhalt seines Glaubens Entsprechende wird er nicht annehmen können (wollen).

Es gibt kein Gesetz, das objektive Bedingungen schafft, die etwas (z. B. das Glück) so oder so sein lassen. Es gibt dagegen anscheinend ein Gesetz, nach dem alles variabel ist, also eine recht große Bandbreite besteht für das sogenannte »Sein« mit vielen Möglichkeiten, das was *ist*, zu gestalten.

Es ist also richtig, wenn ich dir sage: Ja, sei glücklich alle Tage. Es ist aber auch richtig, wenn ich dir sage: In einem stets gleichbleibenden Gemütszustand zu sein bedeutet, tot zu sein. Und das möchte ich dir jetzt noch nicht empfehlen.

Stell dir einen Monitor in einer Intensivstation vor und wie auf ihm verschiedene Körperfunktionen durch sich auf und ab bewegende Linien angezeigt werden. Temperatur, Puls, Gehirnaktivität, Atemfrequenz usw. Leben auf dieser Evolutionsstufe bedeutet wesensmäßig auf und ab, hin und her, bedeutet sowohl als auch, hierhin und dorthin gehen. Es bedeutet, glücklich sein und unglücklich sein, wachen und schlafen, kommen und gehen, gesund sein und krank sein. Leben, wie es jetzt und hier manifest ist, bedeutet Wechsel. Aktivität und Bestreben in scheinbar verschiedene Richtungen. Solange du diesen Ausdruck von Leben auf dem Monitor sehen kanst, ist alles in Ordnung. Sobald jedoch die sich rhythmisch bewegenden Linien zu verflachen beginnen, gar zu Geraden werden, definieren wir diese Form von Gleichmaß als »nicht leben«.

Es gibt Ebenen, auf denen dieser Kampf, dieses Streben, dieser Wechsel zu einer Veränderung alles vorher Existenten führen und dadurch einen Endzustand erreichen wird, der keiner weiteren Vervollkommnung durch Spezialisierung und Entwicklung mehr bedarf. Also hat alle Polarität, gut und böse, hell und dunkel, Tod und Leben in sich den Sinn verborgen, den Fluß alles Seienden zur Mündung, ins Nichtsein zu führen.

Alles, was du aktiv, beweglich, widersprüchlich, polar nennst, ist demnach das Gefälle, welches den Fluß in Bewegung bringt und ihn einst im Meer enden läßt. Deine Freude und dein Leid, dein Glück und dein Unglück sind hier und jetzt notwendige Beschränkungen, um dich zu führen, dir zu helfen, dorthin zu gelangen, von wo du einst ausgingst auf die Suche.

Wenn du dein Glück dorthin vorauseilen läßt, von dem das Sein, von dem alles ausging, wirst du wissen, daß auch genau dort alles mündet. Für dich ist dann die Zukunft oder die Vergangenheit eine Frage des Standpunktes, der Perspektive. Du hast dann zumindest in deinen Meditationen das Zeitliche lachend und segnend überwunden.

Du wirst, vielleicht müde und zerschunden, endlich dort ankommen, wo du immer warst. Und du wirst feststellen, daß du immer nur dich selbst suchtest und deshalb dein Kreislauf notwendig war. Eigentlich hättest du dich nie in die Räumlichkeit und Zeitlichkeit zu begeben brauchen, aber lange glaubtest du, dich dort suchen zu müssen. Du suchtest dich im Speziellen, im Individuellen, Aber auch dein höchstmöglicher Ausdruck, deine Spezialisierung, all deine Individualität waren nur eine Stufe deines Erkenntnisweges.

Du erkennst in deinem Glück und Unglück das Verbindende, nicht mehr die Dualität. Du siehst in gut und böse, hell und dunkel, bald keinen Unterschied mehr. Du entdeckst, daß Individualität, jegliche Polarität, Vordergrund ist. Du entdeckst hinter allem die Universalität, das Prinzipielle. Und mit deinem Erkennen *wirst* du das Universelle, Prinzipielle!

Unser Weg führt uns also vom Individuellen zum Prinzipiellen, und da ist jemandem etwas ganz Schlaues eingefallen. Warum sich die Mühe machen, das Eigene, Einzigartige zu erkunden und sich selber für die Erfüllung der Wünsche anzustrengen? Es geht doch viel einfacher...

Frage: Soll ich die eigenen Wünsche einer höheren Instanz überlassen?

Bei dieser Frage stellt sich sofort die nächste Frage: Was und wo ist die höhere Instanz? Ist sie das Pferd, weil es einen größeren Kopf hat? Hältst du dich möglicherweise nicht für klug genug, in Lösungen zu denken? Ist die höhere Instanz ein Geist, der dich führt (Geistesführer)? Ist die höhere Instanz ein überirdisches, übergeordnetes Bewußtsein, mit dem du Verbindung aufnehmen willst?

Dein Wort »Instanz« sagt mir, daß du eventuell ein Obrigkeitsdenken hast: Hier bin ich, da bist du. Hier bin ich, da ist

»es«. Sage mir, wie du »ich« und »du« unterscheidest. Sind ich und du, du und es, Begrenztheiten, entstanden aus deiner Sicht der Dinge, aus deiner Art zu denken? Wenn du zu faul bist, um Wege zu suchen, deine Begrenzungen aufzulösen, wirst du vielleicht jemand anderen fragen, was er tun würde, um dann diesem Rat-»Schlag« zu folgen.

Wenn du hoffst, daß ein anderer, ein anderes Ich, besser weiß, was für dich richtig ist, dann folge nur lange genug den Lebensweisheiten eines anderen. Wenn du erkennst – wann auch immer das ist –, daß der Weg eines anderen nicht der deine ist, hörst du auf zu fragen.

Stell dir vor, es gibt tief in deinem Inneren einen besonnten Raum, in welchem alles auf ewig bekannt ist. Stell dir vor, daß auf jede Frage bereits eine Antwort gegeben ist, noch bevor die Frage gestellt wurde. Beachte die zeitliche Folge: Erst Antwort, dann Frage!

Fragst du jemanden nach der Uhrzeit, der dir vor 20 Sekunden sagte, wie spät es ist? Stell dir vor, daß jede Antwort nicht nur bereits gegeben ist, noch bevor du die Frage stelltest, sondern daß sogar die Antwort *ohne* die Frage existiert.

(12.30 Uhr z. B. wäre es auch gewesen, ohne daß du nach der Uhrzeit gefragt hättest.)

Eine Antwort ist nicht von einer Frage abhängig. Dein Glaube »Erst die Frage, dann die Antwort« ist nur dein Bild von dem, was zuerst ist und was daraufhin folgt! Einem anderen ein Urteil über deine Angelegenheiten zu überlassen, weil er klüger sein könnte, ist ein Ausdruck von Beschränktheit. Höre also auf, anderen Fragen zu stellen. Fragen stellen ist immer ein Ausdruck von Unbewußtheit und der Versuch, einen anderen für dich arbeiten zu lassen. *Frage nie mehr etwas, aber stelle alles in Frage.* Also auch die Fragen und Antworten in diesem Buch!

Was auch immer du schon weißt, stell deinem Wissen ein »Warum?« entgegen. Durch dein fragendes Warum erweiterst du dein Bewußtsein, erkennst du Zusammenhänge, erfüllen sich Wahrheiten, kommst du zur Antwort. Bis du eines Tages, vielleicht schon bald, ohne Frage zur Antwort gelangst, in sie einmündest und zur Antwort *wirst*!

Wünsche, Fragen, Antworten einer »höheren Intanz« zu überlassen, zeigt dein Nichtwissen von der Tatsache, daß Wünsche Kinder von nicht beantworteten Fragen sind, daß Fragen aus nicht erfüllten Wünschen stammen. Erkenne deinen Weg, sieh wie er dort einmündet, wo der Fragende zum Antwortenden wird. Wenn du das verstehst und du dann auch weißt, daß »Du« und »Ich« nur aus einer engen Perspektive heraus bestehen, erkennst du, daß du Fragender und Antwortender zugleich bist. Solange dir das Frage- und Antwortspiel Spaß macht, ist es gut. Willst du ein anderes Spiel spielen, laß entweder das Fragen oder das Antworten sein – um zwei neue Varianten zu nennen. Erkenne, alles ist Spiel. *Alles*. Du bist Spiel und Spieler zugleich.

Wenn du nur lange genug gefragt hast, wirst du früher oder später auf die Frage der Fragen kommen.

Frage: Wer bin ich?

Ich danke dir für die Frage, sie ist die wichtigste, die es überhaupt gibt und taucht immer wieder in neuen Varianten auf. Es ist die Frage, die das ganze Universum »auf Touren« hält und die ganze Welt beschäftigt. Überall begegnest du ihr, sie wird nie beantwortet und deshalb immer wieder neu gestellt.

Alles, was lebt, lebt, um sich diese Frage zu stellen und um sie sich zu beantworten. Es gibt im Grunde keine andere Frage als: »Wer bin ich?« Jedes Warum ist ein Versuch, dies zu beantworten. Der Sinn jeglicher Evolution liegt in der Suche nach dem »Ich bin«.

In all deinem Fragen, in all deinem Tun ist immer nur das Suchen nach dem »Ich bin«. Die ganze Schöpfung hat sich auf die Suche nach dem Schöpfer aufgemacht.

Vor langer Zeit, als die Menschen gerade einmal wieder besonders garstig waren, berieten die Götter, ob man ihnen nicht zur Strafe ihre Göttlichkeit wegnehmen solle. Man wurde sich einig, daß dies richtig wäre. Nur: Wohin sollte man die Göttlichkeit verstecken? Einer der Götter empfahl, sie in den tiefsten

Tiefen der Meere zu verstecken, denn dorthin kämen die Menschen nicht. Doch ein anderer sagte: »Auch dorthin werden sie auf der Suche nach ihrer verlorenen Göttlichkeit kommen. Verstecken wir sie doch auf den höchsten Gipfeln der Berge!« Doch auch dieser Vorschlag wurde verworfen, denn die Götter kannten die Menschen und wußten, wozu sie imstande waren auf der Suche nach ihrem verlorenen Paradies. Da wurde die Idee geboren, die Göttlichkeit dort zu verstecken, wo man sie nie suchen würde: nämlich im Menschen selbst!

So geschah es, und für eine lange Zeit waren die Menschen alleine, traurig und verlassen. Doch tief in ihnen schlummerte die Fähigkeit, auch die größten Geheimnisse zu entschleiern, und so fanden sie in ihrer Verzweiflung den Ort und waren glücklich.

Doch die Menschen waren so lange von ihrer Göttlichkeit getrennt gewesen, daß sie nicht mehr wußten, wie sie ist. Ja, sie wußten nicht einmal mehr, wonach sie eigentlich suchten. Sie begannen, immer tiefer in die Natur des Menschen einzudringen, die Materie bis in die kleinsten Teilchen hin zu untersuchen. Doch sie fanden die Göttlichkeit dort nicht. Es begann die Suche nach Worten, man suchte in den Worten und man wurde sich schließlich einig, daß sie wohl nur zwischen ihnen sein könnte. Aber auch das half nicht weiter. Dabei machten die Menschen scheinbar große Fortschritte auf der Suche nach ihrem »Ich bin«, auf der Suche nach ihrer Göttlichkeit. Sie fanden auf ihrem Weg immer neue Wege und suchten alle gründlich ab.

Sie erfanden die Chemie und folgten ihr bis zur Grenze der Materie, weiter konnten sie noch nicht gehen, denn das Selbstverständnis der Menschen endete mit ihrem Verstehen von der Natur der Materie. Die Physik war einer der Wege, auch die Mathematik. Dann kam ein großer Fortschritt: Die Menschen erkannten zwar nicht, *was sie suchten*, aber das, *was suchte*. Sie erkannten, daß der Sucher dem Gesuchten entsprach. Sie erfanden das Wort »Selbsterkenntnis«. Es wurden viele Meinungen gefaßt, denen aber wiederum andere Meinungen entgegenstanden. Jeder fand andere Erkenntnisse und Erklärungen und da man sich nicht einigen konnte, einigte man sich darauf, daß gefälligst jeder selbst das »Ich bin« definieren solle.

Eine allgemeine Sprachverwirrung war die Folge. Man begann, die Sprache wieder zu ordnen, um sie brauchbar zu machen, denn der Glaube daran, daß das »Ich bin« beschreibbar sei, war unumstößlich. Als man sich dann mühevoll nach langer Zeit auf gemeinsame Bedeutungen und Definitionen geeinigt hatte, hieß es – um nicht die Zwecklosigkeit der Suche eingestehen zu müssen – »Das, was wir suchen, liegt zwischen den Worten. Es ist zwar nicht in Worten faßbar, aber deswegen noch lange nicht unauffindbar. Es gibt etwas, das wir, wenn wir es finden, nicht benennen können. Und wenn wir es benennen wollen, können wir es nicht finden.«

Hier war für viele ein Weg. Die Suche ging weiter, und viele begannen, von »Erfahrungen« zu sprechen. Aber die Erfahrungen mußten solcherart sein, daß sie nicht mehr in Worte zu fassen waren. Also machte sich alles auf die Suche nach Erfahrungen. Es war schon lange bekannt, daß das, was man suchte, das »Selbst« war. Aber damit war ja noch lange nicht bekannt, was dieses Selbst *ist*. Die Menschen wollten dieses Selbst jetzt nicht mehr an Worte binden, sie wollten es erfahren. Eine Welle der »Selbsterfahrung« schwappte um die Erde. Hier nun lasse ich den Versuch, deine Frage zu beantworten, enden. Wenn dir jemand begegnet, der sagt, daß er gefunden habe, wonach er suchte, so freue dich für ihn, aber glaube ihm nicht.

Wenn du Lust hast, geh mit den anderen auf die Suche nach Selbsterfahrung. Ich gebe dir deine Frage zurück, beantworte sie dir selbst. Ich bin vollauf mit meiner »Selbsterfahrung« beschäftigt, mit der Suche nach meinem Selbst!

Teil II: Fragen zu konkreten Problemen

Ich hatte schon im Vorwort zu diesem Buch gesagt, daß wir uns meist in Krisenzeiten nach Sinn und Ziel unseres Lebens fragen. Vielleicht bist du nicht unbedingt ein philosophischer Geist, der es liebt »einfach so«, aus reinem Erkenntnisdurst, Fragen zu stellen. Erst wenn du mit deinem persönlichen Leben nicht mehr zurechtkommst, hältst du inne und beginnst plötzlich nachzudenken. Warum auch nicht, dazu hast du dir deine Probleme ja zum Geschenk gemacht. Fang also an irgendeiner Ecke mit dem Fragen an. Ich wette, du kommst aus dem Fragen und Nachdenken gar nicht mehr heraus...

Frage: Was muß ich tun, damit sich meine Zukunftsperspektiven erfüllen?

Zuerst wäre es gut, wenn du aufhören würdest, zu *wollen*, daß dir etwas gelingt. Lerne das, von dem du willst, daß es ist, über jenen Kanal in Form, Funktion oder Geschehen umzusetzen, der dafür der geeignete ist.

Mit deinem Willen hast du schon viel Mißerfolg in deinem bisherigen Leben erzwungen. Willentliche Energie einzusetzen ist, von der metaphysischen Ebene her betrachtet, so etwas wie eine Zwangsmaßnahme; vom bewußten Menschen als das denkbar ungeeignetste Mittel durchschaut.

Stell dir vor, du sagst zu einem anderen: »Ich will, daß es dir gut geht, also fühle dich ab sofort gut!« Unsinn, nicht wahr? Du hast bei einem anderen nichts zu wollen, und du kannst es auch gar nicht. Jetzt sag zu dir selbst: Ich *will* mich jetzt sofort wohl fühlen.

Du weißt intuitiv, daß das kein Weg ist.

Du mußt lernen, mit dir völlig ungewohnten Mitteln das zu kreieren, zu erschaffen, was du möchtest. Aus deiner Fragestellung ist bereits zu entnehmen, daß du noch zu Zwangsmaßnahmen neigst. Aber kannst du jemanden mit einer Waffe zum Frieden zwingen?

Zwangsmaßnahmen zeugen von Zwanghaftigkeit und sind erkennbar als Mangel an Freiheit in dir selbst. Freiheitsberaubung, ob bei dir oder anderen, ist Lieblosigkeit. Hier ist genau der Punkt, an dem du ansetzen solltest. Wie willst du je in der Lage sein, ohne Liebe etwas zu leisten, zu erschaffen? Liebe ist die Grundsubstanz, das Baumaterial von allem, was ist.

Wenn du nicht weißt, was Liebe ist, liegt genau hier deine Aufgabe. Erst wenn du sie gelöst hast, können sich deine Zukunftsperspektiven erfüllen.

Stell dir vor, du nimmst zu dem, was dir wünschenswert erscheint, eine Beziehung auf. Wenn du dir gestattest, diese Beziehung eine Herzensbeziehung sein zu lassen, fällt es dir leichter, Liebe zu deinem Wunsch zu entwickeln. Sobald du beginnst, das, was du möchtest, zu lieben, wirkst du unwiderstehlich auf dein Ziel.

Wenn du erkennst, daß Liebe die effektivste, die unwiderstehlichste und wirkungsvollste Kraft ist, die existiert, wirst du nichts anderes mehr tun als zu lieben, zu lieben und zu lieben!

Liebe ist wie ein Licht: Sie läßt alles, was ihr entspricht, im hellsten Glanz erstrahlen und löst alles, was ihr nicht entspricht, auf. Lerne zu erkennen, daß sich immer mehr zu dir hingezogen fühlen, wenn du liebst. Bisher war dein Wille für dich Wegbereiter, er fegte Hindernisse beiseite und ließ dich erfolgreich sein. Jetzt weißt du, daß dieser Erfolg sich hauptsächlich in äußeren, vornehmlich materiellen Bereichen abspielte.

Du hast dich satt gegessen an Materie und spürst noch immer Hunger, du suchst nach Neuem, aber benutzt noch alte Wege. Du warst erfolgreich, jetzt wunderst du dich. Du jagtest Wild mit bewährten Fangmethoden, jetzt mußt du umdenken, dein Ziel ist woanders.

Lerne, nicht mehr Jäger zu sein. *Hör auf zu suchen, laß dich finden.* Sobald du verstehst, daß das, was du deine Zukunftsperspektive nennst, kein erlegbares Wild ist, wirst du aufhören, ihm nachzueilen. Wenn du erkennst, daß das, was für dich gut ist, einzig und alleine für dich geschaffen worden ist, daß es dir auf deinem Weg zum Ziel dienen soll, erkennst du etwas: Du erkennst, daß es für deine »Zukunftsperspektive« mindestens genauso wichtig ist, *dich* zu finden, wie es dir wichtig ist, sie zu finden.

Eile nicht deiner Vision nach, gehe ihr allenfalls entgegen. Du weißt jetzt, daß du kein Bittsteller bist, sondern ein wichtiger Teil eines gewaltigen Ganzen. Dieses Ganze braucht dich, um seinerseits wieder neue Perspektiven zu entwickeln.

Kümmere dich selbst aber weniger um Zukünftiges, denn darin drückt sich immer eine Flucht vor dem Gegenwärtigen aus. Wende dich deiner Gegenwart zu, hier und nur hier liegt deine Aufgabe. Deine Gegenwart ist in allen Einzelheiten Ursprung und Quelle deiner Zukunft. Achte auf dein Jetzt, denn das Nachher wird für sich selber sorgen! Ich will dir nicht helfen, deine Zukunftsperspektive zu verwirklichen, aber ich will dir helfen zu leben, im Hier und Jetzt.

Daß dies gar nicht so einfach ist, darum geht es in der nächsten Frage.

Frage: Mir ist aufgefallen, daß ich mich ständig mit der unklaren Zukunft beschäftige statt mit meiner klaren Gegenwart. Woran kann das liegen?

Mit deiner Fragestellung gibst du zu erkennen, daß du begonnen hast, dein Handeln von einer höheren Perspektive aus zu betrachten, ohne es zunächst zu beurteilen. Wenn du fortfährst, über die Antwort zu meditieren, wirst du hinter den allermeisten Begründungen und Erklärungen ein einziges Muster finden. Dieses Muster triffst du im Laufe deines Lebens immer und immer wieder in neuen Varianten an, es ist das, was dich ständig motiviert, was dich nimmermüde veranlaßt, dieses oder jenes zu tun. Das ist auf dieser Evolutionsstufe eine notwendige Maßnahme zur Steuerung der Lebensvorgänge – bis zu jenem Zeitpunkt, an dem, über ein erweitertes Bewußtsein, keine Richtungsvorgabe mehr nötig ist. Die Gründe für menschliches Handeln – zähle dir selbst zehn, zwanzig verschiedene Aktivitäten auf – sind im allgemeinen über nur wenige Stufen auf einen allgemeinen Nenner zurückzuführen.

Vielen ist das, was ich auf diesen Seiten sage, unangenehm, weil es Illusionen nimmt. Sie benötigen, aus einem tiefen Minderwertigkeitsgefühl heraus, die Überzeugung, hohe Ethik bestimme ihr Handeln. Sie brauchen dringend von sich eine Weltsicht, in der sie eine bedeutende, ethisch hochwertige Rolle einnehmen. Aber nach all dem streben sie nur, weil sie sich tief in ihrem Inneren schlecht oder unfähig fühlen. Zuviele Jahrhunderte lang wurde von der Gesellschaft – und an deren Spitze von der Kirche – vom Sünder, Verdammten, Gefallenen geredet. Es ist eine Frage deiner Durchlässigkeit, deiner Transparenz, deiner Wahrhaftigkeit, oder einfacher: deiner Ehrlichkeit, ob du diese Aussage für dich annimmst oder zurückweist.

Lerne, Informationen aus großen Tiefen deines Unterbewußtseins mit weniger tiefen, also oberflächlichen, aufgesetzten zu vergleichen. Lerne, in tiefen Trancezuständen etwas über die Natur deiner persönlichen Realität zu erfahren. Beginne, Wunsch und Realität neu zu betrachten. Wie möchtest du sein? Wie glaubst du zu sein? Was hat *man* dir gesagt, wie du bist? All das spielt eine große Rolle, um mit der Hauptaussage dieses Buches besser umgehen zu können. Sie zumindest als Spiel auf Zeit einmal zu übernehmen, um dann zu erfahren, was sie dir als Geschenk anzubieten hat. Du ahnst wahrscheinlich, was dir schon lange, wenigstens am Rande des Bewußtseins, bekannt ist.

Ein Realist sagte einmal: Menschliches Verhalten ist, stark vereinfacht, auf drei Grundbedürfnisse zurückzuführen: Essen, Schlafen, Sex. Ich weiß, das hört sich für einen Schöndenker schrecklich einfach an. Können wir ohne Essen auskommen? Sicherlich nicht. Können wir ohne Schlaf leben? Wohl kaum. Kommen wir ohne Fortpflanzung zurecht? Auch nicht, selbst wenn Enthaltsamkeit nicht direkt zum Tode führt.

Zunächst ist hier einmal Pause, bis dann weitere Wünsche auftauchen, auf deren Erfüllung im Notfall verzichtet werden kann und für die in unserer stammesgeschichtlichen Vergangenheit auch meistens kein Platz war.

In Sorge um genügend Nahrung zu sein, führt über Angst bis hin zu Panik. Nicht genügend Schlaf zu finden, wird sehr schnell lebensbedrohlich. Sich nicht fortpflanzen zu können, löst instinktiv massive negative Gefühle aus. Längere Zeit keinen Sex zu haben, führt bei den meisten Lebewesen zu einer Angstreaktion, die in Aggressionen umschlägt. All das mündet schnell in dem Verständnis, daß Angst der ständige Begleiter des vergangenen Menschen war. Doch wie lange liegt das alles wirklich zurück? Ist es nicht auch heute noch so, daß viele hundert Millionen Menschen täglich um ihr Überleben bangen? Ein Drittel der Menschheit hungert. Das Streben nach zahlreichem Nachwuchs, wie es jahrtausendelang richtig und notwendig für den Lebensabend und Erhaltung der Art war, wird heute von »aufgeschlossenen« Regierungen unterdrückt.

Hunger löst Angst aus! Sorgen um den Lebensabend und die Arterhaltung lösen Angst aus! Angst aber macht aggressiv, und diese Aggressivität hat die bedrohliche weltpolitische Lage entstehen lassen. Diese Lage läßt auch uns, die wir nicht zu hungern brauchen, nicht mehr richtig schlafen, denn wir haben Angst, ob es uns morgen überhaupt noch geben wird.

Wenn wir ständig mit einer Situation konfrontiert werden, der wir relativ machtlos gegenüberstehen, setzt kurz vor dem »es geht nicht mehr« ein einfacher Mechanismus ein: Verdrängung. Du beginnst, ein Verdränger zu werden, der ständig von Vergangenem oder Zukünftigem spricht. Du fühlst dich zu ohnmächtig, um dich in deiner Gegenwart zurechtzufinden und zu behaupten. Um dich abzulenken, fängst du an, dich um die weite Ferne zu kümmern. Du fängst an, die Probleme anderer zu beurteilen. Ob die das wollen oder nicht, ist dabei zweitrangig.

Du hast Angst, und um dir das nicht einzugestehen, gehst du daran, dir ein privates »Zukunftsbewältigungsbüro« einzurichten. Selbstverständlich gibt es viele, die so wie du sind, deshalb wirst du auch viel zu tun haben. Das ist in zweierlei Hinsicht gut: dein Geschäft läuft und du bist abgelenkt.

Es gibt einen zweiten wichtigen Grund, dich möglichst aus der Gegenwart herauszuhalten. Als Heranwachsender hast du gelernt, indem du deine Ideen getestet hast. Dabei gab es schonmal »Ausschuß«. Das wäre an sich völlig normal, wenn da nicht die ungeduldigen Erwachsenen wären, die bei allem, was nicht ganz »richtig« war, sofort massiv Kritik übten. Du versuchtest dann wohl, wie jeder andere, Zufriedenheit zu erreichen, indem du es anders machtest. Dann kam mit großer Wahrscheinlichkeit ein anderer Erwachsener und behauptete, daß es so wieder nicht richtig sei oder sagte: »Was hast du denn da gemacht!« Du warst verwirrt und hast beim zweiten oder dritten gleichartigen Erlebnis zur Abwechslung einmal *nichts* gemacht. Auch das war natürlich falsch.

So hast du im Laufe deines Heranwachsens eine panische Angst entwickelt, kritisiert zu werden. Also hast du dich total vereinnahmen lassen und vielen nach dem Mund geredet, dich rundum abgesichert. Wie du jetzt merkst, war das falsch.

Du hast schon lange aufgehört, selbständig zu handeln. Aus Angst vor Kritik hast du ein ganzes Paket von Absicherungsmaßnahmen entwickelt. Im Falle einer Opposition gegen dich kannst du darauf verweisen, daß ja nicht du diese Entscheidung getroffen hast, sondern... (und dann spulst du deine Verteidigungsrede ab).

Am Ende sollte zwar jedem klar sein, daß *du* das eigentliche Opfer bist und die anderen schuld sind, aber, wie du sehr wohl merkst, scheint man dir nicht ganz zu glauben. Das wiederum läßt dich von nun an regelmäßig an deinem »Verteidigungshaushalt« feilen, um dich in der nächsten Legislaturperiode besser rundum verteidigen zu können!

Spürst du nicht deutlich, was hinter solchen Verhaltensmustern steckt? Angst vor Entscheidungen, Angst vor Kritik, Angst vor Verantwortung. Sie ist dir gegeben, sie ist gemacht worden. Vor dem ersten Atemzug auf dieser Welt hattest du Angst, daß man dich deiner Mutter wegnimmt. Und später mußtest du erfahren, daß sie berechtigt war. Denn selbst wenn du eine enge Beziehung zu deiner Mutter hast: So eng wie sie war, als du in ihrem Bauch wohntest, konnte sie nie mehr sein.

Angst wurde dein ständiger Begleiter, in deiner Vergangenheit, Gegenwart und Zukunft. Sie war, sie ist, du wirst sie wieder antreffen. Um in diesem Gruselkabinett zukünftig ein bißchen Luft zu kriegen, hast du damit begonnen, deiner Gegenwart auszuweichen: Konfrontationen, Entscheidungen, Verantwortung – kurz allem, was dir Angst macht. Deshalb wendest du dich nicht dem zu, was vor dir liegt, sondern blickst in die Ferne!

Hör jetzt bitte auf, weiter zu lesen. Meditiere, geh spazieren, liebe. Liebe vertreibt die Angst.

Vielleicht bist du auf deinem Spaziergang erst so richtig ins Nachdenken gekommen. Dann möchtest du bestimmt auch eine Antwort auf die folgende Frage haben.

Frage: Ich bin oft nicht einverstanden mit mir und meinem Leben. Habe ich Alternativen?

Du weißt nicht, wer du bist. Du weißt nicht, daß sich in dir der Eine in der Erscheinungsform des Vielfältigen ausdrückt. Du weißt nichts von deinen Möglichkeiten, deshalb bist du ein Suchender. Aber du weißt auch nicht, was du suchst, ja nicht einmal, wer es ist, der da sucht. Du suchst im Außen nach deinem Weg, einem Ziel, deinen Möglichkeiten, weil du nicht weißt, daß alles nur im Inneren ist. Nur durch dein noch materialistisches Denken ist es nach außen verlegt worden.

Du glaubst, daß im Makrokosmos sich dein Ziel dir offenbaren wird, und du glaubst es, weil du in deinem Herzen noch nicht weißt, daß Außen nur eine Spiegelung des Innen ist.

Du stellst die Frage nach deinen Möglichkeiten und weißt nicht, daß sie die Urfrage ist, die sich dir in dieser Form anbietet. Du suchst nach einer Alternative, weil du Angst hast vor der Konsequenz, vor der Konfrontation. Wenn du eine Alternative gefunden hast, wirst du wiederum zu ihr eine Alternative brauchen! Deine Angst läßt dich ständig nach Auswegen, nach Schlupflöchern suchen, die du Alternativen nennst.

Du suchst nach einer Alternative, also nach einer anderen, einer weiteren Möglichkeit, weil du unsicher gemacht worden bist von jemandem, der dich motivieren und missionieren wollte. Der andere hat in seinem Missionsbestreben Unsicherheit in dich gelegt, daß du es dir noch einmal überlegen sollst, ob du nicht doch mit ihm kommen willst. Er hat sich in seiner Unsicherheit nicht die Mühe machen wollen, nach dem richtigen Weg zu suchen, also hat er dich zu seinem Mittäter gemacht.

Hör auf, einem anderen zu folgen, hör auf, nach einer Alternative zu suchen. Du bist auf dem Wege, auf *deinem* Weg. Er ist einzigartig, weil du es bist. Wenn du eine Alternative suchst, zeigst du damit, daß du dir nicht traust. Daß du dem Weg, der sich allein durch dich offenbart, nicht traust. Du bist anderen begegnet, denen es genauso erging. Sie haben ihr Mißtrauen zu sich selbst auf dich übertragen, und du führst jetzt dieses dumme Spiel weiter fort.

Die Vielfalt des Schöpfers drückt sich in der Schöpfung aus. Du brauchst also keine Alternative, du bist eine. In dir kann und soll sich die Unbegrenztheit dessen enthüllen, der dich hat entstehen lassen. Derjenige, der dich gemacht hat, weiß auch, was er mit dir anfangen soll. Alles, was du tun kannst, ist weiterzugehen und auf das Wunder zu hoffen, das nur auf deinem Weg verborgen ist. Es wartet nur darauf, von dir entdeckt und dann gelebt zu werden.

Wenn du das verstanden hast, hörst du auf, nach anderen Wegen zu suchen. Für dich gibt es dann keine Alternative mehr. Du bist so wie du bist und in deinem Sosein der höchstmögliche Ausdruck von individualisiertem Sein.

Die größte Schwierigkeit, die uns auf unserem geistigen Weg begleitet, ist die Angst. Zu irgendeinem Zeitpunkt in seinem Leben muß sich *jeder* Mensch mit ihr auseinandersetzen.

Frage: Warum habe ich soviel Angst und wie kann ich sie überwinden?

Angst ist eine von der Schöpfung eingesetzte Maßnahme, die dem Erreichen deines Zieles dient. Wo auch immer dieses Ziel liegen mag – daß es existiert, darüber gibt es, glaube ich, auch bei Atheisten keinen Zweifel. Angst (vor Leiden, Schmerzen, Hunger, Durst) läßt auf niedrigen Ebenen der Evolution uns und alles Niedere nach Wegen suchen, die der Erhaltung des Lebens und seinem Fortschreiten dienen. Angst ist eine Form von Dirigismus, der bei mangelnder Freiwilligkeit notwendig ist. Wer in der Schule des Lebens in sich selbst seinen Weg sieht, verliert jegliche Angst.

Die Angst läßt dich ständig nach Auswegen suchen, sie hält dich auf Trab, du bist durch sie aktiv, manchmal so sehr, daß du rotierst, aber das führt dich genau in die richtige Richtung. Sei deiner Angst dankbar, denn sie hat dich zu dem werden lassen, der du heute bist. Fast alles, was du bisher getan hast, war eine Folge deiner Angst, sie hat dich reifen lassen. Stärke ist ein Ausdruck von Reife und alles, was dich nicht umbringt, macht dich stärker.

Dein Hauptproblem ist aber, daß du dich nicht annehmen kannst. Du bist keineswegs zufrieden mit dir. Du mißt dich ständig an den Münchhausen-Geschichten der anderen, die dir vormachen wollen, daß sie alles können, alles sind und alles wissen. Schau doch mal in diese Schwindel-Barone hinein! Sie haben Angst, daß du bemerken könntest, wie jämmerlich sie sich vorkommen, und deshalb erzählen sie dir diese Geschichten.

Geh mal in eine Kneipe und höre dir zum Spaß ganz bewußt an, was dort erzählt wird. Alles, was dort berichtet wird, enthält allenfalls ein Fünkchen Wahrheit. Das meiste, was du dort hörst, ist dazu erfunden worden, um dir und anderen zu beweisen, daß der Erzähler ein As ist. Er selbst hält sich in Wirklichkeit für eine Niete, deshalb spielt er die Rolle eines Helden. Er will von dir bewundert werden, damit er sich nicht so elend vorkommt. Er selbst glaubt sich kein Wort, und um sich das nicht eingestehen zu müssen, versucht er, seine Schuldgefühle herunterzuspülen.

Alkohol läßt dann vollends den Aufschneider raus. Er muß dann nur aufpassen, daß er nicht zuviel trinkt, sonst könnte sein Freund Alkohol ihn eventuell doch die Wahrheit sagen lassen. Er bekommt dann das heulende Elend, und du siehst ein Kartenhaus zusammenbrechen.

Ich sagte, sei deiner Angst dankbar, sie hat viel für dich getan. Sie hat dich gelehrt, wie weit du gehen, aber auch, wie weit du zurückbleiben kannst. Sie hat dir deine Grenzen gezeigt, und jetzt erwacht dein Ehrgeiz. Du beginnst, immer wieder an deine Grenzen zu gehen, weil du unbewußt spürst, daß du sie nicht akzeptierst. Der Sinn deines Lebens ist, jeden Tag erneut an deine Grenzen zu gehen. Du hoffst, daß sie einmal nicht mehr da sind und du Ruhe hast. Das ist ungefähr so wie in Ostfriesland, wo alle zwölf Stunden das Meer gucken kommt, ob die Ostfriesen noch da sind...

Das Spiel geht solange weiter, bis der Klügere nachgibt. Wer das sein wird, ist noch völlig unentschieden. Du weißt in der Tiefe deiner Seele, daß du völlig frei bist, und deshalb läufst du jeden Tag von neuem Sturm gegen deine Grenzen. Du kannst und willst sie nicht hinnehmen, und deshalb bist du ständig unterwegs. In deinen Biertisch-Aufschneidereien glaubst du manchmal selbst an deine Grenzenlosigkeit, und du hast damit gar nicht mal so unrecht.

Nimm die Angst als einen notwenigen Bestandteil deines jetzigen Wesens an. Sieh sie als einen Förderer, einen Freund, der dir zwar nicht ganz geheuer ist, von dem du aber weißt, daß er dir hilft. Unternimm nichts *gegen* deine Angst, erkenne ihre Aufgabe und akzeptiere sie. Was dir Angst macht, ist deine Meinung von deiner Begrenztheit. Du magst sie nicht, du willst sie nicht, und doch glaubst du jeden Tag von neuem an sie.

Deine Meinung von deiner Begrenztheit macht dir Angst. Versuche anzunehmen, daß es die Angst deines Verstandes ist, der spürt, daß er bald Federn lassen muß. Du bist an der Schwelle zu einer neuen Evolutionsstufe, und das hat zur Folge, daß du mit anderen, neuen Instrumenten dem Sein auf die Spur kommst. Du bist dabei, den reinen Materialismus nicht mehr zu dulden und hast Angst, den Boden unter den Füßen zu verlieren.

Du kannst noch nicht fliegen und sollst doch den Haken aufgeben, an dem du hängst. Du weißt, daß du gezwungen bist, dich doch weiter zu entwickeln und weil du das weißt, hast du Angst. Du weißt, daß du gezwungen bist, weiter zu gehen und du kannst es mit aller Macht der Welt nicht verhindern.

Niemand kann dir helfen, niemand kann dir beistehen, du bist alleine, und das macht dir Angst. Es ist wie in einem Alptraum: Du gerätst auf einer abschüssigen Straße ins Rutschen, du kannst nicht bremsen und mußt ohnmächtig geschehen lassen, was geschieht. Und doch weißt du auch gleichzeitig, daß es gut ist.

Wach auf, alles hat seine Ordnung, nichts ist extra dazu geschaffen, dich zu ängstigen, es ist nur deine Meinung von den Dingen, die dir Angst macht. Es ist dein Verstand, der nicht versteht. Nicht zu verstehen aber fürchtet er wie der Teufel das Weihwasser, und es ist diese Furcht, die du fühlst. Unternimm nichts gegen deine Angst, unternimm nichts gegen deinen Verstand. Alles ist in Ordnung, erkenne und verstehe. Freue dich auf das, was kommt, es ist wie die Verwandlung von der Raupe zum Schmetterling. Der Schmetterling lebt schon immer in der Raupe. Er weiß, daß er eines Tages die »Realität« seines jetzigen Lebens verlassen muß, und davor hat er Angst. Obwohl seine Verhaftung mit der Erde aufgehoben wird, fürchtet er sich vor dem Fliegen. Er weiß um seine Schönheit, Eleganz und Anmut, und doch hat er Angst vor dem Neuen.

Verlaß die Ebene deines Verstandes, der dir deine Angst verständlich machen will. Er verschließt den Blick vor dem, was kommt und zeigt deshalb auf das, was war. Er hat sich eine eigene Geschichte zurechtgelegt, die er logisch nennt und in der er dir sagt: Deine Angst kommt von deinem Vater, deiner Mutter, deinem Lehrer, und auch der schwarze Mann spielt dabei eine Rolle. Das alles erscheint dir logisch, und deshalb glaubst du es auch. Niemand macht dir Angst, du selbst bist der Angstmacher! Dein nächster Schritt ist es, den du fürchtest: Freue dich statt dessen, beginne deinen Geburtstag schon am Abend vorher zu feiern, lade Freunde ein und verwandle dich.

Frage: Ich leide unter Negativität und Destruktivität – was kann ich dagegen tun?

Du hast nicht gesagt, ob du unter der Destruktivität der Welt leidest oder unter deiner eigenen. Aber nimm einmal an, daß das Gesetz der Resonanz stimmt. Akzeptiere die Ausage: Wie innen, so auch außen. Glaube einfach mal für eine Weile, daß der Mensch ein Projektor ist und die Welt eine weiße Leinwand, die die Projektionen des Menschen reflektiert.

Der Mensch kann kaum etwas anderes wahrnehmen als seine eigenen Inhalte. Er nimmt sich selbst überall mit hin, er kann sich nicht ausweichen. Alles, was er an Erfahrungen macht, erfährt er in neuen und sich immer wiederholenden Varianten. Unter diesem Blickwinkel gibt es keine andere Negativität als die eigene, du erfährst dich überall selbst. Was du auch an Neuem entdeckst, es ist eine Offenbarung deiner selbst. Es gibt generell nichts Neues, aber um so mehr Vorhandenes, das du zum ersten Mal wahrnimmst. Das einzige Abenteuer in dieser Welt bist du selbst. Da glaubtest du dich zu kennen, aber es war nur das Drehbuch des Lebens 1. Teil.

Manchmal glaubst du zu wissen, wo es lang geht, aber das ist nur ein dramaturgischer Effekt eines genialen Regisseurs. Soweit du die Geschichte des Lebens auch gelesen hast, noch deutet überhaupt nichts auf die Fortsetzung hin. Das Ende ist zwar nicht offen, aber es ist noch okkult, verborgen, dem Geist, der sucht, verwehrt. Das, was du suchst, ist das, was sucht!

Nach dem Gesetz der Resonanz kann zum Beispiel eine unbenutzte Trommel von einer in der Nähe stehenden betätigten Trommel in Schwingungen versetzt werden. Stell dir vor, daß genauso du als Resonanzkörper durch von außen kommende Schwingungen in Bewegung gesetzt wirst. Das heißt, von außen kommen ständig unendlich viele Informationen (Schwingungen) und lösen in dir spiegelbildlich *das gleiche* aus. In einem Stimmengewirr kannst du zum Beispiel nur die Sprachen heraushören und identifizieren, die dir bekannt sind. Eine von dir nicht beherrschte Sprache findet in dir keine Resonanz. Und umgekehrt: Durch das Erlernen einer Sprache bildest du einen

Resonanzkörper. Es gibt viele andere Beispiele für plötzlich auftretende Resonanz, wenn sich in deinem Inneren die entsprechenden Energien herausgebildet haben. So erscheint einer Schwangeren die ganze Welt voller schwangerer Frauen; ein Mann, der unter seiner geringen Körpergröße leidet, sieht die Welt von Riesenmännern bevölkert; für einen Porschefan fahren überall Wagen dieser Marke in der Stadt herum.

Die Schwierigkeit für uns liegt darin, daß wir unsere Inhalte als von außen auf uns zukommend erleben und sie darum oft genug nicht als unsere eigenen erkennen. Gefallen uns diese Inhalte nicht, sehen wir uns als Opfer, als verfolgte Unschuld, als vom »Schicksal« geschlagen. Es gehört einiges Bewußtseinstraining dazu, (schlechte) Charaktereigenschaften, die man beim anderen erkennt und heftig verurteilt, als die eigenen zu akzeptieren. »Dazu gehören immer zwei«, sagst du, wenn du hörst, wie ein Mensch einen anderen schlecht behandelt, und du meinst damit, daß für das Verhalten des einen im anderen eine Resonanz da sein muß, sonst würde er das Spiel nicht mitspielen.

Der Hund, dem du einen Spiegel vorhältst, erkennt sich selbst darin nicht, allenfalls meint er einen Kollegen darin zu sehen. Du aber bist kein Hund, und so solltest du dich in jedem Spiegel, daß heißt, in jedem anderen Menschen, alsbald selbst erkennen.

Die Destruktivität, die Negativität der anderen, unter der du leidest, ist deine eigene.

Die Behauptung »wie innen, so außen« entstammt einer uralten Geistesschule und ist tausenfach überprüft. Damit ist gemeint, daß du von den äußeren Umständen eines Menschen auf sein Inneres schließen kannst. Innen ist noch impliziert (eingewickelt). Innen ist als geistiges Bild, Blaupause, Matrize, geistige Form existent, und außen ist dann die Materialisation von innen. Wer Blumen liebt, der sieht, wo er hinkommt, Blumen, und sicherlich hat er zu Hause viele Blumen, um sich an ihnen zu erfreuen. Er lernte Blumen lieben, er verinnerlichte sie sozusagen und drückt jetzt sein Leben lang die Impression als Expression aus. Wer Bücher liebt, der sieht, wo er hinkommt, Bücher, und sicherlich hat er zu Hause viele Bücher, um sich an ihnen zu erfreuen. Wer Kinder liebt...

Wenn es keinen anderen Ursprung gibt als Geist, dann kann ja alles, was Form, Funktion oder Ereignis wurde, nur aus dem Geist desjenigen stammen, der es hervorbrachte. Jemand äußert, ver-äußert etwas, oder jemand bringt etwas nicht aus sich heraus. Was ein Mensch verinnerlicht hat, möchte er ausdrükken. Kein Mensch kann etwas von sich geben, was er nicht kennt oder nicht hat. Die bildliche Vorstellung vom Projektor und der Leinwand läßt gut erkennen, daß das, was von uns ausgeht, etwas ist, das aus uns herauskommt, aus unserem Inneren nach außen gebracht wird. Natürlich hat hier einmal ein Eindruck stattgefunden (hier stimmt das Bild von der weißen Leinwand nicht mehr ganz), selbstverständlich gab es Ein-Gebung, woraufhin die Aus-Gabe möglich wurde. Ein Kind, das unter Stummen aufwächst, wird nicht sprechen lernen, auch wenn es selbst die Fähigkeit zum Sprechen hat. Oft bedarf es einer Initialzündung, um etwas auszulösen, das implizit (eingewickelt) schon vorhanden ist.

Das, was du als Destruktivität erlebst, ist, seit einer dich beeindruckenden Situation, ständiger Versuch von dir, diesen Eindruck, dieses Urerlebnis, wieder über den Ausdruck loszuwerden. Solltest du mit deiner Frage sagen wollen, daß du unter deiner Negativität leidest, dann ist das nicht anderes als ein Spiel, an dem du Gefallen findest. Dann hast du mit dem Teufel ein Spiel begonnen, das du nicht gewinnen kannst. Er hat dir gesagt (und das heißt natürlich, du hast dir selbst gesagt): Wenn du den Menschen Angst machst, dann wird man auf dich hören, und deine Stimme wird unüberhörbar im Chor der Warner sein. Anstatt von der Schönheit der Welt zu berichten, sagst du, das Leben sei gefährlich und alle müßten sterben, wenn sie nicht auf dich hören. Jetzt spielst du, obwohl du schon lange aufhören möchtest, immer weiter, wie in einem Fiebertraum.

Du hast über deine Negativität eine Menge Aufmerksamkeit auf dich gelenkt, und das tut schließlich jedem gut. Du hast dir, wie die chronisch Kranken, eine Masche angeeignet, mit der du relativ erfolgreich lebst. Du hast in der Gesellschaft durch dein Aufzeigen von Gefahren und Mißständen einen Achtungserfolg erzielt, und das gefällt dir.

Nur, alles hat zwei Seiten. Die negative ist, daß du mit negativen Nachrichten handelst, die zuallererst dich, den Händler selbst, ängstigen. Du willst andere, indem du ihnen Angst machst, zwingen, auf dich zu hören und erlebst am eigenen Leib die Zerstörungskraft des Negativen. Für jeden Menschen ist es außerordentlich wichtig, dazuzugehören. Das Modewort heißt »in« zu sein. Du kannst bei jedem Menschen eine Spielvariante von »Wendet euch mir zu« beobachten. Die einen versuchen es über Schönheit, Sexualität oder Fürsorge, die anderen über Intellektualität, Macht oder Geld.

Du hast, völlig unbewußt, das Negativspiel angefangen, weil es gerade »in« war und kannst vom fahrenden Zug, der dazu im Augenblick noch auf der Hauptstrecke fährt, nicht mehr abspringen.

Wer mit dem Teufel einen Pakt schließt, sollte aber auch das Kleingedruckte lesen. Du hast, ob man es hören wollte oder nicht, vom Untergang berichtet, du sagtest, die Welt sei ein Armenhaus, eine Strafkolonie, und es werde ein schlimmes Ende mit ihr nehmen. Jetzt sagst du sogar schon, daß du unter der Destruktivität leidest. Du hast, entschuldige bitte meine harten Worte, angefangen mit Scheiße zu schmeißen, und jetzt beschwerst du dich, daß es stinkt. Wer sich dem Zerstörerischen verschreibt, muß mit Zerstörung rechnen. Wer mit dem Bösen spielt, mußt mit dem Bösen rechnen. Wer das Schwert ergreift, wird durch das Schwert umkommen.

Du hast durch dein Tun den Teufel geschaffen, du hast ihm deine Stimme geliehen, er gab dir Macht und du ihm dafür deine Seele. Und jetzt leidest du. Du hattest schon immer die Möglichkeit, von Gottes Liebe im Lande der Lebenden zu berichten, und du hast sie noch heute. Du kannst immer noch deine Stimme und deine Seele den aufbauenden Kräften dieser Welt schenken. Es ist noch nicht zu spät, Ängstlichen Mut zu machen und sie zu trösten. Du kannst dich heute noch in das Goldene Buch des Lebens einschreiben, um aus ihm dann allen, die leben wollen, vorzulesen. Überlasse deine alte Plattensammlung dem reinigenden Feuer der Liebe, das tief in dir brennt, und überantworte deine Seele Gott.

Eine Facette der Negativität ist die Aggression. Ebenfalls ein ewig-menschliches Thema.

Frage: Wie gehe ich am besten mit meinen Aggressionen um?

Deine Aggressionen sind nicht gelebte Gefühle. Jeder Mensch drückt sich zu einem großen Teil dadurch aus, daß er von seinen Gefühlen spricht. Er denkt an Situationen und fühlt währenddessen in sich hinein. Dieses Gefühl versucht er dann in Worte zu fassen, es in Musik umzusetzen, er malt Bilder, er singt, er tanzt, er schafft vielleicht Geniales für die Menschheit. Und all das nur, um andere Menschen an sich teilhaben zu lassen.

Die menschliche Sprache ist nur ein sehr bedingter Mittler von Gefühlsinhalten, wenn man nicht gerade ein Dichter ist, so daß die *nicht*sprachliche Kommunikation zusätzlich vonnöten ist, um sich mitzuteilen. Denn darum geht es: Sich mitzuteilen, auch wenn die Worte dazu nicht ausreichen. Hier liegt auch der Grund für viele Aggressionen. Wer sich nicht ausdrücken kann, erlebt einen Gefühlsstau. Er gerät zunehmend unter Druck. Druck hat die Eigenart, daß er, groß genug, sich explosiv entladen kann. Die explosive Abreaktion von angestauten Emotionen entlädt sich – oft bei einem nichtigen Anlaß – in einem Wutanfall, oder, wenn dieser Prozeß sehr viel weiter fortgeschritten ist, bis hin zu einem pseudo-epileptischen Anfall.

Wenn du aggressiv bist, ist es dir wahrscheinlich aberzogen worden, dich spontan zu äußern, dich offen mitzuteilen. Du wurdest sicher unterdrückt, so daß ein langsam wachsendes Gefühl von »Niemand-versteht-mich« einsetzte. Du suchtest nach vielen neuen Wegen, um etwas von dir zu geben, dich zu bewähren. Du suchtest nach Möglichkeiten, mitzutragen, Verantwortung zu übernehmen, doch man gestattete es dir nicht. Du wurdest nicht ernstgenommen, und das tut heute noch weh. Dein Gefühl des Unverstandenseins wuchs heran zu Frustration, du warst enttäuscht, weil du dich isoliert fühltest.

Deine innere Bereitschaft mitzutragen, mitzutun, wurde

nicht anerkannt und deshalb wurdest du langsam sauer. Deine konstruktiven Gefühle konntest du nicht ausdrücken und deshalb wurden sie sauer. Wut, Aggressivität sind sauer gewordenes Mittun, Helfen, Sich-mitteilen-wollen. Doch man gestattete es dir nicht, dich auszudrücken, und jetzt bist du wütend. Aber man gestattete es dir auch nicht, mitzuteilen, daß du sauer bist! Du bist voller Aggressivität und mußt sie auch noch für dich behalten. Keiner will von deiner Frustration hören, also unterdrückst du sie.

Früher wurdest du unterdrückt, jetzt spielst du dieses Spiel gegen dich weiter. Du hast schon lange angefangen, dich selbst zu unterdrücken, und manchmal unterdrückst du auch schon andere. Früher wolltest du helfen, du warst begeistert, positiv. Jetzt hast du Wut im Bauch. Gott sei Dank hast du gelernt, den Mund zu halten und zu lächeln, nach dem Motto: Wie's drinnen aussieht, geht niemand was an...

Wenn du so weitermachst, wird aus den sauer gewordenen guten Gefühlen – du nennst sie Aggressionen – mehr. Alles, was ist, strebt nach mehr, nach Addition, nach Vervollkommnung. Deine Aggressionen werden, wenn du nicht bald lernst, mit ihnen umzugehen, alsbald Depressionen heißen. Depressionen haben in sich das Potential, dich umzubringen. Du hast noch Gelegenheit, steuernd einzugreifen, um den unheilvollen Vorgang zu unterbrechen.

Ich habe gesagt, deine nicht geäußerten, nicht gelebten positiven Gefühle wurden sauer. Konzentrierte Säure aber ist aggressiv, und diese Aggressivität wird sich, wenn du sie nicht loswirst, gegen dich selbst wenden und dann den Namen Depression tragen. Depressionen sind angestaute seelische Kräfte, die ihrer Art entsprechend nach Ausdruck suchen. Warst du früher konstruktiv, so bist du jetzt destruktiv, zerstörerisch. Zerstörerisch in dir selbst, gegen dich selbst. Die Depressionen beginnen nun, wenn du nicht lernst, mit ihnen umzugehen, zweigleisig zu wirken. Ein Teil ihrer Energie sucht die Abreaktion im Seelischen durch das Erschaffen negativer Situationen. Der andere Teil stürzt gewissermaßen ins Körperliche und führt hier zu Dysfunktionen, sprich Krankheiten. An deinen seelischen und an deinen körperlichen Schmerzen kannst du recht genau das Ausmaß der von dir unterdrückten Gefühle ablesen!

Spätestens jetzt, wenn es recht ordentlich weh tut, beginnst du Hilfe zu suchen. Du findest eine weltweite, perfekte organisierte Hilfstruppe in der Schulmedizin. Sie hat Hunderttausende von Mitteln zur Verfügung, um deinen seelischen und körperlichen Schmerz zu betäuben. Was auch immer dir weh tut, es ist nur Symptom, doch genau darauf stürzen sich Heerscharen von hilfreichen Kaufleuten, um dich wieder in die Senkrechte zu stellen. Zwar kennt fast jeder den Spruch: Symptombehandlung ist nur Symptomverschiebung (das heißt, wenn eine Krankheit geheilt ist, kommt die nächste, oft schlimmere), doch daraus zieht keiner die Konsequenz, nämlich die Ursachen aufzudecken.

Wenn es erst soweit ist, dann beginnt für dich wahrscheinlich eine Odyssee von Arzt zu Arzt, von Heilpraktiker zu Heilpraktiker. Alle wollen dir helfen, alle können dir auch helfen. Aber leider nur äußerlich. Außen, an deinem Körper, hat sich dein versauertes Gefühl Ausdruck verschafft, und daran wird jetzt herumgedocktert. Ein Kreislauf ist beendet, das Spiel beginnt von neuem. Für manche ein Leben lang.

Du fragtest, wie soll ich mit meinen Aggressionen umgehen. Ich war so unfair, ein paarmal zu sagen: *Wenn* du jetzt nicht lernst, mit deinen Gefühlen umzugehen, *dann*... Anstatt dir zu sagen, wie, sagte ich drohend, wenn. Stell dir vor, jemand ist voller Wut und Aggressivität, alles stinkt ihm. Er sagt des öfteren: »Scheiße, alles ist sinnlos.« Er steckt sozusagen bis zum Hals in der Kacke und fragt dich jetzt mit treuem Augenaufschlag: »Wie soll ich mit dieser Scheiße, bitteschön, umgehen?« Was würdest du dann sagen?

Da hat jemand jahrelang die Kanalisation vernachlässigt, das führte zur Verstopfung. Es begann sich etwas anzusammeln. Gefühle, die nicht mehr abfließen konnten, gärten. Was lange gärt, wird endlich Wut, und jetzt stinkt's ihm. Der Mist steht ihm bis zum Halse, und jetzt fragt er doch tatsächlich, ob ich jemanden kenne, der das Zeug haben will!

Wie soll ich ihm klarmachen, unter welchen Umständen der Mist seiner Vergangenheit der Dünger für seine zukünftigen großen Taten sein kann? Zunächst scheint erstmal der Fleiß vor dem Preis zu stehen, und das bedeutet Arbeit.

Hol tief Luft und tauche ein in das, was auch immer dir bis zum Halse steht. Nur wenn du selbst auf den Grund deiner Aggressionen kommst, hast du eine Chance, aus diesem Teufelskreis auszusteigen. Nur du selbst kannst durch Erkennen lernen.

Der Druck in dir und der Geruch, der von dir ausgeht, können hilfreich sein, diese jetzt lebenswichtige Arbeit zu tun. Genau für diese Situation wurde der schöne Spruch gemacht: Man ziehe aus Hemd, Hose und Jacke und springe hinein in die brodelnde Kacke! Solltest du mich als Psychotherapeuten brauchen, so ist mein Mittun sozusagen das »Rohrfrei«. Wenn du dann hoffentlich recht bald wieder offen bist, wenn alles fließt und wir beide zufrieden sind, überlege ich mir, ob ich wohl mehr Polizist (öffentliche Ordnung) war oder ob ich als Hebamme eher für ordentliche Öffnung gesorgt habe...

Wie auch immer. Nur wenn alles fließt, ist Wachstum möglich. Jede Form von Stau führt zu Umwegen und zu Verzögerungen. Deine Frage: Wie soll ich mit meinen Aggressionen umgehen?, kann ich gleich an einen Jongleur im Circus weitergeben. Der wirft – egal wie kunstvoll das aussieht – nur die Bälle von der einen in die andere Hand und wieder zurück. Dein Problem dagegen sollte nicht nur zum Austausch von Lagerungsplätzen, sondern zu einer *Lösung*, also Auflösung führen.

Hier nun setzt am treffendsten das positive Denken ein. Lerne niemals, mit deinen Aggressionen »umzugehen«, sondern lerne dich so zu verhalten, daß, erstens die alten als Dünger verwendet werden und zweitens keine neuen hinzukommen können. Lerne positive, konstruktive Gedanken zu säen, worauf positive, konstruktive Erlebnisse die Folge sein werden. Erkenne in deinem Leiden die Ursache für dein Leiden und wiederhole diesen Vorgang nicht.

Ich selbst mache Fehler nicht einmal ungerne, aber ich tue alles, um die gleichen Situationen nicht unnötig oft zu wiederholen. Lernen aus Fehlern und das damit verbundene Leiden ist wachstumsbedingt. Es ist eine Frage deiner Offenheit, inwieweit du schon in der Lage bist, aus den Fehlern der anderen zu lernen. Wer die Pudelmütze noch über die Augen gezogen trägt, hat auch das Recht, alle Fehler selber zu machen. Ist jedoch dein Sozialverhalten so ausgeprägt, daß du anderen das Recht einräumst, für dich die Kastanien aus dem Feuer zu holen (Arbeitgebermentalität), dann sieh genau hin und lerne, wo es etwas zu lernen gibt. Durch Beobachten lernen, Erkenntnisse zu gewinnen, ohne dafür leiden zu müssen, das sollte dein nächster Schritt sein. Wenn einer von vielen aus einem Schützengraben über ein offenes Gelände läuft und dabei erschossen wird, so können alle anderen aus der Beobachtung dieses Vorgangs lernen und überleben. Genauso kannst du aus dem Schicksal anderer für dich wichtige Erkenntnisse ableiten und deshalb nicht mit der gleichen (schmerzlichen) Erfahrung für die gleiche Erkenntnis bezahlen. Natürlich steht den anderen in bezug auf dich das gleiche Recht zu.

Durch Beobachten zu lernen, ist schmerzfrei, und wenn du einmal damit begonnen hast, auch viel lustiger und dabei spannender als im Kino. Erkenntnis aus Beobachtung zu gewinnen, ist eine Frage des Bewußtseins. Alles ist Training, so auch dieses. Der nächste Schritt ist dann zu lernen, wie du deinen Geist, dein Bewußtsein ein Licht sein lassen kannst, das dir im tatsächlichen Sinne den Weg leuchtet. Diese Fähigkeit ist Ausdruck von Sensibilität. Sensibilität entwickelt sich durch bewußtes Wahrnehmen. Übe in der Meditation Bewußtsein. Frage dich beim Beobachten immer wieder: Warum? Immer wieder: Warum geschieht das? Tu dies solange, bis sich der Kreis geschlossen hat. Mach das Hinterfragen zu einer deiner zentralen Charaktereigenschaften. Gib dich nie mit dem Schein zufrieden. Bleib nicht hängen an dem, was du siehst. Suche in allem das »Dahinter«, das Verbindende, das Ursächliche. Ziehe deine Schlüsse aus der Erfahrung anderer. Dann kannst du immer noch entscheiden, ob du sie nicht doch selber machen willst. So solltest du die Erfahrung der Liebe unbedingt selber machen und dieses Gefühl nicht nur vom Hören-Sagen kennen.

Auch Aggressionen wollen dir, wie alles andere auch, letztlich helfen, deinen Weg zu ebnen. Die Energie, die du aus Aggressionen ziehen kannst, kann zu enormer Kreativität führen.

Schon vieles hast du in deinem Leben erreicht, in dem du (wütend) sagtest: Jetzt erst recht! Nicht selten kommt es auf dem Weg, der mit dem Kopf durch die Wand führt, zu erfreulichen Abkürzungen. Mit der Faust auf den Tisch zu hauen, ein bühnenreifes Gewitter zu inszenieren, kann durchaus reinigende Wirkung haben. Aggressionsenergie richtig eingesetzt, wird dir helfen, erfolgreich zu sein. Aggression ist Zuwendung, so etwas wie komprimierte Liebe, bei der du dem anderen einen Rosenstrauß »liebevoll« um die Ohren haust. Wenn du dabei einigermaßen im Rahmen bleibst, bist du sicher manchmal als Planierraupe gut einzusetzen!

Am besten ziehst du dich auf den Standpunkt zurück: Alles zu seiner Zeit. Lieb und weich sein hat seine Zeit, aggressiv sein hat seine Zeit. In der Polarität leben heißt: Sowohl als auch. Alles ist eine Frage der *Dosierung*!

Viele Menschen haben das Gefühl, daß sie allen Grund dazu haben, angstvoll und aggressiv zu sein. Gehörst du auch zu ihnen?

Frage: Ich habe eine sehr schwere Kindheit gehabt, die noch heute nächtliche Alpträume verursacht. Wie kann ich diese ersten, starken Einflüsse von Angst und Haß jemals vergessen?

Du sollst sie nicht vergessen im Sinne von verdrängen. Deine Träume weisen dich darauf hin, daß hier noch etwas zu bewältigen ist. Als Baby hängt buchstäblich Leben oder Tod vom Wohlwollen unserer Umgebung ab, und auch die körperliche und seelische Gesundheit eines etwas größeren Kindes wird wesentlich davon beeinflußt, welcher Geist in seiner Familie herrscht.

Ein Kind ist ein offenes System. Alles, was mit ihm und um es herum geschieht, wirkt ganz unmittelbar auf es ein. Nie freuen wir uns wieder so intensiv wie als Kind, aber nie sind auch Ängste so übermächtig groß wie damals. Ein Kind verfügt noch nicht über intellektuelle Abwehrmechanismen, die Schmerzliches von ihm fernhalten können. Der kleine Junge kann nicht begreifen, daß seine Mutter eigentlich den Vater meint, wenn sie ihn anschreit. Er denkt, daß er nicht geliebt wird. Das kleine Mädchen fühlt sich unerwünscht, wenn der vielbeschäftigte Vater nie Zeit für es hat. Eltern sind für kleine Kinder Götter, sie sind das absolute Maß, sie können nicht begreifen, daß diese Eltern Fehler und Mängel haben, die nichts mit ihnen, den Kindern, zu tun haben.

Doch nun bist du erwachsen, und du kannst eine andere Perspektive einnehmen. Du mußt nicht mehr zwangsläufig alles, was geschehen ist, auf dich beziehen. Wenn deine Eltern lieblos waren, so ist es dir nun möglich zu erkennen, warum das so war. Mußte deine Mutter einen Beruf, den sie liebte, aufgeben? Paßten deine Eltern nicht zusammen? Waren sie krank? Das sind nur Anregungen, du mußt diese Fragen auf deine konkrete Familiensituation beziehen. Du wirst mit Sicherheit dabei feststellen, daß die Probleme deiner Eltern schon vor deiner Geburt existierten. *Du bist nicht das Problem!*

Ich sehe immer wieder Menschen, die bis ins hohe Alter herumlaufen und ihre Eltern für ihre Unzulänglichkeiten verantwortlich machen. Was ist damit gewonnen? Diese Eltern sind längst selber alt und haben ihre Fehler vielleicht sogar eingesehen oder sie sind schon tot. Warum gibst du ihnen noch immer soviel Macht über dich? Ist es nicht genug, daß sie dir die ersten Jahre deines Lebens schwermachten, sollen sie auch noch dein ganzes Leben belasten?

Mach dich frei von der Vergangenheit. Wenn es dir möglich ist, verzeihe allen Menschen, die dir Schmerzen bereitet haben. Laß sie los. Diese schwere Kindheit hat dir auch Gutes gebracht, das ist ganz sicher. Du bist bestimmt reifer als Menschen, die von ihren Eltern verwöhnt wurden. Du weißt, daß man Krisen überstehen kann, nichts wirft dich so schnell um. Du hast tiefe Einsichten in Dinge gewonnen, die andere Menschen ihr Leben lang nicht beachten werden. Vielleicht hat dir diese Kindheit erst die Augen für die spirituelle Dimension geöffnet. Ich weiß, du bist stark, sonst hättest du diese Situation nicht überlebt. Schreib doch in einer stillen Stunde alles auf, was dir im nachhinein als positiv an deinen schweren Erfahrungen erscheint. Ich bin sicher, daß da eine ganze Menge zusammenkommt! Du akzeptierst also zunächst einmal, was war. Du siehst es dir noch einmal ruhig an und läßt es dann gehen. Du bist frei davon.

Es kann sein, daß du in einem nächsten Schritt – wenn du die »Positiv-Liste« gemacht hast – sogar so etwas wie Dankbarkeit empfindest. Auch wenn der Weg steinig war, er hat dich an einen Ort gebracht, den du vielleicht anders nie erreicht hättest.

Diese Erfahrungen, die du gemacht hast, sind ein Teil von dir, du hast sie für deine seelische Entwicklung gebraucht. Du bist nicht wirklich Opfer, auch wenn du dich als Kind so gefühlt hast. Es ist unmöglich, Geschehenes ungeschehen zu machen, aber es ist möglich, die *Perspektive* zu ändern, also die Dinge auf eine neue Art zu sehen. Versuche das immer und immer wieder, dann wirst du dich eines Tages mit deinem Schicksal ausgesöhnt haben.

Falls dir das noch nicht gelingt, kann dir meine Hypnosetherapie helfen. Durch Regressionstechniken wirst du zu den besonders belastenden Situationen zurückgeführt und kannst die Gefühle, die dich noch heute hemmen, auflösen.

Schwierigkeiten machen dich kreativ, denn du bist früh gezwungen, nach ungewöhnlichen Lösungen für Probleme Ausschau zu halten. Jemand hat mal gesagt: »Eine schwere Kindheit ist das größte Kapital für einen Schriftsteller.« Lies doch mal Biographien von berühmten Menschen. Die wenigsten genossen eine unbeschwerte, sonnige Kindheit. Meistens hatten sie schon früh in ihrem Leben mit Schwierigkeiten aller Art zu kämpfen. Doch sie klagten und resignierten nicht, sondern nahmen die Herausforderung an! Und wann nimmst du sie an?

Neben Angst und Aggression ist die Einsamkeit eins der großen negativen Gefühle, die dir zu schaffen machen können. Sicher hast du dich auch einmal gefragt:

Frage: Warum bin ich so einsam?

Es ist ein interessantes Spiel, das Einsamkeitsspiel. Normalerweise zieht Gleiches Gleiches an, ja, es gesellt sich sogar gerne. Wieso in deinem Falle nicht? Doch noch nie gab ein Einsamer eine Anzeige auf: »Einsame aller Länder vereinigt euch!« oder »Der Club der Einsamen lädt ein«. Er wüßte wohl: Niemand ginge dorthin, weil er das aufgeben müßte, womit er sich identifiziert hat: die Einsamkeit.

Da stellt sich die Frage: Kokettiert da jemand mit seinem Status? Beklagt er sich über das selbstgewählte Los? Skatspieler finden einander, Golfspieler finden einander, alle Formen von Hobby- und Lobbyisten finden einander. Menschen verschiedener Rassen, Nationalitäten, Religionen suchen und finden sich. In bestimmten Kneipen finden sich zusammenpassende Gruppierungen. Wo auch immer menschliche Ansammlungen sind, ist sicher, daß sie alle etwas miteinander verbindet. Sportliches, Politisches, Fröhliches, Trauriges. Alle Menschen suchen nach Verbindendem, nach Ähnlichkeiten, um sich darüber miteinander auszutauschen, miteinander zu sprechen. Alle wollen über den Gleichgesinnten, den, der jetzt oder schon seit langem die gleichen Erfahrungen macht, eine Verstärkung des eigenen Wesens erfahren.

Traurige können einander trösten, Lustige miteinander ihre Freude teilen. Einige tauschen Briefmarken, andere Informationen. Und alle suchen die Begegnung, um neben Äußerem (Briefmarken) auch Gedanken auszutauschen. Beim zweiten oder dritten Treffen geschieht es manchmal, daß außer Gedanken auch Gefühle mitgeteilt werden. Man zeigt sie sich, manchmal werden sie sogar ausgetauscht. Sie werden entwickelt, enthüllt, sie werden dem Gegenüber vermittelt, ihm gegeben, für ihn empfunden. Es entstehen Freundschaften, manchmal mehr.

Hier ist der Punkt, um den es geht. Fragt man die Beteiligten, so sagen sie: Wir lieben das Gefühl, verstanden zu werden. Es ist schön zu wissen, daß auch andere so wie wir empfinden, denken, sind. Wir sind geachtet, beliebt, ja werden sogar geliebt. Diese Menschen haben sich auf ihrer Suche nach Liebe in das Gefühl selbst verliebt. Aber sie wissen, daß hier ein Tor ist, sie gehen tiefer und dann kann es geschehen, daß sie plötzlich »in Liebe fallen«. Es geschah in einem Augenblick.

Es ist der Augenblick, in dem du plötzlich total aufmachst, dein Innerstes zeigst, wenn auch dein Gegenüber sich öffnet, wenn es keinen Trick mehr gibt, kein Verstellen, wenn du dich angenommen fühlst. Liebe geschieht in einem einzigen Augenblick, dann, wenn alles, was du vorhattest, unwichtig wird, wenn du keine einzige Bedingung mehr stellst. Dann geschieht Liebe. Sie verwandelt dich, und du wirst nie wieder sein wie früher. Dann wirst du süchtig, willst mehr, willst dieses Gefühl, daß dich in Zeitlosigkeit entführte, festhalten – und dann ist es vorbei. Jetzt gehst du wieder und wieder in die Kneipe, suchst nach Ähnlichem, willst wieder Liebe. Täglich bist du bereit, einen höheren Preis dafür zu zahlen. Dann machst du die Erfahrung, daß Liebe nicht in der Kneipe ist, auch nicht auf dem Golfplatz oder im Club. Aus der Liebe herausgefallen zu sein, läßt dich nie mehr los. Deine Anstrengungen werden in alle Richtungen immer größer, du wirst manchmal zum Abenteurer, um sie wiederzufinden. Du beginnst, um sie zu kämpfen, und sie begegnet dir nicht mehr. Du resignierst, verschließt dich, machst zu, erstarrst, willst sterben. Du bist einsam.

Du bist enttäuscht von den anderen, du hast, was du suchtest, gefunden, es aber dann in der Menge wieder verloren. Du suchst nach Gründen, suchst Schuldige, rationalisierst, du bist sicher zu wissen, warum und wieso. Auf jeden Fall sind die anderen schuld. Du selbst bist nur das Opfer, du hättest ja gewollt, aber man hat dich nicht gelassen. Dann wirst du bockig, machst zu, lädst deine Freunde aus und gehst in Einzelhaft.

Jetzt suchst du einen Weg über das Alleinsein zum All-Ein-Sein. Deine Isolation ist gut, wenn sie freiwillig ist und nicht über Beleidigtsein und Trotz geschieht. In diesem Falle ist sie schmerzhaft und führt zu Beschränkungen, Rückentwicklung, Weltfremdheit.

Du sagst: Wenn ich nicht die Liebe finde, dann verlange ich, daß sie mich findet. Dein Warten beginnt. Wenn du gute Nerven hast, dauert das bis du alt bist.

Durchschaust du diesen Prozeß, kannst du jederzeit aussteigen. Aber bisher führte dein Suchen dich über die Aktivität, bis hin zum Abenteuer, in die Nähe deines Ziels. Du glaubtest, es schon einmal fest in den Händen zu halten, es entglitt dir, und du hast die Schlußfolgerung gezogen, auf dem falschen Weg zu sein. Jetzt beginnt dein Suchen im Warten, im nicht aktiv sein. Wenn du an dieser Stelle deines Weges zu meditieren beginnst, hast du eine neue Chance, tut sich dir ein neuer Weg auf.

Aber noch fragst du: »Warum bin ich so einsam?« Du hast alles, was dich mit anderen verbindet, unterbunden. Du weißt ganz genau, daß du die dir selbst auferlegte »Verhaftung« jederzeit aufgeben kannst. Aber du hoffst, daß jemand anderer kommt, um dich zu befreien. Du bist trotzig.

Ich kann aber niemandem empfehlen, zu dir zu gehen. Denn du wirst nicht da sein, sondern ein Schauspieler, der ein von sich inszeniertes Theaterstück anbietet, in dem kein Platz für einen Dialog ist. Dieser Schauspieler redet und redet, und der andere merkt, daß er nur Zeuge eines Dramas sein soll. Er merkt, daß er miteinverleibt werden soll, aber keinerlei Recht hat, mitzugestalten. Seine Rolle wird die des entsetzten Zeugen sein, der den Akteur in seiner Rolle bestätigen soll.

Du mußt erst wieder aufmachen, auch wenn es weh tut, auch wenn du Angst hast. Du mußt dich vorwagen, dich verletzlich zeigen. Du mußt nach dem Wärter rufen, der dich unter Verschluß hält und ihn die Türe öffnen lassen. Du mußt deinen Trotz aufgeben, deine Bockigkeit. Du mußt deine Barrieren einreißen und deine Stachel einziehen. Dann beginnt der Dialog wieder. Etwas hat wieder begonnen zu fließen, du bist nicht mehr auf dem Trockenen. Du bist wieder mittendrin! Erkenne, daß deine Einsamkeit ein selbstgewähltes Los ist und daß du jederzeit aus ihr heraus kannst, wenn du wirklich willst. Einsamkeit ist kein dir zugeteiltes Schicksal, das dir am Zeug flicken will. Es gibt auch nichts, für das du büßen müßtest, auch wenn die Theologen dir das manchmal einreden wollen. Einsamkeit ist ein von dir vorübergehend gewählter Weg, um zu sehen, ob es dort weitergeht. Gib dir das Recht, alles auszuprobieren, und das Recht, jederzeit umzukehren. Nur ein Dummer ändert seine

Meinung nie! Wenn du unter Einsamkeit gelitten hast, ist *jetzt* die Gelegenheit, die fällige Erkenntnis zu gewinnen. Wenn du glaubst, daß der Weg des Einsamen nicht der richtige Weg für dich ist, dann versöhne dich wieder mit dir. Sei dir wieder gut. Mach Frieden mit dir!

Der eine ist einsam, der andere hat das gegenteilige Problem: er wäre so gern mal alleine!

Frage: Ich habe eine große Familie mit kleinen Kindern und leider keine Gelegenheit, mich täglich in Meditation und Alleinsein zu üben. Muß ich auf spirituellen Fortschritt verzichten?

Nein, natürlich nicht. Es gibt keine heiligen oder unheiligen (profanen) Lebensformen. Viele Wege führen nach Rom, genaugenommen fünf Milliarden, nämlich so viele, wie es Menschen auf der Erde gibt. Du hast nicht zufällig eine große Familie, du hast im Geiste dieses Ziel angesteuert, lange bevor alle deine Kinder geboren waren. Du hast dich im Innersten dafür entschieden, daß es genau diese Lebensform ist, die deine Persönlichkeit am besten zum Ausdruck bringt, bei der du deine Talente und Fähigkeiten am besten einsetzen kannst – *und die deinem spirituellen Wachstum dient!*

Nicht alle Menschen lernen auf die gleiche Weise. Der eine lernt tatsächlich, wenn er im Himalaya alleine auf einem Berggipfel sitzt, der andere braucht viele Menschen um sich, in denen er sich spiegeln kann, um so zu Erkenntnissen zu gelangen.

Du solltest deine Familie nicht als Hindernis für dein spirituelles Wachstum sehen, etwas, dem du Opfer bringen mußt. Im Gegenteil: Deine Familie ist die ideale Möglichkeit für dich, geistige Gesetze kennenzulernen. Möchtest du etwas über dich selbst wissen, betrachte deine Familie. Lebt ihr in Eintracht und Harmonie? Streitet ihr euch dauernd? Oder vermeidet ihr krampfhaft Konflikte? Wie offen sind dein Mann und deine Kinder dir gegenüber? Spielt jemand in deiner Familie den Sündenbock? Worüber ärgerst du dich immer wieder? Falls dir jetzt zu viele Fragen und Antworten durch den Kopf schwirren, nimm ein Blatt Papier und versuche einmal, die Familienstrukturen bildhaft darzustellen. Wenn du magst, laß jedes Familienmitglied ein Tier sein. Es steht an einem bestimmten Platz der Gruppe (zum Beispiel ein verschüchtertes Kaninchen unter den Schwingen eines Adlers). Wo stehst du? Welches Tier bist du? Du kannst natürlich auch unterschiedliche Farben und geometrische Formen nehmen (ein roter Pfeil durchbohrt eine blaue Kugel). Sei intuitiv, laß es fließen.

Ich glaube, die wichtigste Aufgabe einer Mutter in einer großen Familie ist es, *zentriert* zu sein, Kräfte zu sammeln, zu bündeln, zu ordnen. Du weißt selbst am besten, wie leicht man sich verzetteln kann, chaotisch, reizbar und aggressiv wird, weil man den Überblick verloren hat. Gerade jemand, der ständig für andere da sein muß, benötigt ein starkes Gefühl von Standfestigkeit, Sicherheit und der Gewißheit, in sich selbst zu ruhen. Dieses Streben nach Selbst-Bewußtsein, nach Zentrierung ist ein sehr hohes spirituelles Ziel! Du siehst also, daß dich deine Familie an nichts hindert, sondern dich, im Gegenteil, geradezu zwingt, ein spirituelles Ziel anzustreben.

Ich glaube, du stimmst mit mir darin überein, daß das höchste aller spirituellen Ziele ist, ein Liebender zu sein. Dein Leben kannst du auch als eine *Schule der Liebe* ansehen. Denn wo man mehr liebt, ist man immer wieder zum Verzeihen bereit, erlebt man sich mehr als »wir« als in einer Familie? Dein Mann, deine Kinder haben dich ausgesucht, weil sie etwas mit dir zusammen lernen möchten, und du hast sie ausgesucht, weil du etwas mit ihnen lernen möchtest. Ich glaube, ihr möchtet zusammen lieben lernen. Gibt es eine schönere Aufgabe, die man sich im Leben setzen kann?

Ich will dir aber auch noch ein paar praktische Tips zur Gestaltung deines Alltags geben. Gleichgültig, wie aktiv du bist, es ist immer Zeit für Suggestionen (Affirmationen). Kurz vor dem Einschlafen oder kurz nach dem Aufwachen sind stets Augenblicke, um dich in die Wärme deines eigenen Herzens hineinfallen zu lassen und Worte der Dankbarkeit, des Friedens, der Harmonie, der Liebe zu sprechen. Wähle dir kurze Affirmationen aus, die deinen Zielen und Wünschen und konkreten Aufgaben entsprechen. Zum Beispiel:

Ich bin das Zentrum.

Ich vergebe mir und allen anderen alles.

Ich liebe die Liebe.

Ich erkläre göttliche Ordnung für mein Leben.

Ich bin Harmonie.

Unendliche Weisheit leitet mich auf allen meinen Wegen.

Ich bin erfolgreich bei allem, was ich unternehme.

Dies ist die Zeit göttlicher Erfüllung.

Ich bin ein Kind des lebendigen Gottes.

Gott hat die Macht in meinem Leben.

Eine weitere, sehr effektive Möglichkeit, dich weiterzuentwickeln, sind Subliminals. Bitte lies die Antwort auf die Frage nach der Wirkungsweise von Subliminals in diesem Buch nach. Du kannst diese unterschwelligen Suggestionen jederzeit während deiner Hausarbeit hören, es ist keinerlei zusätzlicher Zeitaufwand damit verbunden.

Außerdem möchte ich dir empfehlen, dich während deiner Arbeit mehrmals am Tag ganz bewußt deinem Atem zuzuwenden. Atem ist Leben, er ist die Verbindung zwischen Körper und Geist. Das Bewußtsein von deiner Atmung führt dich auf das Jetzt, auf dein unmittelbares *Sein* zurück. Für jemanden, der, wie eine vielbeschäftigte Hausfrau, rastlos *tut*, ist es sehr wichtig, immer wieder das reine *Sein* zu erfahren. Laß also zwischendurch deine Arbeit für einige Augenblicke liegen und achte auf deinen Atem. Verändere ihn nicht, sei dir nur einiger Atemzüge ganz bewußt.

In meinem Buch »Die Macht Ihrer Gedanken« habe ich noch eine andere Übung geschildert, die dich immer wieder auf dein Sein zurückführt: Unterbrich deine Arbeit hin und wieder, indem du dir »stop« zurufst. Verharre genau in der Bewegung, die du gerade machst, so als würdest du einfrieren. Werde dir deiner Körperhaltung bewußt. Welche Muskeln spannst du an? Wie stehst du? Wo bist du locker, wo verspannt? Du durchbrichst damit die bewußtlose Routine, mit der wir uns oft über den ganzen Tag hinweg bewegen. Du fühlst ganz direkt, daß du lebendig bist. Wenn du doch einmal hin und wieder etwas Zeit hast, ist es sinnvoll, *Listen* anzulegen. Hast du viel um die Ohren, verlierst du wahrscheinlich manchmal deine Ziele aus den Augen. Listen helfen dir, den Weg wiederzufinden, sie können als Kurskorrektur dienen. Schreib auf, vielleicht unter mehreren Rubriken wie »Gesundheit«, »Geld«, »Kinder«, »Partnerschaft«, was du eigentlich *möchtest*.

Ich habe dir eben als wichtiges Ziel die Zentriertheit genannt. Nun möchte ich das andere wichtige Ziel hinzufügen: *Integration*. Das bedeutet, daß du die Tatsachen deines Lebens in einen geordneten Bezug zu dir selber setzt. Daß du kein Boot bist, das mal hierher und mal dorthin treibt und über dem die Wellen zusammenschlagen. Ich stelle mir vor, daß du ein Schiff bist, das sich von der Strömung des Lebens tragen läßt, aber seinen Kurs auch kennt. Ich empfehle dir das Buch »Muscheln in meiner Hand« von Anne Morrow Lindbergh, sie führt die Probleme einer vielbeschäftigten Frau auf einige Grundkonflikte zurück und zeigt gleichzeitig Lösungen.

Ich wünsche dir, daß du deinen ganz persönlichen Stil findest, gerade in deinem Alltag spirituelle Ziele zu verwirklichen. Wenn du dich eines Tages in deinem ganzen tätigen Leben ständig mit dem Göttlichen geeint fühlst, dann ist das der größte Fortschritt, den du überhaupt erzielen kannst.

> Ich sehe Gott in allen Menschen, ich sehe
> Gott in allen Dingen. (Dr. Joseph Murphy)

Den spirituellen Weg zu gehen, bleibt nicht ohne Folgen. Manchmal gefallen diese Folgen dem Partner eines Esoterikers überhaupt nicht.

Frage: Mein Partner lebt intensiv nach den geistigen Gesetzen und hat durch Meditation seit einiger Zeit das Interesse an körperlicher Liebe verloren. Ich leide darunter, was soll ich tun?

Alles kommt und geht, alles hat seine Zeit, seinen eigenen Rhythmus, alles unterliegt ständiger Veränderung und Wandlung. Dein Partner unterliegt diesen Gesetzen gleich dir, etwas Neues will sich entwickeln, dazu muß manchmal etwas Altes sterben. Dein Partner will weitergehen, er sucht nach dem Weg und glaubt, ihn in Meditation gefunden zu haben, er horcht in sich hinein und ist voll beschäftigt mit dem, was er wahrnimmt. Er hat jetzt keine Zeit, sich dir zu widmen, er versucht, alte Verhaltensmuster aufzugeben und spürt, daß ihn etwas festhält. Er weiß nicht, was es ist, aber er ahnt, daß es seine Verhaftung ist. Es liegt in seinem Ego, er experimentiert, er ist an einem Abgrund und fürchtet manchmal zu stürzen. Er weiß noch nicht, daß er fliegen kann. Manchmal öffnet sich ihm ein Tor, er gerät in Ekstase und das findet er schöner als Sex.

Du hast dir einen Menschen gewählt, der sich zu verpuppen beginnt, um als Schmetterling wiederzukehren. Du kannst ihn jetzt nicht festhalten, du würdest ihn töten, selbst wenn du seinen Körper in den Armen hieltest. Du kannst ihm helfen, indem du auch meditierst, Weggenosse bist, und nicht als Bauer den Acker bestellst. Sieh mit Faszination hin, was sich dir offenbart, du kannst jetzt Zeuge sein bei der Geburt eines neuen Menschen. Wenn er geboren ist, wird er auch körperlich zu dir zurückkehren, und seine Liebe wird eine Transformation erfahren haben. Du wirst fühlen, etwas ist anders, es wird für euch ein Fest auf einer anderen Ebene, wenn eure Körper sich im neuen Rhythmus des Universums finden.

Bisher war eure Sexualität das Tor zu höheren Dimensionen, jetzt öffnen sich neue Wege. Die Ewigkeit ist euer, ohne um sie kämpfen zu müssen, das ist Tantra. Nichts zu wollen, einfach nur zu sein, grenzenlose Liebe, und sei es nur für Augenblicke. Jetzt ist der Anfang gemacht, der erste Schritt zu einer tausend Meilen langen Reise.

All das wartet auf dich, hab deshalb Geduld. Dein Partner kann dir bald Wegweiser sein. So wie deine Mitwirkung zu seinem Tun führte, so wirst du auch an den Früchten beteiligt sein. In deinem Partner bereitet sich die Intelligenz des Herzens vor. Alte Strukturen werden aufgelöst, um ihn danach weicher, friedfertiger, liebevoller sein zu lassen. Er wird gelöster, das heißt, losgelöst von vorherigen Verhaftungen sein. All das führt zu einem übergeordneten »mehr«. Mehr sehen, hören, fühlen, wahrnehmen. Wenn er mehr zur Kenntnis nehmen kann, wird er auch mehr entnehmen. Symbolische Botschaften lassen ihn bessere Wege sehen, er wird helfen und Hilfe bekommen, wo Hilfe angebracht ist. Der rationale Beobachter wird eine Zunahme an Intelligenz feststellen. Erwachende Spiritualität hat immer eine Zunahme an Intelligenz zur Folge.

Aber, und das verwirrt den Beobachter, es ist die Weisheit des Herzens, die erwacht. Sie folgt ihren eigenen Gesetzen, nicht logischen Bahnen. Die Intelligenz des Herzens ist ein Diener der Liebe, sie erwacht einfach und *ist*, und fragt nicht nach Wirtschaftlichkeit und Gewinn. Ihr Ziel ist weit jenseits der materiellen Basis, dort, wo auch dein Ziel ist. Laß auch du die Klugheit des Herzens das Licht sein, das dir den Weg leuchtet. Alles, was hier geschieht, ist irrational aber richtig, du kannst hier Zeuge sein, wie jemand dir deine Zukunft vorlebt. Alles, was du am Tun deines Partners nicht gutheißt, verstehst du nur nicht.

Du weißt ja aus anderen Kapiteln dieses Buches: »Was der Verstand nicht versteht, negiert er.« Welche Effekte und Nebenwirkungen durch die Meditation deines Partners zustande kommen: Hänge dich nicht daran auf, sieh sein Ziel und hilf ihm, es zu erreichen. So wie die Losgelöstheit von alten Strukturen zu einer Zunahme der Intelligenz führt, so bereitet sich zugleich mit der Erweiterung des Bewußtseins eine neue, übergeordnete Sexualität vor. Die intelligentesten Menschen – und das sind die spirituellen – sind zugleich auch die sexuellsten Menschen.

Du hast dir deinen Partner gesucht, weil du fühltest, daß er noch vor dir auf dem Weg sein wird. Du suchtest in ihm den Führer, den Pfadfinder im unwegsamen Gelände des erwachenden Geistes. Du leidest unter mangelnder Sexualität, weil du noch glaubst, über den Körper und seine Freuden zum Ziel deiner Sehnsüchte zu gelangen. Deine Sexualität mit ihren lustvollen Orgasmen sollte dich nur neugierig machen!

Du klopfst mit dem Rammbock gegen die Türe des Himmels. Das tust du so energisch, daß sich dir für Augenblicke das Tor zum Paradies zu öffnen scheint. Was du erfährst, macht dich neugierig, und genau das soll es auch bewirken. Nur wenn du die Sehnsucht im Herzen trägst, nimmst du die Mühen des Weges auf dich. Du fängst das Feuer, das dich reinigt und alles ihm nicht Gemäße auflöst. Du brennst lichterloh, und du genießt es. Du willst weiter und du weißt, daß du schon unterwegs bist. Sei sexuell, aber laß Sexualität nicht mehr deinen Weg sein. Höre auf die Sehnsucht in deinem Herzen, sie läßt dich, wenn du ihr vertraust, immer das Richtige zur rechten Zeit tun. Beschwere dich nicht über die sich dir entziehende Sexualität, sie entfernt sich nur vorübergehend, um dich zu ent-täuschen. Suche die Verschmelzung nicht länger im Körperlichen, Evolution vollzieht sich nicht in der Materie, sondern *durch sie hindurch*. Was du suchst, ist der Schlüssel zum Himmel,und du ahnst, daß dir der Eintritt durch die Vereinigung der Energien Yin und Yang nicht länger verwehrt wird. Was es zu erkennen gilt, ist die notwendige Integration des Andersartigen, nicht sein Ausschluß. Dabei geht es nicht nur um das Akzeptieren des »anderen«, sondern darum, zum anderen zu werden. Zu erkennen gilt es, daß Yin und Yang nicht einfach die Lager wechseln sollen. Es ist die Selbstaufgabe, die den Weg frei macht zum Nirwana. Yin soll nicht Yang werden wollen, und Yang soll nicht Yin werden wollen, beide sind Bausteine zu etwas unendlich Höherem, das nur seine Wurzeln in der körperlichen Frau, im körperlichen Mann hat. Das Höhere, das Unendliche entspringt dem Endlichen, dem Niederen, dem Polaren. Es entstammt euch beiden.

Wenn du mich verstanden hast, gehst du zu deinem Partner ins Bett und meditierst mit ihm. Hast du mich nicht verstanden oder willst du mich nicht verstehen, dann suche dir einen neuen Partner, der deinen sexuellen Vorstellungen entspricht. Geh in diesem Fall vollkommen in die Sexualität hinein. Sei total sexuell. Werde zu allem, was du brauchst, identifiziere dich mit dem, was du willst. Wenn du das tust, kommst du am schnellsten auf der anderen Seite wieder hervor, um dich dann Neuem zuwenden zu können. Wenn du Sex liebst, werde Sex. Wenn du Geld liebst, werde Geld. Wenn du Schönheit liebst, drücke sie durch dich aus. Wenn du Erfolg liebst, verkörpere den Erfolg.

Tue alles, von dem du willst, daß es ist, und tue es total. Du bist wie ein Diamant, der durch alles, was er an Neuem ausdrückt, einen ergänzenden Schliff erhält. Das Lebensprinzip will, daß du ein strahlendes Licht bist, das wie ein Leuchtfeuer ankommenden Schiffen den Weg zeigt. Je mehr Facetten du hast, um so strahlender und heller ist dein Licht. Nur wenn du gelebt hast, solltest du über das Leben sprechen. Nur wenn du in hoher Intensität selbst Leben ausdrückst, bist du kompetent, um von ihm zu berichten. Du mußt dein Wissen über das Leben auch anwenden, du mußt Praktiker und nicht nur Theoretiker sein. Das Leben will jeden Tag neu von dir, daß du Entscheidungen triffst, und es will, daß du dich jeden Tag auf irgendeinem Gebiet für ein bißchen höher, weiter, schneller, besser entscheidest. Es will von allem, das lebt, daß es weitergeht, daß es wächst. Es will, daß die noch implizierte (eingewickelte) Ordnung sich ent-wickelnd offenbart.

Sage nicht mehr, daß dein Partner sein Interesse an körperlicher Liebe verloren hat. Richtiger ist, daß er das Interesse an Meditation und allem, was sich daraus ergibt, gefunden hat. Er öffnet sich dem Neuen und das Alte machte Platz. Sex hat für ihn jetzt einen neuen Stellenwert. Er versuchte, dir ein guter Liebhaber zu sein, jetzt versucht er zu lieben, ohne zu haben. Er will dich nicht mehr besitzen, er weiß, daß du ein Engel mit nur einem Flügel bist, und er weiß, daß er ein Engel mit nur einem Flügel ist, und er weiß, nur zusammen könnt ihr fliegen. Fliegen heißt, sich geistig zu erheben, also flieg mit ihm!

Die folgende Frage stellen sich viele Menschen, die noch nicht selbst-bewußt sind.

Frage: Ich fühle mich oft verwirrt und zerrissen. Wie kann ich mehr Harmonie in mein Leben bringen?

In der griechischen Mythologie ist Harmonia die Tochter von Aphrodite und Ares, der Göttin der Liebe und dem Gott des Krieges. Sie ist also die *Eintracht des Unterschiedlichen*. Harmonie entsteht aus der Transzendenz des Polaren, der Gegensätze, nicht etwa aus der Abspaltung dessen, was wir böse nennen. Es ist mir sehr wichtig, daß du das tief in dich aufnimmst. Denn nun mußt du das, was du Verwirrung und Zerrissenheit in deinem Leben nennst, nicht länger bekämpfen, du kannst es zum »Vater« deines Harmoniestrebens machen. Akzeptiere diese Verwirrung, denn sie hat dich dazu angespornt, nach etwas Besserem zu suchen.

Die Mutter der Harmonie ist die Liebe. Wie steht es mit ihr in deinem Leben? Damit Harmonie in dein Leben hineingeboren werden kann, muß der richtige Boden für sie bereitet werden. Laß deine Verwirrung, deine Zerrissenheit los, denke nicht länger über sie nach. Du hast sie als befruchtendes Element akzeptiert, aber nun wende dich der Liebe zu. *Entwickle Liebe in deinem Leben, und Harmonie wird die notwendige Folge sein.*

Alles in der Natur strebt nach Harmonie. Alles im Kosmos ist Rhythmus, Bewegung, Schwingung, Tanz von Energie. Und alles sucht ohne Unterlaß den besten Energiezustand. Er liegt in der Harmonie, das heißt, im Gleichklang der Schwingungen, denn Harmonie verbraucht weniger Energie als Disharmonie, sie ist also der perfekte Zustand allen Seins schlechthin.

Wenn du nach Harmonie strebst, mußt du nicht etwas Besonderes, etwas Außergewöhnliches erschaffen, sondern du läßt nur zu, in einer natürlichen Strömung mitgetragen zu werden. Du mußt also Harmonie nicht erkämpfen, alles, was du zu tun hast, ist, ihr keinen Widerstand entgegenzusetzen. Je vertrauensvoller du dich dem Sein hingeben kannst, desto glücklicher wirst du sein. Und umgekehrt: Alle Schwierigkeiten in deinem Leben, in welchem Bereich sie auch immer liegen mögen, kannst du auf den Mangel an Harmonie zurückführen.

Aber das hast du ja schon erkannt, und deshalb strebst du nach Harmonie. Ich habe schon von der Liebe gesprochen, die die Mutter der Harmonie ist. Eine Mutter liebt natürlich vor allem ihr Kind, und so kannst du doch gleich hier mit dem Lieben beginnen: *Liebe die Harmonie, liebe sie aus vollem Herzen, denn was du liebst, das wird zu dir kommen.* Dr. Joseph Murphy hat hierfür ein schönes Beispiel gegeben. Er sagte einmal, daß er jahrelang gebetet hat: »O mein Gott, wie ich dich liebe!« Und da konnte Gott gar nicht anders, als zu ihm kommen. Liebe die Harmonie, denke an sie, meditiere über sie, mach sie zum Zentrum deines Lebens, dann kann sie gar nicht anders, als in dein Leben einziehen. Mach eine »Harmonielehre« durch.

Vielleicht ist dir der Begriff Harmonie zu abstrakt. Du weißt nicht recht, was das eigentlich auf dich persönlich bezogen sein soll. Dann geh bitte ganz praktisch vor. Nimm ein Blatt Papier und unterteile es in verschiedene Lebensbereiche wie Gesundheit, Liebe, Beruf, Wohnung usw. Laß dir in einem ganz entspannten Zustand einfallen, was du in dem jeweiligen Bereich unter Harmonie verstehst. Schreib es auf, möglichst konkret. Male dir aus im Geiste, wie diese Situationen und Dinge aussehen, immer und immer wieder.

Du kannst dir auch einen inneren Ort der Harmonie schaffen, an den du dich zurückziehst, wenn dich wieder Verwirrung übermannt. Leg dich dazu hin, geh in eine Tiefenentspannung und beginne, dir diesen Ort vorzustellen. Ist es ein verträumter Bergsee? Eine Gebirgsquelle? Ein bestimmtes Haus? Leg dir alles so zurecht, daß du dich vollkommen wohl an diesem Ort fühlst. Er ist *dein* Harmonieort, und du kannst ihn jederzeit aufsuchen, um seinen Geist in dein Herz einströmen zu lassen.

Achte auch in deiner Außenwelt auf alles, was du als harmonisch empfindest. Die meisten Menschen finden in der Natur und in der Kunst ihren Sinn für Harmonie angesprochen. Geh spazieren in Landschaften, die du als harmonisch empfindest, du wirst merken, welche Kraft dir da zufließt. Höre das Musikstück, lies das Buch, schau das Bild an, das dich entzückt, weil es tiefe Harmonie in dir erzeugt. Beziehe auch deinen Körper in die »Harmonielehre« ein. Was tut ihm gut, wie kannst du seine natürliche Harmonie aufrechterhalten oder wiederherstellen? Ich brauche dir hierfür keine speziellen Informationen zu geben. Bist du erstmal auf die Schwingung Harmonie in dir eingestellt, wirst du einen Hinweis nach dem anderen bekommen.

Es gibt keine schönere Lebensaufgabe als das Ziel, Harmonie zu schaffen. Ich freue mich für dich, daß du dich entschlossen hast, diesen Weg zu beschreiten. Ich möchte dein Weggefährte sein, laß uns also gehen!

Auf diesem Weg begegnet dir sicher auch folgende Frage:

Frage: Warum bin ich so abhängig von der Meinung anderer?

Weil du es vom ersten Augenblick deiner Existenz an so gewohnt bist. Im Bauch deiner Mutter genießt du diese Abhängigkeit, denn deine Mutter *ist* deine Welt, und du bekommst *alles*, was du brauchst. Mit deiner Geburt ändert sich diese Situation dramatisch, und du bist zunächst ganz und gar nicht der Meinung, daß dies ein Schritt zum Besseren wäre. Denn jetzt, mit der körperlichen Trennung von deiner Mutter, beginnst du Erfahrungen mit der schmerzlichen Seite der Abhängigkeit zu machen. Du bekommst nicht auf der Stelle jedesmal dein Essen, wenn du hungrig bist, deine Mutter ist nicht mehr in der Weise verfügbar, wie du es gewohnt warst.

Ich habe in diesem Buch schon einige Male von unserer Veranlagung zu polarem Denken, dem Denken in Gegensätzen, gesprochen. Ein Embryo kann die Abhängigkeit von seiner Mutter gar nicht empfinden, weil er nur diese einzige Existenzform kennt, er hat keinen Vergleich, den er zur Beurteilung seiner Lage heranziehen könnte. Nach deiner Geburt hast du diese Möglichkeit zum Vergleich plötzlich. Durch die körperliche Trennung von deiner Mutter erfährst du sehr konkret und schmerzlich, was es bedeutet, abhängig zu sein. Es ist für dich aber nicht lediglich ein unangenehmes Gefühl, es ist für dich buchstäblich eine Frage auf Leben und Tod! Wenn deine Mutter (oder eine Ersatzperson) das Zimmer, in dem du liegst, nicht mehr betritt, bist du zum Tode verurteilt. Das hört sich grausam an, aber ich glaube, daß du nur so begreifen kannst, warum alles, was mit »Abhängigkeit« zu tun hat, in unserem ganzen Leben so starke Gefühle aufwühlt. Es ist ein Gefühl, das äußerstes Glück hervorruft, wenn es Leben, Verschmelzung, Vereinigung bedeutet. Und es ist ein Gefühl äußerster Verzweiflung, wenn Trennung, Einsamkeit, tiefe Zweifel an sich selbst, Selbstaufgabe und Tod damit verbunden sind.

Heute, als Erwachsener, bist du natürlich nicht mehr davon abhängig, daß dir jemand etwas zu essen in den Mund schiebt. Du machst dich »nur« noch von der Meinung anderer abhängig. Aber was ist denn diese Meinung? Es sind ja wohl Urteile, die andere über dich fällen. Da sagt einer: Du hast ja keine Ahnung von deinem Beruf. Oder: Toll, wie du mit Pferden umgehen kannst. Das eine Urteil schmettert dich nieder, das andere richtet dich auf. Du wirst dich ab jetzt für einen Versager in deinem Beruf halten (was du dann auch bist, wenn du es nur lange genug glaubst), dafür aber einen noch besseren Draht zu Pferden bekommen, weil du glaubst, daß du davon eine Ahnung hast.

Du läßt dich also manipulieren durch die Meinungen anderer, du gibst ihnen die Möglichkeiten, deinen Glauben an dich zu beeinflussen. Und hier sind wir am Kernpunkt der Sache. Warum gibst du anderen soviel Macht über dich? Es gibt nämlich keine größere Macht, die ein Mensch über einen anderen erlangen kann, als ihn in seinem Glauben über sich selber zu beeinflussen, zu manipulieren. Vielleicht bist du selbst schon draufgekommen: Es liegt an deinem mangelnden Selbstvertrauen. Du bist unsicher, weil du deiner eigenen Meinung über dich nicht vertraust. Lerne deiner inneren Stimme zu vertrauen, lerne an dich zu glauben, dann wirst du nicht mehr abhängig von der Meinung anderer sein.

Die Urteile anderer Menschen über dich haben immer mehr mit ihnen selbst als mit dir zu tun. Vielleicht ist ein Kollege neidisch auf dich, wenn er deine beruflichen Leistungen herabsetzt. Vielleicht schmeichelt dir jemand, weil er etwas bei dir erreichen will. Und selbst ehrlich gemeinte Komplimente zeugen vor allem von der Herzlichkeit desjenigen, der sie macht. Du solltest dich über diese Herzlichkeit freuen, aber nicht dein Handeln danach ausrichten, was andere von dir erwarten. *Lerne, eine gute Meinung von dir selber zu haben.* Das hat gleich zwei Vorteile: Du bist weniger abhängig von der Meinung der anderen, aber die Meinung der anderen über dich wird auch zugleich besser, denn sie empfangen die Schwingungen deines neuen Selbstbewußtseins und bilden für sie den Resonanzboden.

Ich erinnere mich an eine lustige Filmszene mit dem Komiker Woody Allen. Seine Frau verläßt ihn, und er ist deswegen völlig aufgelöst. Da sagt sie kühl zu ihm: »Nimm doch nicht immer alles so persönlich!« Natürlich ist diese Bemerkung immer ein Lacherfolg, denn wie sollte man eine Trennung nicht persönlich nehmen. Aber so ganz unrecht hatte seine Frau nicht: *Sie* war es, die ihn nicht mehr haben wollte, es war *ihr* »Problem«.

Als Kinder sind wir nicht in der Lage, solche Unterscheidungen zu machen. Wir können nicht begreifen, warum die Mutter keine liebevolle Mutter ist, wir können gar nicht anders, als diesen Umstand auf uns selbst zu beziehen, denn wir empfinden uns ganz selbstverständlich als den Mittelpunkt der Welt. Wenn die Mutter nicht kommt, dann fühlen wir uns einsam, hilflos und nicht liebenswert, obwohl dieser Umstand fast nie »persönlich« zu nehmen ist. Kinder nehmen alles, was passiert oder gesagt wird, für bare Münze. Sie können nicht ironisch abstrahieren oder sich selbst nicht betroffen fühlen.

Wenn du dich von der Meinung anderer so abhängig fühlst, spielst du noch Kind. Du hast noch nicht begriffen, daß es da nichts Objektives in der Beziehung zwischen Menschen gibt. Wir alle spiegeln uns ineinander, wir tauschen ständig Meinungen übereinander aus, aber wir sind gar nicht in der Lage, absolute Aussagen übereinander zu machen. Denk zum Beispiel an Einstein, den sein Mathematiklehrer für reichlich unbegabt hielt...

»Große Menschen«, und das müssen nicht Genies sein, haben sich schon immer unabhängig von der Meinung anderer gemacht. Sie sind gegen den Strom geschwommen, haben die Meinung, die andere über sie hatten, nicht akzeptiert. Sie sind unbeirrbar ihrer eigenen inneren Stimme gefolgt, die ihnen etwas ganz anderes gesagt hat. Das, was alle denken, worauf sich alle einigen können, ist immer der größte gemeinsame Nenner einer Gruppe, und der ist in den meisten Fällen auf einer sehr tiefen geistigen Ebene angesiedelt.

Anpassung lohnt sich immer nur für kurze Zeit. Sie wird anfangs belohnt mit Unauffälligkeit und Ruhe. Doch später rächt sie sich bitter. Ein Mensch, der stets sein Fähnchen nach dem Wind hängt, weiß zum Schluß nicht mehr, wer er ist, er verliert das Bewußtsein von sich selbst. Weil er dem Kompaß in seinem Inneren nicht gefolgt ist, fühlt er sich am Ende völlig orientierungslos, er versinkt in Depressionen.

Deine Frage zeigt mir, daß du die Gefahr erkannt hast. Mach dir bitte nicht die Mühe, die Meinungen der anderen zu bekämpfen, solange, bis sie dir in den Kram passen. Wende dich lieber der Entwicklung deines Selbstvertrauens zu, dann bist du wirklich unabhängig. Unabhängig, aber um so enger mit den Menschen deiner Umgebung verbunden. Denn nun trennt euch deine Angst nicht mehr. Wie heißt es so schön? Die Liebe ist ein Kind der Freiheit!

Wenn du dich frei fühlst, möchtest du alle deine Talente entwikkeln, auch im Berufsleben. Darum geht es auf den folgenden Seiten.

Frage: Wie finde ich die Arbeit, die mich ausfüllt und mir Erfolg bringt?

Hör auf zu suchen, laß dich finden! Für die meisten ist das ein schöner Satz, aber normalerweise nicht für sie umzusetzen. Intuitiv wissen wir um seine Richtigkeit, aber wir mißtrauen unseren Gefühlen und Vorahnungen. Von der intellektuellen Wissenschaft wird Intuition als etwas, das vom Zufall abhängt, bezeichnet. Etwas, das nicht jederzeit auf Abruf produziert werden kann, ist unwissenschaftlich und daher, strenggenommen, unbrauchbar. Intuition hat etwas zu tun mit Medialität, und da sträuben sich die Haare der Wissenschaftsgläubigen.

Wir alle sind mehr oder weniger dabei, uns aus diesen angelernten Denkformen herauszulösen. Immer mehr wird allerorts geschrieben und geredet vom höheren, weiteren, durchlässigeren Bewußtsein, und es beginnt somit immer mehr Akzeptanz zu finden. Die Frage ist nur: Wie erreicht man dieses Bewußtsein?

Da gibt es Ebenen jenseits des vom reinen Intellekt Erfaßbaren. Wenn du also *deine* ideale Arbeit suchst, geh auf keinen Fall zum Arbeitsamt. Dort sitzt ein Computer namens Müller oder Maier, der in sieben Berufen noch etwas frei hat, und von diesen wird er dir etwas anbieten. Wenn du rote Haare hast, sagt er dir vielleicht: Werde Fallschirmspringer, dann findet man dich leichter im Gras. Oder wenn du lange Finger hast, sagt er: Geh zum Finanzamt, da braucht man so was...

Auf jeden Fall spielt der Computer Müller oder Maier ein Unwahrscheinlichkeitsspiel mit dir. Er hat keine Ahnung, was für dich gut ist. Wie sollte er auch. Er selbst weiß nicht einmal, was für ihn selbst gut ist, deshalb ist er ja beim Arbeitsamt. Nicht, weil dort Dumme wären, sondern weil da schon mal was Brauchbares vorbeikommt – und er hat sich vorgenommen, dann zuzugreifen. Er glaubt nämlich, daß dort, wo er sitzt, die Quelle ist. Er weiß nicht, daß das, was er sucht, in ihm ist. Die Frage: »Wo liegt meine Stärke?« glaubt er dem Zufall zur Beantwortung überlassen zu müssen.

Diese Frage kann aber nur von ihm, aus ihm heraus, beantwortet werden. Er selbst kennt doch am allerbesten sein persönliches Diagramm. Er selbst träumte doch schon so oft vom Glück, angekommen zu sein. Er erlebte sich doch schon so oft als Förderer und sah auch schon so oft, wo und wie es geschah. Aber er hat das alles wieder negiert. Und weil er das alles aus Angst vor Fehlentscheidungen nicht wissen will, beschäftigt er sich mit freien Stellen.

Die freien Stellen nun, die er im Kasten hat, muß er loswerden. Das ist sein Job. Die Stellen, die er hat, sind frei, weil sie keiner will, und jetzt probiert er bei dir aus, ob du das auch weißt.

Wenn du deine ideale Arbeit suchst, löse dich erst einmal von deiner jetzigen Arbeitsstelle. Erstens hält sie dich ja doch nur vom Geldverdienen ab, versaut dir sozusagen den ganzen Tag, und zweitens gib sie dem Herrn Müller oder Maier, der sammelt so was, und vielleicht gefällt sie ihm.

So, jetzt hast du endlich Zeit, vernünftig zu denken, und ich lade dich ein, mit mir spazierenzugehen (ich habe nämlich auch keinen »vernünftigen« Job).

Spazierengehen oder meditieren – am besten meditative Spaziergänge – eröffnen dir weit mehr Möglichkeiten als alle Berufsberater der Welt. Die versuchen eigentlich nichts anderes, als herauszubekommen, wo du schwingst, deine Stärken hast. Dort, wo du schwingst, ist deine kreative Energie freigesetzt. Wenn du dich offenbart hast, deine Vorlieben gezeigt, das, was du am meisten möchtest (wenn man dich ließe), dann sucht er in der Außenwelt, in der Arbeitswelt, die entsprechende Resonanzstelle. Die Stelle, bei der das, was deiner Stärke entspricht, einen Impuls erfährt. Er sucht die Stelle, die durch deine Eigenart eine Förderung erfährt. Nur dort bist du kein Rädchen, das sich immerzu im Kreise herumdreht, sondern du bist in deiner ureigensten Funktion aktiv. Du bist dann genau die kreative, evolutionsfördernde Energie, die am besten für diese Position geeignet ist.

Dies alles würde der Berufsberater für dich tun, aber es hat noch nie hingehauen. Weil er sich nämlich nicht mit dem, was er tut, identifiziert, sondern sich selbst als kleines Rädchen empfindet. Deshalb handelt er ziemlich mechanisch und somit mit nur geringem Wirkungsgrad.

Laß also Arbeitsamt und Berufsberater, hör auf, andere für dich einzuspannen. Geh auf einen hohen Berg, verschaffe dir einen Überblick und bringe dein Denken zum Stillstand. Bleib hier solange sitzen, bis du durchlässig geworden bist. Laß Bilder in dir hochsteigen, die sich aus dem modulieren, was du bist. Laß diese Bilder Symbole deines Soseins sein. Erkenne dich in deinem ureigensten Wesen. Sieh, warum du bist, warum du so bist, wie du bist. Laß dir Zeit, werde geduldig mit dir selbst.

Es kann sein, daß du Angst hast, es kann sein, daß du glaubst, es nicht zu schaffen. Es kann sein, daß du wieder einmal zurückschreckst.

Laß nur dieses eine Mal los, vollkommen los. Dieses Loslassen wird dich dann nie wieder loslassen! Dann hast du die Fesseln deines Unbewußten gesprengt und es erhebt sich nicht mehr die Frage: Was soll ich tun?

Da sind tausend Antworten, es eröffnen sich dir so viele Möglichkeiten, daß du jetzt eher die Qual der Wahl hast. Damit dir das alles ein wenig praktischer erscheint, schreib einmal auf, was dir alles gefallen würde. Vielleicht sind das zehn oder mehr Möglichkeiten. Versuche dann, in einem Trancezustand, in Entspannung, meditierend, jeden einzelnen Beruf zu untersuchen. Stell dir in deiner Phantasie vor, wie du die betreffenden Tätigkeiten tatsächlich ausübst.

Sieh dich in diesem Beruf agieren, fühle dich hinein. Sprich im Geiste mit anderen, die die gleiche Arbeit tun. Achte darauf, bei welcher Tätigkeit in dir ein sehr gutes, befriedigendes Gefühl entsteht.

Du kannst vielleicht noch nicht vollkommen die Stimme hören, die zu dir, die mit dir spricht. Aber du kannst sie fühlen, empfinden, spüren. Je durchlässiger du bist, desto leichter kannst du mit deinem Höheren Selbst kommunizieren, Fragen stellen, Antworten erhalten. Laß dich in diesem meditativen Zustand nicht zu sehr von deinem Kopf gängeln. Er stoppt am liebsten, wenn er nicht mehr mitkommt. Nachdem du zehn oder mehr berufliche Möglichkeiten untersucht hast, ziehe zwei, drei in die engere Wahl. Geh mit ihnen einige Zeit schwanger, versuche zu erkennen, welcher dir die größte Befriedigung geben würde. Laß dich nicht von deinem Intellekt zu sehr überzeugen, daß du die Lizenz für dieses nicht hast, oder für jenes ein bestimmtes Studium brauchst. Es ist leicht möglich, daß du dir jemanden suchen wirst, mit dem zusammen du etwas ganz Neues beginnst. Der andere hat das Diplom, du das Geld oder die Ideen.

Ein Bekannter von mir hatte zum Beispiel eine eigene Naturheilpraxis, ohne Heilpraktiker zu sein (das war sein Partner). Das ist absolut kein Problem, es gibt tausende von Heilpraktikern, die zwar dürfen aber nicht können. Es laufen viele Diplominhaber, Wissenschaftler, Ingenieure herum, die kaufmännisch nicht bis drei zählen können und froh darüber wären, mit jemandem wie dir zu kooperieren.

Dein Problem war bisher zu glauben: Das ist alles nicht so leicht. Hier und nur hier liegt der Punkt, den du überwinden mußt. Wenn du die juristische Voraussetzung für deinen Beruf selber hast oder sie ohne allzu großen Aufwand erlangen kannst, dann geh diesen Weg. Falls der Aufwand zu groß wäre, überlege, ob ein Compagnon in Frage käme.

Bist du in deinem Inneren friedfertig und liebevoll, steht dir die Welt offen!

Handle möglichst solange nicht, bis du die geistige Vorarbeit geleistet, sozusagen die Weiche gestellt hast. Hast du kein Geld, so jobbe drei Stunden täglich, dann hast du 21 Stunden Zeit zum Denken, Meditieren, Informieren und Träumen. Akzeptiere auf keinen Fall eine Arbeit, von der du zwar leben könntest, aber …!

Hunderttausende von Menschen tun das und sind unzufrieden, ja unglücklich. Sie werden aggressiv und krank, sie schlukken Psychopharmaka und brauchen ärztliche Behandlung. Weil sie in diesem einen wichtigen Punkt inkonsequent waren! Tue lieber gar nichts (außer nötigenfalls jobben), bevor du dich von irgendeiner dir nicht entsprechenden Tätigkeit im Laufe von Jahren kaputt machen läßt. Tausende besuchten meine Seminare, um sich in beruflicher Hinsicht klar zu werden.

Du kannst auch versuchen, eine Volontärstelle für deinen Traumberuf zu finden. Laß dir zu all dem recht viel Zeit, das ist auf jeden Fall besser, als fünfmal den Beruf zu wechseln, nur weil du unter Zeitdruck gehandelt hast. Unterhalte dich möglichst oft mit jemandem, der deinen Traumberuf schon lange ausübt. Es kann durchaus sein, daß du wichtige Eigenarten noch nicht richtig gesehen hast. Es ist möglich, daß »dein« Beruf ganz groß im Kommen ist, aber eventuell wird »dein« Beruf in zehn Jahren aufgrund des technischen Fortschritts auch gar nicht mehr gebraucht. Vielleicht mußt du all deinen Mut zusammennehmen, um mit Erfolgreichen ein Gespräch zu beginnen, es ist meiner Meinung nach aber nötig und daher wichtig, es auch zu tun. In meiner Berufspraxis habe ich, vereinfacht gesagt, bei über 90 Prozent aller Fälle erlebt, daß die Frustration, den falschen Beruf gewählt zu haben, den Hintergrund für viele, viele Sorgen, Nöte und Schwierigkeiten darstellt.

Es ist leider vollkommen normal geworden, wenn jemand achselzuckend sagt: »Na ja, von irgend etwas muß man ja schließlich leben.« All diejenigen, die sich solcherart rechtfertigen, vergleiche ich gern mit Loriots gezeichneten Figuren. »Na ja, von irgendwas...« ist für mich ein Höchstmaß von Phrasenklopferei und von geistiger Impotenz. Stell dir vor, ein Leben lang ungeliebte Arbeit zu tun, nur weil du »von irgend etwas schließlich leben mußt«. Das ist fast so blödsinnig, wie ein Leben lang im selben Kleid, im selben Anzug herumzulaufen, nur weil du den Schlüssel zum Kleiderschrank verlegt hast!

Dein idealer Anzug, dein ideales Kleid ist erstens existent und zweitens greifbar nahe – warum also nicht das Nötige tun, um dran zu kommen?

Den Beruf auszuüben, der deiner Einmaligkeit am besten entspricht, ist ein lebenslanger Weg zum Glück, mit der Möglichkeit, anderen zu helfen, es zu werden. Eine Arbeit, die du gerne tust, tust du alleine deshalb schon gut. Also wenn du glaubst, deinen dir am ehesten entsprechenden Beruf gefunden zu haben, dann versuche, zu einem der Besten darin zu werden.

Bereite geistig diesen Weg vor, in Meditationen, Visualisationen. Sich, wie du erfolgreich bist, besuche soviele Schulen und Fortbildungskurse wie möglich. Nimm zu dem berufsspezifischen Wissen eine Beziehung auf. Orientiere dich über das Gesamtvolumen an vorhandenem Wissen. Sprich zu ihm, mit ihm, von ihm. Leg dir Fachbücher unter dein Kopfkissen, schau dir Filme und Videos an, besuche Vorträge, werde in deinem Glauben ein großartiger Kenner und Förderer deines Berufs.

Überzeuge dich davon, daß deine Art zu leben einen Impuls für andere Menschen darstellt. Daß deine Art zu leben vielen anderen deiner Art hilft. Sei Vorbild. Erkenne, daß die schönste und beste Möglichkeit vorwärtszukommen, sich darin eröffnet, mit deinem Tun anderen zu dienen. Die allerbeste Art erfolgreich zu sein, ist, eine Arbeit zu finden, die anderen hilft, erfolgreich zu sein. Je mehr du förderst, desto mehr wirst du gefördert. Je mehr du der Welt *dein* Bestes gibst, desto mehr wird die

Welt dir *ihr* Bestes geben! Viel Weisheit liegt in den Worten: »Nicht *was* du tust ist entscheidend, sondern *in welchem Geiste* du es tust.«

Laß bald deine Arbeit zur Meditation werden. Über das Gesetz der Identifikation wirst du zu dem, was du tust. Du förderst in deinem Geist das von dir im »Außen« Geschaffene, wirst aber auch die Eigenschaften des von dir Geschaffenen annehmen. Die Frage »Was soll ich tun?« führt zurück zu der Frage »Wer bin ich?« Weil nur über das »Ich bin« die Antwort auf das »was tun« möglich wird. Darüber lies bitte unter der betreffenden Frage nach.

Andauernder, stetig wachsender Erfolg im Beruf ist ein Beweis dafür, daß ein Mensch an sich und seine Fähigkeiten glaubt, daß er ein konstruktives Verhältnis zu sich und seiner Umwelt hat. Doch manchmal scheinen die Dinge nicht ganz so einfach zu liegen.

Frage: Ein Bekannter, der grundsätzlich negativ eingestellt ist und auf alles und jeden schimpft, ist selbst im Berufsleben erfolgreich. Wie kommt das?

Es erscheint dir so, als ob dein Bekannter auf alles und jeden schimpft. Du fällst ein Pauschalurteil, mit dem du ihm Unrecht tust. Dein Bekannter spielt wie wir alle ein Spiel. Er spielt den Besserwisser, zum Teil, weil es ihm Spaß macht, zum Teil, weil er vieles tatsächlich besser weiß. Er hat einen analytischen Intellekt, mit dem er die Verhaltensmuster anderer leicht durchschaut und damit oftmals die Unsinnigkeit ihres Verhaltens erkennt.

Dein Bekannter fühlt sich manchmal für andere verantwortlich, er denkt für sie mit und wundert sich, wenn es dann letztlich doch nicht nach seinem Kopf geht. Anstatt jetzt dem anderen freien Lauf zu lassen und ihm selbst das Recht zu geben, eigene Erfahrungen zu machen, meckert er, und das kommt bei dir als Lieblosigkeit und Negativität an. Indem er, wie du da sagst, dabei jedoch selbst erfolgreich ist, ist damit gleichzeitig bewiesen, daß er im Inneren ein gutes Selbstwertgefühl hat. Seine eigene Effektivität ist das Ergebnis seiner Meinung von sich selbst und das Produkt seiner klaren Gedanken, wenn es um ihn und seine eigenen Ziele geht.

Dein Bekannter ist, wenn er andauernden Erfolg hat, ganz sicher nicht grundsätzlich negativ eingestellt, er kümmert sich nur ein bißchen um seine Mitspieler, statt sie nach ihren eigenen Vorstellungen selig werden zu lassen. Hilf ihm zu lernen, in der Zeit, in der er bisher über andere meckerte, sich um seine eigenen Angelegenheiten zu kümmern und dadurch dann noch effektiver und erfolgreicher zu werden.

Dein Bekannter hätte es gern, wenn auch andere Aufgaben erfolgreich angehen würden und ihn so in seiner Art zu denken bestätigen würden. Dieses Verhalten ist völlig normal, wir alle suchen Mitläufer, die von uns aufgezeigte Wege mitgehen und uns dadurch quasi in unserer selbsternannten Führerrolle bestätigen. Kommt diese Bestätigung nicht, kann die Reaktion darauf, wie bei deinem Bekannten, Meckern sein.

Dein Freund möchte helfen und führen, beides sind normale und auch lobenswerte Eigenschaften. Lehre ihn zu helfen, indem er vorlebt, um dann, wenn es erwünscht ist, öffentlich zu berichten, wie *er persönlich seine* Art der Lebensbewältigung sieht.

Niemand ist grundsätzlich negativ eingestellt, unsere eigene Negativität läßt uns nur manchmal den anderen in diese Rolle stecken. Versuche einmal für einige Tage, die Kommentare deines Bekannten nicht als negativ abzustempeln, sondern versuche in ihnen die berechtigte Kritik, die bestimmt vorhandene Konstruktivität zu erkennen. Dein Urteil über diesen Menschen ist dein Bild von einem Vorgang, der von anderen Beobachtern vielleicht lockerer und auch viel positiver kommentiert werden würde (etwa: Rauhe Schale, weicher Kern).

Wenn ein Mensch tatsächlich ein überwiegend negatives und destruktives Bild von sich selbst hat, kann er gar nicht anders, als es auch nach außen zu projizieren. Das heißt, sein »Erfolg« ist nur angestrengt und willentlich und kann deshalb nie von Dauer sein. Umgekehrt kann jemand, der im Berufsleben anhaltenden Erfolg hat, sich allenfalls mit einem Mantel von vorgegebener Aggressivität zu schützen versuchen, grundsätzlich negativ ist er jedoch bestimmt nicht.

Du siehst in deinem Bekannten einen lebenden Widerspruch und kannst seine scheinbar widersprüchlichen Verhaltensweisen nicht unter einen Hut bringen. Lerne dein Gegenüber zu verstehen, anstatt es beurteilend zu verurteilen. Jeder Mensch auf diesem Planeten ist ein Verbesserungsvorschlag des Lebens und trägt durch seine Individualität gleichzeitig zur Verbesserung der Allgemeinheit bei.

Wäre dein Bekannter grundsätzlich negativ, wäre er zwar auch nicht unnütz, denn er könnte immer noch als schlechtes Beispiel dienen, aber er wäre dann im Sinne der Evolution unbrauchbar und damit gar nicht existent. Denn alles, was ist, hat Sinn und Ziel.

Du verteufelst bei deinen Mitmenschen bestimmte Eigenschaften, der Teufel aber ist dein *Glaube,* der dich vom Guten des anderen trennt. *Du wirst zu neuem Leben erwachen, wenn du lernst, deine Meinung aus dem Leben anderer herauszuhalten.* Der Ausdruck unserer Individualität ist unser Pfad zum Ziel, mag der Weg jedes einzelnen ein wenig anders verlaufen – das Ziel ist bei allen das gleiche. Statt deinen Bekannten zu verurteilen, mach ihm ein Geschenk. Gib ihm für einige Zeit dein Gehör, deine Aufmerksamkeit. Erkenne in deinem Gegenüber die Weisheit, die durch sein Verhalten zu dir spricht. Vielleicht bist du dann schon bald ein Verfechter seines Denkens. Und wenn nicht – dann laß ihn seinen Weg weitergehen und gehe du deinen. Das Anderssein ist seine Tugend, und Parallelen treffen sich in der Unendlichkeit!

Hier nun die Frage eines Menschen, der dein Bekannter sein könnte.

Frage: Ich finde es sehr mühevoll, meine Umwelt für meine Ziele zu motivieren. Wie fange ich das am besten an?

Mich wundert, daß du so traurig bist. Kann es etwas Schöneres geben, als andere dazu zu motivieren, so zu werden, wie du sein möchtest? Wo, lieber Freund, siehst du da ein Wirkungsfeld? Sind »die anderen« ein Haufen Lahmer, die du auf Trab bringen mußt? Glaubst du, ein Licht zu sein, das anderen den Weg beleuchtet? Wenn du meinst, soviel mehr und soviel weiter zu sein, daß du andere motivieren mußt, sagt das etwas über deine Meinung von dir und von den anderen aus.

Tiefe Traurigkeit in dir läßt dich glauben, anderen etwas von deiner Weisheit abgeben zu müssen. Du bist unglücklich und willst andere froh machen. Schau in den Spiegel und lerne, über dich selbst zu lachen. Das kannst du nicht? Ein anderer kann dir dann auch nicht helfen. Jeder einzelne ist ein geschlossenes System, das ganz für sich alleine lernen muß, sich zu öffnen. Sobald du diesen Prozeß durch dein Dazutun beschleunigen willst, greifst du in ein Wunder ein. Ja, es mag dir aus deiner Sicht der Dinge sogar gelingen, die Blume etwas früher zum Blühen zu bringen, indem du sie künstlichen Sonnenstrahlen aussetzt. Aber sie wird dann auch früher sterben.

Du kannst nicht wirklich etwas für die anderen tun. Für alles, was ist, ist im Vollkommenen gesorgt, alles, was wir brauchen, ist im Überfluß vorhanden. Du sprichst von Armut und siehst nicht, daß viele in ihrem Überfluß fast ersticken. Du siehst Kranke, die in einer Unendlichkeit von Luft um jeden weiteren Atemzug bangen. Du siehst Reiche, die nicht genug haben können, obwohl sie in ihrem Inneren bereits von ihrem Gold begraben wurden. Du siehst Leiden und willst helfend oder lenkend eingreifen. Du möchtest Schicksal spielen und aufklären. Du bist sogar schon zum Therapeuten für andere geworden (schau mich an!). Du möchtest deinem Bruder und deiner Schwester deren Fehler zeigen, sie auf den Splitter in ihrem Auge aufmerksam machen. Aber du übersiehst dabei den Balken in deinem eigenen Auge.

Niemand muß motiviert werden, jeder ist nach einem perfekten Plan geschaffen und kann nur seinen, nur den ihm allein bestimmten Weg gehen. Bei anderen dirigistisch eingreifen zu wollen, bedeutet nichts anderes, als daß du dir auf deinem Weg Gefährten suchst, weil du unsicher bist und fürchtest, dich zu verirren.

Du willst andere vorausschicken, um so preiswert zu erkunden, wo es langgeht. Ich kann nur jeden, den du motivieren willst, warnen. Ich kann aber auch jedem, der dir begegnet, sagen, daß du genau wie er auf dem Weg bist, ein Wanderer zwischen den Welten, auf der Suche nach dem Ziel, nicht wissend, wo es ist, nur wissend, daß es existiert.

Ich kann jedem, der dir begegnet, sagen, er soll dich an die Hand nehmen, nicht um dich zu führen, aber um bei dir, um mit dir zu sein. Ihr sollt euch nicht gegenseitig den Weg zeigen, aber Hand in Hand eures Weges gehen.

Die Vielfältigkeit der Schöpfung ist Ausdruck der Liebe Gottes zu seinen Geschöpfen. Alle Wesen auf dem gleichen Weg zu ihm zu wissen, würde bedeuten, die Unendlichkeit, die Schönheit, den Reichtum des Schöpfers nicht wahrnehmen zu können. Es gibt nur einen Weg, eine legale Möglichkeit, nämlich für den anderen *da*zusein. Lerne zu leuchten wie ein Leuchtturm. Lerne Wegweiser zu sein durch vorgelebtes Beispiel, um dadurch deiner Liebe zum Ganzen Ausdruck zu verleihen. Die Liebe des Vaters, die der Mutter läßt dem heranwachsenden Kind Freiheit und ist tolerant genug, es seine Eigenheit erleben zu lassen. So findet es *selbst* den Weg nach Hause.

Für viele Eltern ist das leider gar keine Selbstverständlichkeit, und so sagen sie vorwurfsvoll, ihr Kind wäre undankbar, wenn es seinen eigenen Weg geht.

Frage: Warum sind meine Kinder so undankbar nach allem, was ich für sie getan habe?

Ich glaube, alle Eltern können ein Lied davon singen, wie schwierig es ist, ein Kind dazuzubringen, »bitte« und »danke« zu sagen. Der formelle Ausdruck von Dankbarkeit ist nichts Natürliches, er ist ein anerzogenes Ritual in einer zivilisierten Gesellschaft. Nun ist es ja tatsächlich nett und ein Zeichen von Freundlichkeit, wenn jemand »danke« sagt, weil ich ihm die Tür aufgehalten habe. Aber hast du schon mal einen Apfelbaum erlebt, der seinen Äpfeln hinterherschreit, sie hätten vergessen, sich zu bedanken, daß er sie an sich hat reifen lassen? Ich will damit sagen: Es gibt eine Art von *existentieller Verbundenheit,* die höfliche Formalismen lächerlich erscheinen lassen. Eltern und Kinder verknüpft ein Band, das zwar nicht in einem ausgewogenen Geben und Nehmen besteht (wie eine erotische Partnerschaft), aber deshalb ist es doch nicht weniger befriedigend für beide Teile.

Das Baby, das an der Brust der Mutter saugt, gilt über alle Zeiten hinweg als Ursymbol einer Bindung, die *beiden,* Mutter und Kind, größte Befriedigung gibt, obwohl, scheinbar, nur das Kind profitiert. Im Geben liegt unendliches Glück, wenn man verstanden hat, was da eigentlich geschieht.

Ich will dir nicht zu nahe treten, aber ich könnte mir vorstellen, daß du noch sehr im materialistischen Denken befangen bist. Wenn du einen Haufen Bonbons vor dir liegen hast und gibst jeden Tag drei davon deinen Kindern, dann hast du eines Tages keine Bonbons mehr. Auf der materiellen Ebene sind die Dinge begrenzt und nehmen durch Weggeben ab. Auf der geistigen Ebene ist das jedoch ganz anders. Hier vermehren sich die Dinge durch Geben! Je mehr Liebe du gibst, desto mehr Liebe wirst du zurückerhalten. Je weniger du gibst, desto weniger wirst du bekommen. Stell dir vor, daß du ein tiefer Brunnen bist, der sich nur durch verschwenderisches Entnehmen von Wasser immer wieder neu auffüllt. Hortest du dagegen ängstlich dein Wasser, so wird es immer spärlicher nachfließen.

Du hast deine Kinder großgezogen, du hast auf manches für

sie verzichtet, du hast an ihrem Bett gesessen, wenn sie krank waren, du hast ihnen aus Schwierigkeiten herausgeholfen. Nun verlangst du, daß sie mit einem Blumenstrauß jeden Sonntag vor der Tür stehen (und sei es zähneknirschend), daß sie sich zwingen, dir Worte zu sagen, die ihnen peinlich sind. Siehst du nicht, daß du deine Kinder mit solchen Ansprüchen nur von dir wegtreibst? Sie fühlen sich von dir unter Druck gesetzt, und Druck erzeugt immer Gegendruck. Sie werden sich dir noch mehr verweigern, weil sie Angst haben, daß du bei jedem kleinen Finger, den sie reichen, die ganze Hand packst.

Dankbarkeit ist keine Frage der höflichen Gesten. Ein Kind, das in Liebe aufgewachsen ist, kann gar nicht anders, als mit jeder Faser seines Seins dankbar sein. Du warst es, der ihm die Schönheit dieser Welt gezeigt hat, und das hat einen unauslöschlichen Eindruck in seiner Seele hinterlassen. Es »dankt« dir durch sein ganzes Sein, durch die Art, wie es nun, als Erwachsener, fähig ist, im Leben zu stehen und das Leben zu lieben. Wenn deine Kinder in *ihrem* Leben glücklich sind, dann ist das die höchste Form von Dankbarkeit, die sich durch sie ausdrücken kann. Was können dir denn da um Gottes willen noch ein paar schöne Reden bringen?

Du bist schwanger geworden, hast Kinder geboren und aufgezogen, weil diese Tätigkeit deinem eigenen Sein entsprach. Deine Kinder haben dich zu dem gemacht, was du sein wolltest und nun bist. Menschen sind sich durch ihre gegenseitige *Existenz* genug. Deine Kinder haben jahrelang deine Träume und Hoffnungen, dein alltägliches Leben geprägt, sie *sind da,* mehr können Menschen einander nicht geben.

Überlege dir doch einmal, warum dir die formale Dankbarkeit deiner Kinder so wichtig ist. Was vermißt du? Ich glaube, du suchst etwas, nur suchst du es an der falschen Stelle. Vielleicht kennst du den Witz: Ein Mann sucht auf der Straße seinen Hausschlüssel. Sagt seine Frau: Aber den hast du doch im Treppenhaus verloren. Sagt der Mann: Ja, schon, aber hier kann ich besser suchen, weil es heller ist.

Suchst du vielleicht auch bei deinen Kindern, weil es dort am einfachsten ist? Ich möchte dir einen Vorschlag machen. Begib dich einmal an einem ruhigen Tag in einen tiefen Entspannungszustand. Nach der Methode, die ich im III. Teil dieses Buches geschildert habe, oder nach deiner eigenen. Nun stell dir die Frage: »Was suche ich?« Laß deinen Verstand jetzt ganz aus dem Spiel, sei einfach weich und offen, laß alles los. Irgendwann wird aus deinem Unterbewußtsein etwas hochsteigen, das dich auf die richtige Spur führen wird. Ein Bild, ein Wort, oder ein Impuls, etwas Bestimmtes zu tun.

Vielleicht fühlst du dich in deinem gegenwärtigen Leben nicht genug bestätigt, es mangelt dir an Selbstvertrauen, nur, Selbstvertrauen kannst du dir nie und nimmer über die Höflichkeiten deiner Kinder erwerben. Was immer sie sagen, es ist zu wenig, denn deine tiefsitzende Angst läßt sich nicht durch andere beschwichtigen. Laß doch das Verhalten deiner Kinder einmal ganz aus dem Spiel. Geh in dich selbst hinein, eröffne den Dialog mit dir. Wofür bist *du selbst* denn nicht dankbar? Versuche, tiefe Dankbarkeit zu empfinden für alles, was dich umgibt: Für die Sonne, für deine Arbeit, für deinen Reichtum, für deine Kinder... Sei dankbar für das Leben, dafür, daß es dich gibt. Dankbarkeit bedeutet doch im Grunde nichts anderes, als sich *verbunden* fühlen, sich der Verbundenheit mit der Schöpfung bewußt zu sein.

Beginne noch heute damit, dich selber glücklich zu machen. Sieh dich in einen unendlichen Strom des Werdens und des Wachsens eingebettet. Eines ergibt sich aus dem anderen, das Kind aus Mutter und Vater, und Mutter und Vater sind wiederum die Früchte ihrer Eltern gewesen. Es gibt kein Wesen auf dieser Erde, das seine Existenz nicht der Existenz, der Mühe und Liebe anderer »verdankt«. Und wir alle zusammen »verdanken« sie der göttlichen Schöpferkraft. Dafür mußt du nicht jeden Abend artig »danke« sagen und die Augen gen Himmel drehen. Lebe, entfalte dich, sei glücklich – das ist wahre Dankbarkeit.

Immer wieder kommen Menschen mit ihrem Leben nicht zurecht, weil sie Geldsorgen haben. Oder haben sie nicht vielmehr Geldsorgen, weil sie mit ihrem Leben nicht zurechtkommen? Die folgende Frage wird sehr häufig an mich gestellt.

Frage: Wie kann ich meine Geldsorgen loswerden?

An der Menge von Geld, die dir fehlt, läßt sich recht gut dein Selbstwertgefühl ablesen. Jetzt werden auf jeden Fall all diejenigen, die kein Geld oder sogar Schulden haben, massiv protestieren. Laß einfach mal die folgenden Gedanken in dich hinein, ohne sie gleich zu beurteilen.

Wenn du in eine Verhandlung hineingehst mit einem Gefühl der inneren Ruhe, der Stärke und Zuversicht, wenn du das klare Gefühl von »Ich habe etwas zu bieten« hast, so wirst du ganz sicher einen besseren Verhandlungsstandpunkt haben, als wenn du ängstlich bist. Bis hierhin stimmst du mir sicher zu. Du kennst das Spiel Poker, bei dem geblufft wird. Beim Poker wird dem Gegenüber das Gefühl vermittelt: Ich habe die besseren Karten. Dieses Spiel basiert ausschließlich darauf, daß du felsenfest eine Position der Stärke demonstrierst. Ob sie nun berechtigt ist oder nicht, spielt dabei keine Rolle. Dein Gesicht, deine Regungen drücken klar den »Gewinner« aus. Du läßt dem Gegner einfach keine Möglichkeit zu gewinnen. Es kann überhaupt keinen Zweifel daran geben, daß du als Gewinner gekommen bist und auch gehst. Ich kam, sah und siegte! Wer nun die größere Selbstbeherrschung hat, der bessere Schauspieler ist, hat bei diesem Spiel die größere Chance.

So ähnlich ist es auch in vielen anderen, hauptsächlich materiellen Bereichen. Selbstvertrauen, die Demonstration von Sicherheit erhöhen deine Möglichkeit, steuernd in Vorgänge einzugreifen. Deine Fähigkeiten zu steuern sind um so größer, je mehr diese nach außen gezeigte *Stärke* echt ist, je mehr diese nach außen gezeigte Selbstsicherheit eine Offenbarung deines Inneren ist, je mehr deine Haltung deinem tatsächlichen Naturell entspricht. Fühlst du dich schwach, darfst und kannst du ein Schiff nicht steuern. Fühlst du dich stark, so wirst du, um so mehr du es auch *bist,* zum Steuermann gerufen.

Stell dir vor, daß wir in einem Kosmos leben, in dem alles sich Entsprechende zueinander einen Bezug hat. Gleich und gleich gesellt sich gern. Eine Regenwolke zieht weitere nach sich. Ein freundliches Wort zieht weitere freundliche Worte an. Ein böses

Wort zieht weitere böse Worte an. Viele haben immer irgendwelche Krankheiten. Viele sind meistens gesund. Mitglieder von Clubs ziehen durch ähnliche Schwingungen andere mit den gleichen Hobbys an. Menschen mit der gleichen Religion treffen sich regelmäßig, weil ihre Religion sie miteinander verbindet, sie eine Beziehung miteinander haben läßt. Mineralien konzentrieren sich an bestimmten Stellen in der Erde. Wasser findet den Weg zu Wasser.

Alle Gesetze des physikalischen Universums entspringen höheren, übergeordneten, geistigen Gesetzen. Alles strebt nach Verstärkung. Alles strebt zum Sieg, kann aber auf Dauer nicht Sieger sein, da alles dem übergeordneten Gesetz des Wandels unterworfen ist. Alles sucht das ihm Entsprechende, um Verstärkung zu erfahren. »Das Entsprechende« kann auch der direkte Gegensatz sein. So fühlt sich ein Mann noch mehr als Mann, wenn er sich einer Frau zuwendet, eine Frau noch mehr als Frau, wenn sie sich einem Mann zuwendet. In der Verschmelzung streben dann beide wieder nach dem Gleichen, der Ein-heit.

Starke und Mächtige treffen sich, um ihre Kräfte zu vergrößern. Geld findet zu Geld, Reiche werden reicher, Arme immer ärmer. Wer da hat, dem wird gegeben, wer da wenig hat, dem wird genommen, was er noch hat. Alles, was ist, ist nur Ausdruck einer Ursubstanz. Alles, was ist, ist vom anderen, das ist, nur durch eine Kleinigkeit getrennt. Alles was ist, stellt eine individuelle, nur sich selbst ausdrückende Schwingung dar. Der ganze Kosmos ist Rhythmus, alles schwingt, und jedes nach seiner Art.

Jede Schwingung löst bei ihr entsprechende Resonanz aus. Unser gesamtes wissenschaftliches Erkennen läßt uns dieses Grundmuster immer und überall antreffen.

So haben also Menschen ein sehr individuelles Schwingungsmuster, das sich aus vielen, vielen einzelnen Grundmustern zu einem persönlichen Gepräge entwickelt hat. Hat diese Entwicklung eines individuellen Verhaltensmusters bei anderen in ähnlicher Weise stattgefunden, dann empfinden wir Sympathie füreinander. Ähnliche, Gleichartige, fühlen sich zueinander hingezogen. Und bestimmte Schwingungsmuster haben wieder gesetzmäßig bestimmte, ihnen entsprechende Ausdrucksformen im Außen.

Wir wissen ja schon längst: Außen ist immer vollständiger Aus-Druck von innen. Wie innen, so außen. Die höchste Realität ist immer innen, ist immer Geist. Erkennen wir einen Menschen in seinem Inneren, so können wir auf vieles in seinem Äußeren schließen. Kennen wir einen Menschen in seinem Äußeren, so können wir auf sein Inneres schließen. Sage mir, wer du bist, und ich sage dir, welche Gedanken du hast. Sage mir, wer deine Freund sind, und ich sage dir, was du denkst. Sage mir, was du nicht hast, und ich sage dir, was du nicht denkst.

Die Frequenz, das Schwingungsmuster eines Menschen, wird von seinem Bewußtsein gesteuert. Bewußtsein drückt sich unter anderem durch Gedanken aus. Bestimmte, individuelle Bewußtseinsinhalte werden aus ebenso bestimmten Gedankenschwingungen erkennbar, die wiederum ihre materielle Entsprechung aufbauen. Gedanken von Reichtum, Geld sind Ausdruck von entsprechenden Bewußtseinsinhalten. Konnten sich Gedanken an Geld materialisieren, dann weist dies auf entsprechende Inhalte im Bewußtsein. Hat sich nichts materialisiert, dann waren da wohl Bewußtseinsinhalte, die das veranlaßt haben. Auch wenn es etwas schwierig zu verstehen ist: Bewußtseinsinhalte können nicht *nicht* ausgedrückt werden. Was also an Gedanken vorhanden ist, muß zwangsläufig als Form oder Erleben Ausdruck finden. Das Bewußtsein von Reichtum muß Reichtum zur Folge haben. Das Bewußtsein von Armut muß Armut zur Folge haben. Du kannst niemals mit einem Armutskomplex und nur aufgesetzten Gedanken an Geld Reichtum erschaffen. Der Schöpfer erschafft sich immer nur selbst. Jede Materialisation in deinem Leben ist immer nur Selbstausdruck.

Gedanken an Geld müssen, wenn sie positiv sind, auch ausgedrückt werden. Ganz besonders, wenn sie nicht künstlich »aufgepappt« sind, also natürlicher Ausdruck von Bewußtseinsinhalten sind.

Gedanken zeigen an, was an Werten, Inhalten im Bewußtsein ist. Erst als zweite Stufe werden dann Gedanken materialisiert.

Wer also zu sich sagt, um reich zu werden, werde ich von nun an an Reichtum denken, hat völlig recht. Aber: Diese Logik funktioniert nur, wenn dahinter das entsprechende Bewußtsein steht. Wer demnach nur mechanisch »Geld, Geld, Geld« denkt, wird keinen oder nur sehr bedingten Erfolg haben.

Immer wieder kommen Leute zu mir, die sich ohne nennenswerten Erfolg schon lange suggerieren, daß sie reich werden wollen. Hier tritt ein recht interessantes Gesetz zutage, das von der Psychologie her bekannt ist. Es heißt: Was du in der Jugend am meisten ersehntest, das hast du im Alter in Fülle. Diese Weisheit sagt aus, daß das normale Wunschdenken sich verhält wie der Tropfen auf dem heißen Stein. Doch durch ständige Wiederholung kann dann der Tropfen auf dem heißen Stein zu dem Tropfen werden, der den Stein *höhlt*.

Die Voraussetzung für die erfolgreiche Arbeit mit dem Unterbewußtsein ist so einfach, daß tatsächlich hier das Problem liegt. Die Einfachheit aller genialen Ideen in der Schöpfung muß wohl von jedem neu entdeckt und erlernt werden.

Nimm also zu dem Ersehnten eine Beziehung auf, fühle jetzt schon, was du fühlst, wenn es erreicht ist. Freue dich, beglückwünsche dich, plane das zu Erreichende bereits in deinen Tagesablauf ein. Du mußt tun, als ob.

Jetzt kommt der Punkt, an dem die meisten Leser nicht mehr mitmachen können oder wollen. Wenn du erfolgreich sein möchtest, mußt du dich *jetzt* reich fühlen. Jetzt, jetzt, jetzt! Ich fühle mich zum Beispiel reich, daß ich dir diese Zeilen schreiben darf. Und dieser Reichtum läßt sich an der Börse des Lebens in jede Währung der Welt umtauschen. Deine Geldsorgen sagen über dich aus, daß du die Existenz von Reichtum zwar grundsätzlich für möglich hältst, aber wohl eher bei anderen. Entwickle den Glauben daran, daß auch dir persönlich materieller Reichtum zusteht, dann kann das Geld gar nicht anders, als zu dir kommen.

Du weißt, daß es Glück gibt, aber du meinst, es sei hauptsächlich für andere da. Wenn du zum Beispiel mit einem Flugzeug irgendwohin reist, sollte es für dich selbstverständlich sein, daß du erster Klasse fliegst. Tatsache jedoch ist, daß du zweiter Klasse fliegst. Warum? Du sagst, du hättest das Geld für »da vorne« nicht. Ich sage: Weil du nicht da vorne sitzt, hast du auch nicht das Geld dazu. Es ist gut, wenn du einige Jahre deines Lebens etwas über deine Verhältnisse lebst. Wenn du mehr Geld ausgibst, als du hast, wirst du gefordert, irgendwie die nötigen Summen zu beschaffen. Du gerätst in Geldnot, und die macht bekanntlich erfinderisch. Es ist tatsächlich so, daß viele einen gewissen Druck brauchen, um aktiv zu werden. Vielleicht gehörst du zu denen, die nur anfangen etwas zu tun, wenn es gar nicht mehr anders geht. Laß dich also ruhig dazu animieren, fleißig zu werden, wie auch immer.

Manche Leute versuchen an Geld zu kommen, indem sie schneller arbeiten. Statt also, sagen wir, 20 Zentner Sand auf einen Lastwagen zu laden, schaffen sie 23 oder 24. Der Effekt: Mehr Leistung, also mehr Verdienst.

Andere kommen unter dem Druck der Ereignisse auf die Idee, ihre Arbeit zu rationalisieren. Sie durchdenken ihren Tagesablauf und finden Abkürzungen. Dadurch entsteht Zeit für mehr Leistung, also auch wieder mehr Geld.

Man kann die gewonnene Zeit aber auch einsetzen, um *nichts* zu tun, zu meditieren, und dadurch den Verstand auf neue Ideen kommen lassen, die eigene Kreativität entwickeln. Sie ist auf jeden Fall vorhanden, aber sie muß von jedem selbst entdeckt und gefördert werden. In jedem Menschen liegen gleichermaßen schöpferische Kräfte, für die es nur die geeigneten Voraussetzungen zu schaffen gilt.

Und damit wärst du jetzt bei der Kraft, die den höchsten Wirkungsgrad hat. Das heißt, mit Muskelkraft kannst du nur in einem sehr niedrigen Schwingungsbereich aktiv werden. Entsprechend ist die Leistung bzw. die Leistungssteigerung. Die Idee, deine Arbeitszeit besser zu nutzen, also *nutzbringender* zu wirken, ermöglicht schon eine wesentlich höhere Verdienststeigerung. Statt Muskelkraft hast du Geisteskraft eingesetzt, und dabei kommt immer mehr heraus als durch Schaufelschwingen. Ironisch ausgedrückt: Du kannst mit deinem linken Zeigefinger an den rechten Armmuskel tippen, gleichzeitig den rechten Zeigefinger an die Stirn legen und sagen: Hier (Muskel) 10000 Volt, aber da oben (Stirn) kein Licht!

Doch Spaß beiseite. Die meisten Menschen versuchen tatsächlich, mit Muskelkraft und Fleiß auf der materiellen Ebene die Welt, *ihre* Welt zu bewegen. Aber seit der Mensch die tierische Evolutionsebene verlassen hat, liegt sein Wirkungsbereich – und damit auch seine Aufgabe – keineswegs mehr auf dem rein manuellen Gebiet, und er beginnt sich dessen auch mehr und mehr bewußt zu werden. Das, was mit der Menschwerdung erwachte, nämlich das Bewußtsein, ist von nun an Aufgabe und Ziel.

Wenn du Geldsorgen hast, so laß einmnal das Wort »Geld« weg. Du hast also Sorgen. Sorgen sind ein Ausdruck von Angst. Angst ist ein Ausdruck von Unbewußtheit, also mangelndem Bewußtsein. Hier und nur hier liegt deine Aufgabe! Werde dir dessen bewußt! Erkenne, was Mangel ist, woher er kommt. Erkenne den Ursprung von allem. »Am Anfang war der Geist und der Geist ward Wirklichkeit.«

Auf dich bezogen: Am Anfang deiner Geldsorgen waren bei dir entsprechende geistige Inhalte, fülltest du dein Bewußtsein mit Gedanken an Mangel, glaubtest du an Mangel. Dein Unterbewußtsein konnte als treuer Diener gar nicht anders, als ausdrücken, wovon es beeindruckt wurde. Jetzt hast du Geldsorgen und fragst mit Unschuldsmiene: »Was soll ich tun?« Du hast dir zum 23. Mal den Kopf angestoßen, und jetzt gibst du dem Gegenstand die Schuld daran. Statt dessen solltest du dir lieber überlegen: »Wer hat hier eigentlich wen angestoßen?« 23 Mal wurde angeklopft, doch die Botschaft kam nicht an.

Weil ich dich gern habe, hoffe ich, daß dir bald auch noch ein Blumentopf auf den Kopf fällt, das wirkt meistens… Wenn es soweit ist und du immer noch von Zufall sprichst, komme ich persönlich vorbei. Ich nehme dich dann in meine Arme – was soll ich anderes tun, denn du bist wie ich, du brauchst auch 24 Nüsse, bis du erleuchtet bist.

So, jetzt ist es aber genug. Beim 25. Mal ist ein Lottogewinn fällig (zu-fällig)!

Ich hoffe, du erkennst jetzt, daß Geldsorgen Unsinn sind. Lies diese Seiten bitte noch einmal. Vielleicht habe ich mich nicht einfach genug ausgedrückt. Und außerdem, doppelt genäht hält besser! Deshalb hast du noch eine zweite Frage frei.

Frage: Welche Einstellung hast du zum Geld?

»Nichts erhält eine Freundschaft besser als das regelmäßige Austauschen von Banknoten.«

Geld ist die wichtigste Nebensache der Welt. Wie ist das bei dir: Sehr wichtig oder mehr Nebensache? Es gibt bekanntlich Menschen, für die der Sinn des Lebens das Geldverdienen ist. Dabei sollte Geld Mittel zum Zweck sein. Geld ist genaugenommen ein Symbol für Arbeitskraft. Geld erleichtert unter uns Menschen den Austausch von Leistungen. Deine Frage zielt vermutlich darauf ab, welchen Stellenwert ich dem Geld zumesse. Die Antwort ist, glaube ich, abhängig von der Summe, die du bereits hast oder hattest. Wenn du viel Geld hattest, weißt du besser darüber Bescheid, was man damit machen kann und was nicht. Du hast eine Zeit deines Lebens damit zugebracht, Geld zu beschaffen und kannst bei genügendem Abstand dann dieses Geld einsetzen, um dir wieder Zeit zu kaufen. Zeit, die du jetzt, klug wie du bist, nicht wieder einsetzt, um Geld zu verdienen, sondern dazu benutzt, das zu tun, was du schon immer tun wolltest, wenn du das Geld dazu hast.

Normalerweise verhält sich der Mensch aber nicht so. Er will möglichst das, was auch immer er jetzt hat, noch einmal verdoppeln. Wenn du 1000 Mark hast, denkst du, daß es doch schön wäre, 2000 zu haben. Diese Eigenart ist aus Angst geboren und macht deshalb vor keiner noch so großen Summe halt. Auch der Millionär möchte, bitte schön, die Summe noch einmal verdoppeln. Und der Milliardär hat diese Macke natürlich auch. Wann also fängst du persönlich an, aus dem Verdopplungsspiel auszusteigen? Um zu verdeutlichen, was ich meine, möchte ich dir eine kleine Geschichte erzählen. Ein armer Fischer sitzt an einem See und angelt. Ein Mann kommt hinzu, und nachdem er ihn einige Zeit beobachtet hat, sagt er: »Warum machst du das so? Nimm doch einen Kredit auf, kauf dir ein Boot, heuere ein paar Leute an und zieh einen Fischfang im großen Stil auf. Die Fische verkaufst du dann auf dem Markt und verdienst viel Geld damit. Mit dem Geld kannst du dich dann zur Ruhe setzen und dein Leben genießen.« Da sagt der Angler: »Ja und? Genau das tue ich ja gerade.«

Geld zu haben, ist sicherlich lustig, macht aber nicht unbedingt innerlich froh. In meinen vorherigen Büchern habe ich versucht, dir zu helfen, dein Sicherheitsdenken zu befriedigen, um dir dann recht viel Zeit dazu zu lassen, dem tatsächlichen Sinn des Lebens nachzuspüren. Ich wünsche dir von ganzem Herzen, daß du die Menge Geld dein eigen nennst, die dich beruhigt. Komm eventuell in meine Praxis, um dein Unterbewußtsein auf diesen Erfolgskurs zu programmieren. Ich sage dies, weil ich von mir und von vielen anderen genau weiß, daß wir alle zunächst den Rücken freihaben wollen, um uns dann, losgelöst von täglicher Mühe und Plage, »hauptberuflich« auf die Suche nach dem Sinn unseres Lebens zu machen. Geld zu verdienen ist sehr viel einfacher als du denkst. Nimm diesen Satz ruhig wörtlich: Es ist sehr viel *einfacher* als du denkst.

Ich habe schon oft beschrieben, daß wir zum Problem-Denken neigen. Lerne *Lösungs-Denken*. Die Natur, die Evolution denkt ausschließlich in Lösungen. Meine Meinung vom Geld ist die, daß ich es aufrichtig schätze. Ich bin ein aufrichtiger Förderer des Symbolischen, das im Geld liegt. Ich versuche, nach der von meinem Lehrer Dr. Murphy aufgestellten These zu leben, die lautet: Du hast die größte Möglichkeit, geliftet zu werden, wenn du ein Lifter bist. Anders ausgedrückt: Je mehr du förderst, desto mehr wirst du gefördert. Wenn du weiterkommen willst, so hilf anderen weiterzukommen.

Glaube bitte ganz tief an das Gesetz, das aussagt: Das, was du gibst, kehrt vermehrt zu dir zurück. Vertraue total darauf, daß du das geben mußt, wovon du erhalten willst.

Ich habe, als ich noch mehr an Geld interessiert war als jetzt, ganz klar begonnen, es auszugeben. Ich zahlte immer sehr gute Gehälter, richtete meine Praxis nur mit dem Besten ein. Was kann es Schöneres geben, als jemandem für seine gute Arbeit zu danken, mit Worten und mit Taten (Geld). Ein angenehmer Arbeitsplatz sollte selbstverständlich sein. Manchmal hatte ich zuviel Geld, dann konnte ich es ausgeben, indem jemand behandelt wurde, der die Therapie selbst nicht hätte zahlen können. Ich habe Menschen in Not Geld geliehen, sie haben mir in Not Geld geliehen. Mit Geld sinnvoll und großzügig umzugehen, ist tätige Liebe.

Die Folge davon ist, daß das, was von dir solchermaßen gehandhabt wird, auch zu dir ein gutes Verhältnis haben wird. Zu dem du gut bist, der ist alsbald auch gut zu dir. Mein Verhältnis zum Geld ist also gut. Ich empfehle dir das Gleiche, wenn du welches haben möchtest!

Das bedeutet nicht, daß du ab jetzt an nichts anderes mehr als an Geld denken sollst. Denn das schafft wieder ein neues Problem.

Frage: Warum hänge ich so am Besitz und will immer mehr haben?

Nehmen wir die Sache doch mal von der positiven Seite. Wenn du an Besitz hängst, also an Geld, Häusern, Grundstücken, Autos, Schiffen, Kleidung, Schmuck, so zeigt das erstmal, daß du ein erdverbundener, sinnenfreudiger Mensch bist. Du kannst würdigen, was die Welt dir zu bieten hat, und du umgibst dich gerne mit Fülle und Schönheit. Schau dir einmal kleine Kinder an. Sie sind von Natur aus »besitzgierig«, alles, was ihnen gefällt, wollen sie auch haben und das möglichst sofort. Ein entsagendes, asketisches Kind ist neurotisch, ihm wurde der direkte, spontane Zugriff auf die Welt abtrainiert, und nun sagt es ständig artig »nein, danke«, aber nur, weil es Angst hat, »ja, bitte« zu sagen.

Der Weg zu der Erkenntnis, daß Besitz nicht alles ist, führt, zumindest in unserer Kultur, nicht am Besitz vorbei, sondern durch ihn hindurch. Wenn du noch hungrig nach Besitz bist, beschaffe ihn dir. Allerdings solltest du nicht dein ganzes Leben damit zubringen und als Neunzigjähriger erkennen, daß es da doch noch etwas anderes geben muß (obwohl: lieber mit 90 als nie). Ich schlage dir also vor, daß du dir schon in den Pausen, die dir bei deiner wichtigen Beschäftigung des Besitzanhäufens bleiben, ein paar Gedanken machst.

Du sagst, daß dir das, was du hast, nicht genügt, daß du immer mehr haben willst. Dies ist nun allerdings das Gegenteil von Genießen. Ein Genießer läßt sich ja gerade in das, was er in diesem Augenblick gerade hat, hineinfallen, er macht es sich auf der Terrasse seines neuen Hauses gemütlich und grübelt nicht darüber nach, wie er möglichst schnell zu einem noch größeren Haus kommen kann.

Wenn du immer mehr *haben* willst, dann fehlt es dir am *Sein*. Du bist in unruhiger Suche nach etwas, von dem du glaubst, daß es jetzt noch nicht zu haben ist, aber morgen bestimmt. Denn daß du seiner nur *habhaft* wirst, wenn du es hast und festhältst, davon bist du überzeugt. Lehne dich doch mal im Sessel zurück, und entspanne dich und laß dir ein paar Gedanken ein-fallen. Warum hängst du so am Besitz? Was suchst du eigentlich? Kannst du das, was du suchst, auch auf andere Weise bekommen?

Reichtum muß sich nicht unbedingt in materiellen Besitztümern ausdrücken. Wenn du innerlich reich bist, so kannst du diesen Reichtum an der Börse des Lebens in jede andere Währung umtauschen. Du kannst Liebe, Erfolg, Gesundheit, Glück dafür erhalten, und das sind Güter, die sich ganz von alleine ständig vermehren. Dein Wunsch, »immer mehr« haben zu wollen, ist an sich nicht verwerflich. Du gehst mit ihm nur auf die falschen Dinge los. Versuche doch, dieses »immer mehr« auf Geistiges anzuwenden. Auf *immer mehr* Liebe, Freundschaft, Gesundheit, Erfolg. Hier brauchst du nicht zu kämpfen, hier mußt du keine Angst haben vor Verlust. Wenn du einmal das Schleusentor für die göttlichen Energien geöffnet hast, fließt dir im Überfluß alles zu, was du haben willst. Ganz nebenbei, auch materieller Besitz. Aber er ist dann nicht mehr das Ziel deiner Wünsche, sondern selbstverständlicher Begleitumstand.

Und da du nun schon dabei bist, im Sessel zu sitzen und dir

Gedanken zu machen, kannst du dich auch gleich mal fragen: Wovor habe ich Angst? Vor »Armut«? Aber was ist Armut für mich, was ist es, in das ich kein Vertrauen habe? Vielleicht mußtest du als Kind ständig um die Liebe und Anerkennung deiner Eltern kämpfen, und nun willst du es ihnen und allen anderen deiner Umgebung »zeigen«, daß du doch im Besitz von wertvollen Gütern bist. Vielleicht hast du dich als Kind ständig ohnmächtig gefühlt und möchtest nun durch materiellen Besitz deine Macht demonstrieren.

Versuche, deinen ganzen Besitz innerlich loszulassen. Du bist auch ohne diesen Besitz eine einzigartige machtvolle Seele. *Werde dir bewußt, daß dir niemand etwas wegnehmen kann, was auf der geistigen Ebene zu dir gehört.* Dann wirst du auch, vielleicht ganz allmählich, das Vertrauen darin entwickeln, daß dir ganz von selbst alles zufliegen wird, was du brauchst. Du wirst mit allem versorgt, was du brauchst, ganz einfach deshalb, weil du Teil dieser Schöpfung bist. Und je offener und vertrauensvoller du dich dem Leben hingibst, desto mehr wirst du erhalten. Deine Angst vor dem Nicht-Haben löst genau den Prozeß aus, den ich schon so oft in diesem Buch beschrieben habe: Du glaubst, daß du nichts bekommen wirst, und deshalb geschieht dir nach deinem Glauben. Das Streben nach »immer mehr«, ausschließlich im materiellen Bereich, drückt deine Angst aus, am Ende mit leeren Händen dazustehen. Also kämpfst, stößt und drängst du ständig, damit »mehr« kommt. *Streck doch die Waffen, gib auf. Hisse die weiße Fahne. Und vertraue.* Übe dich täglich in Vertrauen, das ist die süße Medizin, die ich dir verordne.

Frage: Wie wichtig ist gesunde Nahrung? Ich möchte kein Vegetarier werden, nur weil das »gesund« ist.

Ich halte es für völlig falsch, sich selbst dazu zu zwingen, Vegetarier zu werden. Oder schwere Schuldgefühle bei jedem Stück Kuchen zu bekommen. Oder in einem Glas Wein schon konzentriertes Gift zu argwöhnen.

Essen ist ein sehr komplexer Vorgang. Hierbei wird nicht einfach der Körper mit nützlichen Stoffen versorgt, so wie man ein Auto mit Benzin volltankt. Seit wir an der Brust unserer Mutter lagen, ist die Nahrungsaufnahme für uns mit Liebe, Zuwendung und Wohlbehagen verknüpft. Nahrungsentzug ist in dieser frühen Stufe für uns gleichbedeutend mit Liebesentzug, und noch heute bestehen für uns da Zusammenhänge. Alle guten Köchinnen und Köche empfinden die Tätigkeit des »Bekochens« als eine höchst befriedigende Möglichkeit, Zärtlichkeit und Fürsorge für ihre Lieben auszudrücken. Ein Mann, dem jeden Tag dieselben angebrannten Kartoffeln vorgesetzt werden, leidet nicht nur unter der eintönigen Nahrung. Er spürt auch die Lieblosigkeit, die hinter dem Unvermögen, gut zu kochen, steht.

Das beste Vollwertessen ist für den Körper schädlich, wenn es in einer Atmosphäre der Spannung und des Streits zu sich genommen wird. Da kann eine Köchin alle Regeln der »gesunden« Essenszubereitung bis ins kleinste verfolgen – doch wenn sie bei Tisch nicht für Entspannung sorgen kann, war ihre Anstrengung nicht viel wert. Lieber in bester Laune einen Hamburger mit Ketchup verspeisen als in eisigem Schweigen ein Vollkorn-Müsli!

Unsere Darmbewegung reagiert äußerst empfindlich auf Gefühle. Spannungen bringen den ganzen Verdauungsvorgang in Unordnung, und das wiederum kann die Ursache zahlreicher Unpäßlichkeiten und Krankheiten sein. Denk daran, Nahrung für andere mit Liebe zuzubereiten – das ist die wichtigste Zutat des Rezepts! Und gewöhne dich daran, langsam, in entspannter Ruhe zu essen. Dann bekommt dir auch weniger »gesunde« Nahrung.

Ich will damit allerdings nicht sagen, daß du dir gar keine Gedanken über die Art deiner Nahrung machen sollst. In dem Maße, in dem du bewußter wirst, wird deine Aufmerksamkeit auch auf deine Ernährung gelenkt. Wenn du darauf achtest, was du denkst, was du fühlst, wie du atmest oder dich entspannst – warum solltest du dann nicht darauf achten, was du ißt?

Ich will hier nicht auf Vollwertkost, Makrobiotik und ähnliche spezielle Ernährungsweisen eingehen, es gibt genug Bücher darüber. Nur ein Wort zum Vegetarismus, der offenbar für dich ein gewisses Problem darstellt.

Ich sagte es schon: Niemand soll sich dazu zwingen, Vegetarier zu werden. Solange du Lust auf Fleisch hast, iß es. Aber es gibt ein paar Zwischenstufen von »Jeden Tag ein Steak« zu totaler Abstinenz von Fleisch.

Viele Menschen schränken das Essen von Fleisch ein, weil sie ein paar Dinge nachdenklich gemacht haben. So kann ein Besuch im Schlachthof auch einen »eingefleischten« Fleischesser zumindest vorübergehend zum Vegetarier machen. Vielleicht hast du auch schon einmal gehört, daß unser übermäßiges Fleischessen die Nahrungsgrundlagen der Dritten Welt immer weiter schrumpfen läßt: Um *ein* Kilogramm Fleisch-Eiweiß zu erhalten, muß man nahezu *20* Kilogramm Soja-Eiweiß an das Vieh verfüttern. Von 20 Kilo Soja-Eiweiß können aber zwanzigmal soviel Menschen leben wie von 1 Kilo Fleisch!

Es wäre eine Möglichkeit für dich, nicht mehr *jeden Tag besinnungslos* Fleisch zu essen, einfach weil »man« das so macht oder weil's bequemer ist. Wenn du Fleisch ißt, dann iß es bewußt: Fleisch essen heißt, Angst (die Todesangst des Tieres) essen. Manchmal fangen wir an, über unser Essen nachzudenken, wenn wir krank sind. Wir müssen dann vielleicht eine bestimmte Diät halten. Empfindest du diese Diät als Strafe und ärgerst du dich über sie, dann wird sie dir nicht viel nützen. Andererseits heilt dich auch die ausgeklügeltste Diät, die du andächtig jeden Tag verzehrst, nicht, wenn du nicht deine Seele heilst. Eine Krankheit beginnt im Geist und muß im Geist geheilt werden. Diät kann da bestenfalls unterstützen.

Dennoch kann eine Krankheit ein Hinweis sein, bewußter mit deiner Nahrung umzugehen. Nütze diese Hinweise, gehe auf Entdeckungsreise. Deine Intuition läßt dich bestimmte Nahrungsmittel meiden und andere suchen. Höre auf die leise Stimme in deinem Inneren und vertraue der Weisheit deines Körpers. Dein Körper weiß, was ihm guttut, und er wird es dir über den Kanal der Intuition mitteilen.

Ich halte es zum Beispiel für möglich, daß deine Intuition dir zu einer Fastenkur rät. Fasten schärft das Bewußtsein für den

Wert von Nahrung. Wer einmal gefastet hat, sieht das Essen plötzlich mit ganz anderen Augen. H. Lützner schreibt in seinem Buch »Wie neugeboren durch Fasten«, wie man so eine Fastenwoche am besten gestaltet. Wenn du einmal begonnen hast, dein Bewußtsein auf das Thema Essen zu lenken, wird die Entdeckungsreise nie enden. Fürs Kranksein hast du dann hoffentlich keine Zeit mehr.

Frage: Sind wirklich alle Krankheiten psychosomatisch? Was kann ich denn für einen Unfall, eine Infektion oder gar für radioaktive Bestrahlung?

Ich möchte zunächst zu dir von *Gesundheit* sprechen und nicht von Krankheit, denn du scheinst deinen Körper für ein höchst gefährdetes Ding zu halten, dem jeden Augenblick Schlimmes widerfahren kann. Dein Körper ist eine Manifestation göttlicher Energie auf der materiellen Ebene. Dein Körper ist gesund, wenn in ihm die göttliche Energie frei fließen kann. Es ist also sein Normalzustand, gesund zu sein, denn Vollkommenheit ist sein eigentliches Wesen. Wenn aber Gesundheit nichts anderes als das freie Fließen göttlicher Energie ist, so ist Krankheit nichts anders als das Ergebnis blockierter Energie. Diese Blockierung überfällt deinen Körper nicht plötzlich. Bevor schwere körperliche Krankheiten auftreten, gab es diese Blockierungen schon in leichterer Form und davor in deinem feinstofflichen Körper.

Ich kann dir nur empfehlen, Blockierungen, die den Fluß freier Energien behindern, möglichst frühzeitig aufzulösen. Je tiefer sie in den Körper eingedrungen sind, desto schwieriger wird es, sie wieder abzubauen. Mache dir bewußt, daß dein Körper dein Freund ist, liebe deinen Körper, und er wird dich mit Gesundheit beschenken. Stelle dir möglichst oft Ströme von hellem Licht vor, die durch alle deine Organe fließen. Es gibt eine Fülle von Möglichkeiten, körperliche Spannungen abzubauen (Yoga, Atemtherapie, T'ai chi, Joggen, um nur einige zu nennen). Wähle dir etwas aus, das deinem persönlichen Naturell entspricht.

Am wichtigsten aber ist es, daß du dich in der *Kunst der Widerstandslosigkeit* übst. Leiste dem Leben doch nicht ständig Widerstand, stemme dich nicht dauernd gegen das, was kommt! Sei offen, laß es fließen, laß es kommen, laß es gehen, laß es sein. Ich glaube, daß Menschen, die das Gesetz der Widerstandslosigkeit beherrschen, gar nicht anders können, als seelisch und körperlich gesund zu sein. Gesundheit ist mehr als Abwesenheit von Krankheit. Gesundheit ist spontane Lebensfreude, ist Bewußtsein, ist Entspannung, ist Gleichgewicht. *Gesundheit ist Vertrauen in das Prinzip Leben.*

Gesundheit ist nichts, was du dir schwer erarbeiten mußt, Gesundheit ist aber auch nichts, was den einen willkürlich gegeben und den anderen ebenso willkürlich genommen wird. Übernimm *Verantwortung* für deinen Gesundheitszustand, entscheide dich für Gesundheit.

Es sind nicht die – scheinbar von außen kommenden – Lebensumstände, die deine Gesundheit beeinflussen, es ist die Einstellung, die du dazu hast. Du sagst, daß du für Unfälle und Infektionen nichts kannst. Hast du dir schon mal überlegt, warum du gerade diese von tausend Möglichkeiten »auswählst«, um einen Unfall zu haben? Warum du gerade jetzt eine Grippe bekommst, obwohl schon seit Wochen »Grippewetter« ist?

Ich habe den Eindruck, daß du dich mit dem Gesetz der Resonanz noch nicht genügend vertraut gemacht hast. Es besagt, einfach ausgedrückt, daß jede Schwingung, ob im materiellen oder geistigen Bereich, durch eine andere, gleichartige Schwingung verstärkt wird. Alles ist Schwingung, alles ist Reaktion, alles löst das ihm Entsprechende aus, alles gedeiht nach seiner Art. Jede Erscheinung in unserer Welt strebt danach zu wachsen, sich zu vergrößern, an Wirkung zu gewinnen. Das geschieht unabhängig davon, was unser Intellekt davon hält, Haß zieht ebenso noch mehr Haß nach sich, wie Liebe noch mehr Liebe.

Dieses Gesetz hat zur Folge, daß du automatisch das anziehst, was du denkst und glaubst, selbst wenn du es bewußt nicht willst. Wenn du keinen Resonanzkörper für bestimmte Schwingungen bildest, kannst du gar nicht von ihnen berührt werden. Wenn du also kein Resonanzkörper für einen Unfall oder eine

Infektion bist, kann dir ein Unfall nicht zustoßen, eine Infektion nicht »passieren«.

Nun laufen wir aber nicht als getrennte Einzelwesen auf der Welt herum, von denen jedes nur mit seinem privaten Schicksal beschäftigt ist. Es gibt einen intuitiven Kanal, der uns alle miteinander verbindet. Dr. Rupert Sheldrake hat ihn das morphogenetische Feld genannt. Wenn dir das zu gelehrt klingt, nenn es kollektives Unbewußtes, also eine Art Pool, in den das Unterbewußtsein eines jeden einzelnen einfließt. Ist dir schon aufgefallen, daß es immer Wellen, ja geradezu Modetrends von bestimmten Krankheiten gibt? Die Ansteckung findet nicht nur auf der körperlichen Ebene statt, zuvor gab es bereits eine geistige Infektion. Deshalb ist auch die übersteigerte Angst vor einer bestimmten Krankheit eine recht sichere Methode, sie zu bekommen.

Dieser Pool, der ja ständig randvoll mit gewaltigen Energien ist, wirkt nun wieder auf den einzelnen zurück. Der einzelne muß erleiden, was das Kollektiv zuvor erschaffen hat. Diesen Vorgang kannst du beim Thema radioaktive Bestrahlung recht gut beobachten. Oder nimm die Umweltverschmutzung. Vielleicht hast du persönlich kein Gift in den Rhein gekippt, aber du bist Teil eines Kollektivs, das die großen Zusammenhänge noch nicht durchschaut hat und deshalb seine Unbewußtheit in der untersten Ebene, der körperlichen, »ausbaden« muß. Der Körper hat ohnehin eine große Toleranz gegenüber Störungen, aber es gibt auch Grenzen der Kompensation.

Wenn du wirklich mehr Gesundheit in die Welt bringen und nicht über Krankheit schimpfen willst, dann schlage ich dir eine Doppelstrategie vor. Geh zunächst in dich selbst hinein. Stelle in deinem Körper die Harmonie her, von der du möchtest, daß sie in der ganzen Welt herrscht. Reinige dich von Mißtrauen, Angst und krankmachenden, negativen Gedanken. Du wirst feststellen, daß sich deine Anfälligkeit gegen Krankheiten drastisch reduziert. Schlechte Luft, schlechtes Essen können von einem in Harmonie befindlichen, gesunden Körper weit besser verkraftet werden als von einem ohnehin geschwächten. Verkörpere das Prinzip Gesundheit, und du fügst der Welt ein Stückchen mehr Gesundheit hinzu. Du läßt in den Pool des kollektiven Unbewußten jetzt Harmonie und Gesundheit fließen, und wenn das recht viele tun, kippt er eines Tags um – in ein Meer von Gesundheit.

Und nun zum anderen Weg, von dem ich glaube, daß er dir etwas befremdlich vorkommt. Übernimm *Verantwortung* für all die Zustände an Umweltzerstörung, unter denen du so leidest! Die Welt ist voll von Leuten, die hauptberuflich anderen die Schuld an unseren Mißständen zuschieben. Und immer steht es angeblich ausschließlich in der Macht der jeweils anderen, diese Zustände entscheidend zu ändern. Bitte tu selber etwas, von dem du möchtest, daß es getan wird. Und sag nicht: Was nützt das schon, die wahren Verantwortlichen...

Noch ein solcher Satz, und ich halte mir die Ohren zu. Und das möchtest du doch nicht, oder? Also. Es muß doch selbst einem neunmalklugen Intellekt klar sein, daß sich nie etwas ändert, wenn alle so denken wie du. Aber ich meine auch noch etwas anderes mit meiner Aufforderung, selber aktiv zu werden, etwas, was deinem Verstand weniger gefallen wird. (Sag ihm, er soll mal die Fliegen an der Wand zählen, damit wir ungestört miteinander reden können.) Wenn ich dich dazu auffordere, positiv, das heißt konstruktiv zu handeln, so bist du dadurch viel mehr als eine kleine Ameise, die inmitten eines Ameisenhaufens fleißig ihre Aufgabe erfüllt. Deine Gedanken sind jenseits von Raum und Zeit, ihre Macht ist nicht begrenzt, sie reicht über die eines (deines) einzelnen Körpers weit hinaus. Wenn hundert Menschen negativ denken, so bedarf es keiner weiteren hundert, die dieses Denken durch positives Denken neutralisieren und eines weiteren, der einen leichten Überhang zum Guten schafft. Ein konstruktiv denkender Mensch kann hundert »Negative« zur Umkehr bewegen. Du kannst Initialzündung, Funke sein, der das Feuer der Reinigung entzündet. Na, reizt dich das?

Ich möchte noch etwas zu Krankheiten und ihrer Heilung sagen. Wenn du die volle Verantwortung für deine Krankheiten (Unfälle und »von außen kommende« Infektionen eingeschlossen) übernimmst, dann kann Krankheit eine große Chance deines Lebens sein. Hörst du nicht auch immer wieder von Menschen, die nach einer schweren Krankheit ihren Lebensstil völlig umgestellt haben, die wie neugeboren sind? Sie haben aus ihrer Krankheit gelernt und sich nicht als Opfer eines Mißgeschicks gefühlt.

Eine Krankheit – auch das Gipsbein – zwingt uns, unseren gewohnten Lebensstil aufzugeben, von eingefahrenen Lebensmustern loszulassen. Vielleicht bist du ein sehr unternehmungslustiger und geselliger Mensch, der es keine Minute aushält, alleine ruhig in einem Zimmer zu sein. Dein Unterbewußtsein ist aber weiser als du, es ist der Meinung, daß es dir ganz gut täte, einmal in aller Ruhe über dieses und jenes nachzudenken. Also schickt es dir, sagen wir, einen Skiunfall, der dich zu genau dem zwingt, was du freiwillig nie getan hättest: Ruhig und viel alleine zu sein. Du kannst nun schimpfen und fluchen, einen 24-Stunden-Dienst für Besucher einrichten, Radio und Fernsehen gleichzeitig laufen lassen und dabei Krimis lesen. Dann steigst du nach einiger Zeit aus dem Bett, nimmst deinen gewohnten Lebensstil wieder auf – bis zur nächsten »Chance«, die dir dein Unterbewußtsein gibt.

In dem Augenblick, in dem du Verantwortung für deinen Zustand übernimmst, ist diese Ruhezeit, neben einigen Unbequemlichkeiten, auch ein Geschenk. Denk doch einmal probeweise darüber nach, was du in deinem Leben verändern kannst. Verbringst du nicht zuviel Zeit mit Leuten, die dir nichts geben können, die dich herunterziehen in geistlose Aktivitäten, nur weil du Angst vor dem Alleinsein hast? Schiebst du nicht eine wichtige Aufgabe schon seit Wochen vor dir her? Ist dir nie aufgefallen, daß du, bei aller Geselligkeit, nie wirklich Zeit für jemanden hast, der dich braucht?

Krankheit gibt dir die Chance, Überholtes über Bord zu werfen, Neues in Angriff zu nehmen. Das alles gilt nicht nur für dich persönlich, es gilt auch für kollektive »Krankheiten«, für gesellschaftliche Krisenzeiten. Ich wünsche mir Politiker, und damit stehe ich nicht allein, die in Krisenzeiten ihr Bewußtsein für den *Sinn* einer Krise schärfen und daraus ihre Schlüsse für eine Neuorientierung ziehen. Doch ich kann nicht von den Politikern etwas verlangen, was ich nicht selbst bereit bin zu tun. Jedes Volk hat die Politiker, die es verdient. Denn Politiker repräsentieren das kollektive Unbewußte, und dessen Qualität kann so oder so sein.

Was wünschst du dir, wenn du krank bist? Natürlich nichts sehnlicher, als geheilt zu sein. Geheilt zu sein heißt, heil, ganz zu sein. Eine Heilung besteht nicht einfach in der Vernarbung einer Wunde oder dem Verschwinden eines Symptoms. Ein Mensch, eine Gesellschaft ist geheilt, wenn die ursprüngliche Ganzheit wiederhergestellt worden ist. Die heilige Dreieinigkeit von Geist, Seele und Körper muß erfahren werden, wenn Gesundheit manifest werden soll und nicht nur der Zwischenraum zwischen zwei Krankheiten überbrückt wird.

Wir leiden in unserer Zeit unter Isolierung, Trennung, Zerstückelung, Abgrenzung. Wir sind noch immer in der mittelalterlichen Vorstellung verhaftet, der Mensch sei eine Maschine, die aus voneinander unabhängigen Einzelteilen besteht. Man wechselt ein kaputtes Teil aus – und der Roboter funktioniert wieder. Hängen unsere ganzen Umweltprobleme nicht auch mit unserem mangelnden Wissen über die wesensmäßige Verbindung alles Lebendigen zusammen? Wir holzen zum Beispiel tropische Regenwälder ab, weil wir denken: Ach, wer braucht das bißchen Wald an dieser Stelle schon, und wissen nicht, daß wir damit Klimaveränderungen auslösen, deren Folgen wir gar nicht übersehen können. Ärzte meinen, wenn sie an einem defekten Teil (Organ) des Menschen herumkurieren, dann kommt er wieder durch den TÜV. Doch Heilung ist mehr, Heilung ist eine grundsätzliche Ordnung, die wieder hergestellt wird, ein Fluß von göttlicher Energie, der wieder ungehindert Geist, Seele und Körper durchströmen kann.

Genausowenig wie Krankheit von außen kommt, kann auch Heilung von außen kommen. Ein äußerer Heiler kann immer nur in Resonanz mit deinem inneren Arzt wirken. Du heilst dich selber, und eine Gesellschaft heilt sich ebenso selber, auch wenn sie diesen Job nur zu gerne irgendwelchen fliegenden Supermännern überlassen würde.

Ich wünsche dir, daß sich dein Geist weit öffnet für die heilenden Energien, die seit der ersten Sekunde deiner Existenz in dir sind. Glaube an deine Gesundheit, dann bist du gesund. Entwickle dein Bewußtsein von den geistigen Gesetzen. Denn, wie der indische Religionsphilosoph Sri Aurobindo erkannte: »Es gibt nur eine einzige Krankheit: nicht bewußt zu sein.«

Wir wissen, daß unser aller Leben notwendigerweise im Tod endet, doch meistens ziehen wir es vor, nicht so genau darüber nachzudenken. Doch manchmal packt dich der Mut, und du trittst die Flucht nach vorn an.

Frage: Wie kann ich mich auf das Sterben vorbereiten?

Wer Angst hat vor dem Sterben, versteht nicht zu leben. Und wer Angst hat vor dem Leben, versteht nicht zu sterben. Du hast Angst, weil du immer und immer wieder Wichtiges in die Zukunft verschoben hast. Du spürst in deinem Innern, daß es eigentlich Zeit wäre, aber immer wieder kommt Wichtiges dazwischen. Manchmal hast du das Gefühl, daß die Zeit knapp wird, dann entschließt du dich, Vorbereitungen zu treffen, aber du weißt nicht genau, wofür. Weil du Angst hast, verschiebst du die Vorbereitungen, und weil du die Vorbereitungen verschiebst, hast du Angst.

Doch irgendwann, nach einem Gebet, einem Gespräch, einem aufwühlenden Erlebnis, fühlst du in deinem Innern, daß Liebe der Weg alles Lebendigen ist und daß dieser Weg wohl kaum mit etwas so Lieblosem wie dem Tod enden kann. Dann hast du angefangen, dich mit dem Tod zu beschäftigen, weil er etwas anderes zu sein scheint, als du bisher dachtest.

Jetzt läßt dich der Moment am Ende deines Lebens nicht mehr los, teils aus Angst, teils aus Neugier. Du lernst etwas über das Gleichnis der Münze, die bekanntlich zwei Seiten hat. Die eine Seite nennt die Summe, die andere bewertet sie. Du hast gehört, Leben und Tod seien eine sich einander bedingende Einheit.

Du fängst an, das Märchen vom Ende nicht mehr zu glauben. Aber wenn du etwas nicht mehr glaubst, muß das noch lange nicht heißen, daß du einen Ersatz dafür weißt. Du bist vorübergehend bereit, dich im Niemandsland aufzuhalten. Weder zu glauben noch zu wissen führt zum Suchen, und du hast dich dazu entschlossen, das zu tun.

Du lernst Leute kennen, die glauben, und du lernst Leute kennen, die wissen. Wenn du dich ein paarmal im Kreise gedreht hast, beginnst du dich neu zu orientieren. Weil du ahnst, daß es den Tod als das Generelle wohl gar nicht gibt, schon eher scheint er dir das mehr Individuelle zu sein. Also für jeden anders, anders in dem Sinne, daß jedes Individuum an diesem Punkt seine eigenen Erfahrungen macht. Daß dort, im Tode, alles zu Ende sein soll, ist unlogisch, ja unsinnig. Selbst Atheisten spielen nur mit diesem Gedanken, um ein bißchen mehr Aufmerksamkeit zu bekommen. Ihre Behauptung, an gar nichts zu glauben, ist nur ihr Trick, der ihnen Beachtung sichern soll.

Laß also einmal den Tod als Ende beiseite. Die Opposition, die »Glaubensprofis«, behaupten das Gegenteil: Nichts ist zu Ende, alles fängt erst richtig an. Es währt sogar ewig. Diese Aussage erscheint den beschwichtigenden Liberalen nun doch mit Wunschdenken zu tun zu haben. Eigene Vorschläge haben sie zwar nicht, aber nicht zu Ende ist nichts, und ewig schon gleich gar nichts!

Zu sagen, alles geht nach dem Tod erst richtig los, und das auch noch für immer, ist natürlich leicht, wenn diese Behauptung auf Glaubenssätzen beruht. Daher kam wohl die Theorie von der Verwandlung zustande. Die Raupe stirbt und verwandelt sich in einen Schmetterling. Da dies beweisbare Realität ist, scheint hier ein für viele gangbarer Weg gefunden zu sein. Allerdings haben die ewigen Diskutierer jetzt wieder ein Problem: Lebt eigentlich die Raupe in irgendeiner Form im Schmetterling weiter? Hatte der Schmetterling bereits in der Raupe eine eigene Existenz? Wurde hier eventuell nur der Name und die Verkleidung gewechselt? Kann man das, was hier geschieht, mit »Transformation« bezeichnen?

In der Technik zum Beispiel transformiert man Strom hoch, um ihn dadurch effektiver, ohne große Verluste über große Entfernungen schicken zu können. Vielleicht hat auch der Schöpfer bei der Raupe zur Ehre des Höheren das Niedere ein bißchen sterben lassen, um die Grundlage für das Weitergehende, das Geeignetere zu schaffen.

Wenn das so oder so ähnlich wäre, hätten die Atheisten recht: Alles (die Raupe) ist zu Ende. Auch die ganz Glaubensstarken hätten recht, denn es geht weiter: Der Schmetterling legt Eier, daraus schlüpfen Raupen, daraus entstehen Schmetterlinge...

Aber auch die Liberalen haben natürlich recht. Solange das Gegenteil nicht zu beweisen ist, können sie behaupten, der Schmetterling lebe bereits in der Raupe und die Raupe lebt weiter im Schmetterling. Was allerdings der Sinn dieses Happenings ist – Ei, Raupe, Schmetterling –, bleibt offen. Jede dieser drei Formen würde wohl sagen: Ich bin der Sinn, die anderen sind nur meine Zulieferer. Wahrscheinlich ist es sinnvoll, niemanden von den Beteiligten zu fragen, denn die sind alle nur mit sich selbst beschäftigt und haben deshalb nicht die beste Perspektive. Möglicherweise ist da »etwas« in dem Ei, vielleicht ist »das« dann auch in der Raupe und dann im Schmetterling. Eventuell ist das, was »es« auch immer gewesen sein mag, auch einer Wandlung unterworfen. Vielleicht liegt in dem, was ich jetzt »es« nenne, sogar der Sinn. Wahrscheinlich ist, daß das Ei, die Raupe, der Schmetterling das gar nicht wissen können. »Es« hat nur seine Aufgabe in seinem Selbst und ist nur quasi nebenbei Träger der Botschaft für das, was aus ihm wird. Das Ei wird irgendwann nicht mehr Ei sein, die Raupe nicht mehr Raupe, der Schmetterling nicht mehr Schmetterling. Er legt wieder ein Ei, daraus wird wieder eine Raupe, daraus wieder ein Schmetterling, der ein Ei legt... Es ist aber nicht mehr ganz dasselbe Ei, dieselbe Raupe, derselbe Schmetterling. Etwas ist anders, etwas hat sich verwandelt, ist auf diesem Weg gewachsen. Das, was hier auf dem Wege ist, das, was in dem Ei, der Raupe, dem Schmetterling »lebt«, ist nie gestorben, weder stirbt es mit dem Ei noch mit der Raupe noch starb es als ein Schmetterling. »Es« ist nie bei diesen Übergängen gestorben, es ist *gewachsen,* und um wachsen zu können, inszenierte es Voraussetzungen. Dabei scheint es nötig zu sein, Stadien zu schaffen, die ineinander übergehen. Ich nenne diesen Vorgang nicht sterben.

Du hast mich gefragt: Wie soll ich mich auf das Sterben vorbereiten. Ich verstehe deine Frage nicht. Meinst du Eier legen, Raupen kriegen, Schmetterling spielen? Ich würde dein Spiel gern mitspielen, nur weiß ich nicht, wer da eigentlich fragt. Eine der Entwicklungsstufen, das, was da weiterwächst, weitergereicht wird, scheint es nicht zu sein, was fragt. Das scheint aber der Zweck des ganzen Verpuppungsspiels zu sein. Wie wollen wir es nennen? Leben? Geist? Bewußtsein? Irgendwo in der Mitte von diesen dreien liegt die Antwort.

Sterben ist Unsinn, zumindest die Vorstellungen, die damit verbunden werden. Sprich lieber vom Leben, seinem Ausdruck, seinem Wandel, seinen Übergangsstufen. Jetzt müßte deine Frage lauten: Wie kann ich mich auf das Leben vorbereiten? Dazu hätte ich dir gern mehr gesagt, aber leider fragtest du nach dem Tod. Dale Carnegie sagt: Sorge dich nicht, lebe! Du aber ziehst es vor, dich sicherheitshalber zu sorgen.

Daß da jemand oder etwas bereits »gesorgt« hat, übersiehst du. Alles ist in bester Ordnung. Das Haus ist wohlbestellt. Der Tisch ist allzeit reich gedeckt. Vertraue und glaube, und dir ist ewiges Leben gewiß. Sich vorzubereiten bedeutet, weder hier noch jetzt zu sein, und gerade diese Anwesenheit ist deine einzige Aufgabe! Lerne das Gute zu lieben, und für dich gibt es keinen Tod mehr.

Nun möchte ich auf zwei Fragen eingehen, die mir besonders am Herzen liegen.

Frage: Ist es sinnvoll, für einen anderen zu beten?

Es gibt verschiedene Ebenen, auf denen du tätig sein kannst. Jede Ebene hat ihren eigenen Wirkungsgrad, ihre eigene Effektivität. Die Aktivität auf der niedrigsten Ebene, auf der kein Geist benötigt wird, ist, symbolisch gesehen, die Arbeit mit Pickel und Schaufel in einem Steinbruch. Hier wird nur Muskelkraft gebraucht, um Erfolg zu haben. Entsprechend ist die Bezahlung. Wo Kraft und Geschick gebraucht werden, findest du eine höhere Schwingungsebene. Geh davon aus, alles ist Bewußtsein, das sich in verschiedenen Facetten ausdrückt. Je weiter Bewußtsein *entwickelt* ist (wieder wörtlich zu nehmen), desto feinere und höhere Ebenen durchdringt es, desto mehr Möglichkeiten hat es, und damit parallel entsteht Intelligenz. Je weiter also Bewußtsein entwickelt ist, desto durchdringender und übergeordneter ist die Intelligenz, die dadurch freigeworden ist.

Wenn Bewußtheit in einer sehr hohen Form existiert, dann führt sie eine autonome Existenz, ist reines Bewußtsein. Hohe Bewußtseinsformen sind unabhängig von Symbiose, von der Notwendigkeit, mit Materie zusammenzuwirken. Sie können ohne menschlichen Körper agieren. Je weniger das Bewußtsein entwickelt ist, um so niedriger ist die Evolutionsebene, an die es gebunden ist. Yogananda sagte: »Im Stein schläft das Bewußtsein.« Hier haben wir also die niedrigste Form von materialisiertem Bewußtsein. Der Stein ist unbeweglich und verändert seine Form nur im Laufe von sehr langen Zeiträumen. »In der Pflanze träumt das Bewußtsein.« Hier haben wir die erste erkennbare, sichtbare, höhere Bewußtseinsebene, eine offenbare Aktivität. Pflanzen wachsen sichtbar, bewegen sich, indem sie sich zur Sonne hin ausrichten, bis hin zur Fähigkeit, durch Wurzelbildung ihren Standort ganz zu verändern. Neuere Untersuchungen ergaben, daß Pflanzen sogar ein Gefühlsleben haben, auch wenn es nur rezeptiv, das heißt ohne für uns direkt wahrnehmbaren Ausdruck ist. »Im Tier erwacht das Bewußtsein.« Also wieder eine höhere Schwingung, ein höherer Ausdruck von sich enthüllender Intelligenz. Der Stein leistet keine Arbeit, er schläft, wartet, ist passiv. Die Pflanze leistet Arbeit, trägt Früchte und dient mit ihrem Körper als Nahrung für höher entwickelte Lebensformen. Das Tier ist nicht mehr an einen Standort gebunden, es hat Beine, Flossen, Flügel und drückt damit wieder höhere, sich entwickelnde Intelligenz von wachsendem Bewußtsein aus. Der Stein ist unbeweglich, die Pflanze kann wachsen, das Tier laufen, fliegen, schwimmen und symbolisiert mit seiner höheren Beweglichkeit den höheren Ausdruck von Bewußtsein.

»Im Tier ist das Bewußtsein wach, aber im Menschen *weiß* das

Bewußtsein, daß es wach ist.« Das zeigt dich wieder in einem wesentlich höheren Wirkungsgrad, der sich symbolisch in höherer Beweglichkeit auf allen möglichen Aktivitätsebenen ausdrückt. Wenn es auch Tiere gibt, die schneller laufen und schwimmen können als der Mensch (vom Fliegen gar nicht zu reden), so entwickelte er doch intelligente Maschinen, die seine Beweglichkeit über die aller anderen Lebewesen setzte. Denn er kann schneller (besser) denken. Beweglichkeit wird hier gleichbedeutend mit Effektivität. Das im Menschen manifestierte Bewußtsein hat also, beim gegenwärtigen Stand der Evolution, den höchsten Wirkungsgrad. Oder noch korrekter ausgedrückt: Der Mensch ist in der Lage, in verschieden hohen Wirkungsgraden tätig zu sein. Wenn er Steine schleppt, wirkt er bei dieser Tätigkeit nicht schöpferisch im höheren Sinne, wenn er aber eine Maschine zum Steineschleppen konstruiert, so wirkt bereits der nur im Menschen manifestierte schöpferische Geist durch ihn. Eine einmal im Geiste geschaffenen Maschine kann tausend Raupenschlepper zur Folge haben, die dann die hunderttausendfache Leistung eines Arbeiters erbringen. Die Intelligenz, aus dem hohen Bewußtsein des Menschen erwachsen, führt hier, klar ersichtlich, zu mehr Leistung, mehr Veränderung, zu mehr Wirkung. Der Mensch kann im Steinbruch arbeiten, aber er kann auch schöpferisch sein und beginnt dann auf einer neuen Bühne seine ersten Erfolge zu erarbeiten.

Irgendwann einmal beginnt er zu ahnen, daß er nicht nur ohne seine Muskeln, sondern auch ohne seinen Intellekt fähig ist zu wirken. Seit Jahrtausenden ist diese Fähigkeit versteckt in ihm vorhanden, und wenn er sie einsetzte, so waren es Gehversuche eines kindlichen Geistes, oft sogar die Verzweiflungstat eines (scheinbar) Ohnmächtigen. Er nannte dann diese Aktivität Magie, er sagte okkult, mystisch, spiritistisch, manchmal auch »Weiberkram« dazu. Doch mit seinem erwachenden Geist lernte er in sich hineinzusehen, er entdeckte den Geist, der alles schuf, er lernte, mit diesem Geist zu heilen, aber auch zu töten.

Er lernte, sich mit anderen zu vereinen, zu meditieren, zu beten. Er beginnt heute sogar das, was bei Meditation und Gebet vor sich geht, zu verstehen. Er versucht, seinen Raster des wissenschaftlichen Denkens abzulegen, um zu beweisen, was sich da offenbart. Er beweist, heute, am Ende des 20. Jahrhunderts, die Wirkung des im Gebet ausgesandten Geistes. Zum erstenmal wurde in amerikanischen Universitäten die Richtigkeit der von Mystikern und Theologen aufgestellten Behauptung, nämlich daß Gebete Wirkung haben, bewiesen. Das, was hier entdeckt wird und sich wissenschaftlichen Maßstäben nicht einmal entzieht, ist für mich die Sternstunde des Neuen Menschen.

Erst mit diesem Wissen, erst mit dieser Evolutionsstufe verläßt der Mensch seine Verhaftung an die tierische Evolutionsebene. Erst jetzt betritt das, was sich im Menschen offenbart, diesen Planeten. Gott selbst ist es, der sich hier dem Verstehen anbietet. Durch den Menschen geschieht etwas, er bewirkt etwas, ohne eine Hand zu rühren, ohne seine Stimme zu erheben. Er vermag etwas im Unsichtbaren, er vermag von Geist zu Geist Brücken zu schlagen. Er beginnt dadurch, seiner eigentlichen Aufgabe mehr und mehr zu entsprechen. Er beginnt, Kanal zu sein, er bewirkt Veränderungen, ohne ein Werkzeug zu benutzen. Der lange Weg durch die Dunkelheit ist zu Ende, aus Geist erschaffen, ist der Mensch wieder Geist geworden.

Du fragst, ob es Sinn hat zu beten. *Es gibt nichts Sinnvolleres als Beten*. Früher glaubte ich, Klöster seien Orte des Nichtstuns, außer Likör und Bier könne man von dort nichts erwarten. Heute weiß ich, daß diese Erde nie auf ihre Mönche und Nonnen aller Konfessionen verzichten könnte. Das Gebet geistiger Menschen ist ein Gegengewicht zu niederen Tendenzen.

Im Gebet ist das Licht, das die Dunkelheit ablöst.

Aber halte dich nicht an dem Wort »Gebet« fest, Meditation ist ihm gleichzusetzen. Beten, meditieren heißt, einen Dialog führen mit seinem höheren Selbst, mit Gott. Beten ist Frieden ausstrahlen und tätige Liebe. Ein aktives Gebet zu sprechen, bedeutet, Menschen, Pflanzen, Tiere, alles was *ist*, zu segnen. Esoterik und Theologie sehen den entwickelten, erleuchteten Menschen als ein immer aktives Gebet, dessen Sinn auf dieser Welt im Vorbildlichen liegt. Es gibt nichts Schöneres als beten, versuche es einfach mal, versuche, ein Gespräch anzubahnen mit dieser Welt, ihrem Geist, mit dem Universum und dem, der es erschuf. Du kannst es, es gehört zu deinen Aufgaben, und es hilft dir, zu dem zu werden, der du sein möchtest.

Wenn du für einen anderen betest, und deine Gedanken sind liebevoll und nicht von deinem Ego geprägt, hilfst du dem, für den du bittest, sich zu öffnen. Du hilfst ihm, wieder Anschluß zu finden an die Harmonie des Kosmos. Das Teil kehrt zurück zum Ganzen. Wenn du für einen anderen betest, gibst du ihm über deine Liebe die Kraft zum Weitermachen. Auf noch unbekannten Wegen, über unbewußte Kanäle verbindest du das Ziel deiner Fürbitte mit Gott. Ermuntere in deinem Gebet zum Glauben, ermuntere zur Freude. Sprich in deinem Gebet zum anderen von dessen Stärke und gib ihm deine Kraft. Sei, wenn es not tut, selbst mit deinem Körper Brücke über den Abgrund, vor dem er steht. Begrenze dein Angebot nicht, das wäre so, als würdest du Gott selber begrenzen. Aus einem liebenden Herzen heraus zu beten, bedeutet, sich selber mit Gott verbinden und ihn gleichermaßen zu bitten, durch dich zu wirken. Seine Kraft durchströmt dich, sie macht dich heil und hilft dir zu heilen. Gott gebraucht, wenn du ihn bittest, deine Hände zum Heilen. Er gebraucht deine Worte zu trösten, er gebraucht deine Liebe zu lieben. Und wenn du völlig selbstlos bist, kann es geschehen, daß Gott es selber ist, der da liebt. Du wirst es fühlen, denn es macht dich froh. Du weißt nicht, wie es geschieht, aber wenn er kommt, werden Wunder geschehen.

Soll man den spirituellen Weg alleine oder im Schutze eines anderen beschreiten? Diese Frage muß jeder für sich alleine beantworten. Ich kann dir nur ein paar Worte dazu sagen, ob ich es für sinnvoll halte, aus den Erfahrungen anderer zu lernen.

Frage: Brauchen wir Gurus?

Die Evolution leitet ihre Kinder durch Maßnahmen, die dann einsetzen, wenn Kurskorrekturen notwendig werden. Wir empfinden diesen Vorgang, aus unserer Unkenntnis heraus, meistens als Leidensdruck und versuchen, ihn zu verhindern.

Die Erfahrung, die wir durch Leiden gewonnen haben, läßt uns in einer wiederkehrenden, ähnlichen Situation gleich nach einem anderen Weg suchen. Haben wir nichts aus unserem Leiden gelernt, wird die Lektion so lange wiederholt, bis sie »sitzt«. Nach und nach finden wir geradere, kürzere, geeignetere Wege zum Ziel. Und genau das ist der Sinn jeden Leidens. Wenn nun bekannt ist – weil es schon viele erfahren mußten –, daß an einer bestimmten Stelle die Kurve sehr eng ist, halten wir es für wünschenswert, von diesen Erfahrenen vor diese Stelle gewarnt zu werden. Wir freuen uns, daß hier ein Schild aufgestellt wurde, das uns auf Gefahren aufmerksam macht – selbst wenn wir uns dann entschließen, diese Erfahrung doch selber zu machen. So haben wir Symbole entwickelt, die darüber informieren, was andere vor uns an dieser Stelle durchgemacht haben, und wir können mit dieser Entscheidungshilfe leichter unseren Weg zum Ziel fortsetzen.

Wegweiser und Verkehrszeichen sind wünschenswert, sie erleichtern unsere Orientierung dort, wo wir ihrer bedürfen. Wenn ein junger Mensch noch Mangel an Wissen hat, stellen wir ihm einen Wissenden zur Seite, um ihm bei seiner Aufgabe, Wissen anzunehmen und umzusetzen, behilflich zu sein. Es ist als notwendig und richtig für uns alle erkannt worden, daß wir uns viele Jahre unseres Lebens in eine Lehre begeben. Im Berufsleben gehen wir zu den Meistern, die ihr Handwerk beherrschen, um von ihnen zu lernen. Ein Meister, eine Meisterin sollte uns durch Vormachen, durch Vorleben zum Nachmachen und Nachleben animieren.

Wenn du von Gott etwas wissen willst, aber nicht weißt, wo du mit dem Suchen beginnen sollst, dann kannst du zu einem Geistlichen gehen. Das ist so selbstverständlich, daß Profis in Sachen Religion gleich in unser Schulsystem eingegliedert wurden, und niemand denkt sich was dabei. Also: Wegweiser sind nützlich und im Prinzip voll akzeptiert.

Lehrer sind nicht mehr aus unserem Gesellschaftssystem wegzudenken. Der erste Lehrer im Leben eines Kindes ist die Mutter, der zweite der Vater, und ohne die Meister in Handwerk, Kunst und Technik wäre unser soziales Niveau nicht möglich, wir wären noch in einem urzeitlichen Bildungsstand, wenn jeder »bei Adam und Eva« anfangen müßte.

Wir alle bedürfen der sachkundigen Führung, und das nicht nur in jungen Jahren, sondern, wenn wir klug sind, ein Leben lang. Fortbildung in der Schule, in den Medien sind ein von allen getragenes Mittel, sich ständig erweiterndes Wissen zu vermitteln.

So weit, so gut. Und wenn da nicht plötzlich einer den Fehler gemacht hätte, aus einer anderen Sprache eine uralte Berufsbezeichnung mitzubringen, wäre unsere Welt noch in Ordnung. Aber da sagte plötzlich jemand zu einem Meister »Guru«, und der Krieg begann. In anderen Ländern spricht man nicht deutsch, und dort sagt man eben zu einem Lehrer in lebensphilosophischen Fragen Guru. Niemand wollte die Deutschen ärgern, denn das Wort Guru gibt es schon seit 5000 Jahren. Damals hätte uns niemand mit dieser Berufsbezeichnung aus den Höhlen gelockt, aber da sich die Zeiten ändern, gehen wir heute deswegen auf die Barrikaden.

Das ist natürlich nicht ganz grundlos. Im westlichen Lebensraum hat sich eine Institution verankert, die sich selbst die Aufgabe gegeben hat, Gott und seine Lehre zu verwalten. Sie macht das mehr recht als schlecht, so gut es eben geht. Da sie schon seit 2000 Jahren damit beschäftigt ist, sind da einige Unflexibilitäten aufgetreten, die viele ihrer Mitglieder veranlaßt haben, eigene, vielleicht geradere, gangbarere Wege zu suchen. Es ist für jeden Club ärgerlich, wenn die Mitglieder weglaufen, und normalerweise überlegt sich in solchen Fällen der Vorstand, warum die Beiträge spärlicher fließen. Die Kirche allerdings leitet aus den 2000 Jahren ihrer Herrschaft eine gewisse Selbstherrlichkeit ab und sucht deshalb im Außen das Feindbild. Und da sind die Gurus und ihre einfache Lehre vom Sein, die keiner Vermittlung durch eine bürokratisierte Institution bedarf, gerade recht.

Stell dir vor, du müßtest jedesmal, bevor du deine Wohnung betrittst, jemanden um den Schlüssel bitten. Einfach weil der sagt, daß du sonst deine Wohnung nicht betreten könntest. Eines Tages stellst du aber fest, daß du den Schlüssel zu deiner Wohnung ständig bei dir tragen kannst und sehr wohl ohne Schlüsselverwalter auskommst. Würdest du es da nicht vorziehen, deine Wohnung jetzt immer ohne fremde Vermittlung zu betreten? Wer aber sauer wäre, das wäre natürlich der selbsternannte Schlüsselverwalter, denn der ist ja jetzt überflüssig...

Die Lehre Christi sagt: Wie innen, so außen, wie oben, so unten. Sie sagt, daß wir den Balken im eigenen Auge wahrnehmen sollen, aber es ist immer leichter, von anderen etwas zu verlangen, als es selbst zu tun. Es ist leichter für die Kirche, von ihren Mitgliedern etwas zu verlangen (oder ihnen etwas zu verbieten), als vor ihrer eigenen Tür zu kehren. Die großen Religionen haben untereinander kleine Scharmützel, aber im großen und ganzen Waffenstillstand beschlossen, weil sie insgeheim das gleiche Ziel haben, nämlich »Schlüsselverwalter« zu sein.

Um also von eigenen Schwächen abzulenken, muß ein Feindbild her. Deshalb hat man begonnen, die Bezeichnung »Guru« mit einem negativen Image zu belegen. Obwohl die christliche Kirche zur Zeit einen Schwund ihrer Anziehung und Autorität feststellt, ist das für sie kein Anlaß zur Selbstkritik. Sie verteidigt ihren Status quo und hackt auf alles ein, was ihre Position bedroht. Ein Guru ist kein Sektierer, er ist ein Lehrer in Sachen Religion (Rückbindung). Er zeigt, wie der christliche Geistliche auch, sein Weltbild von der Rückverbundenheit zu Gott. Er macht das so anschaulich, so flexibel, so verständlich, daß Suchende in Scharen kommen, um auf ihrem Weg zur Einheit aller Dinge Führung und Licht zu bekommen.

Ein Guru ist Meister im Veranschaulichen von Unsichtbarem. Ein Guru verbildlicht (noch) nicht Materialisiertes. Er versucht (wie der Pfarrer), Medium zwischen dir und Gott zu sein. Nur: Er sagt nicht, daß du Gott allein durch ihn finden kannst! Er genießt nicht den Status der Unangreifbarkeit, wie ihn die großen Religionen untereinander ausgehandelt haben. In unserer Kirche gibt es Pfarrer, die die Existenz von Gurus begrüßen, weil dadurch eine Ergänzung unseres traditionellen Weltbildes möglich wird. Leider sind sie Außenseiter und viel zu selten in der Öffentlichkeit anzutreffen. Schon sehr viele Geistliche haben mit mir, in stundenlangen Gesprächen, über eine Neuorientierung der kirchlichen Lehre diskutiert. Leider, leider nur im kleinen Kreis. Es fehlt den meisten von ihnen an Mut, öffentlich für die Weiterentwicklung unseres Wissens von Gott einzutreten. Mangelnder Mut ist mangelndes Vertrauen, und wenn schon unsere Kirchenleute in ihrer Religion nicht genug Stärke und Kraft finden, von der Liebe Gottes zu berichten, wie sollen sie dann mit ihrer ganzen antiquierten Organisation glaubwürdig sein!

Die Kirche lehrt uns, an die Liebe Gottes zu glauben, droht aber gleichzeitig den Andersdenkenden in ihren Reihen mit schweren Strafen. In allen Disziplinen, ob Kunst, Wissenschaft oder Technik, erweitert sich ständig unser Wissen und verändert sich ständig unsere Perspektive, und wir alle begrüßen diesen Prozeß. Nur in der Religion muß alles in den alten Bahnen, in überholter Sprache, in erstarrten Denkmustern weiterlaufen. Die Kirchenführer sollten sich endlich zu mehr Offenheit, zu mehr Miteinander bereitfinden, dann wird die Kirche wieder Mittelpunkt, eine glaubwürdige moralische Instanz in unserer Gesellschaft sein können.

Wir und unsere Kirche brauchen kein Feindbild, das entspricht noch urzeitlichem Denken. Wir brauchen ein *Freundbild,* weil das viel mehr dem Verständnis und dem inneren Bedürfnis des modernen Menschen entspricht. Wir sollten den Andersdenkenden nicht zum Teufel schicken, sondern zu Gott, auf daß er erleuchtet werde und uns dann Licht auf unserem Pfad sein kann. Andersdenkende werden entweder eines Tages unser Denken, wenn es richtig ist, bestätigen oder unsere Perspektive um einige neue Facetten ergänzen, und das sollte uns doch nur recht sein. Andersdenkende sind immer wünschenswerte Zulieferer in Sachen Evolution, und wir sollten sie in unseren Kreis aufnehmen, anstatt sie zu verbannen. Vielleicht kann noch Revolutionären in den eigenen, kirchlichen Reihen der Mund verboten werden, aber dann werden eben Revolutionäre, die von außen kommen, die notwendige Veränderung bewirken. Niemand, auch nicht die Kirche, kann Evolution verhindern, denn im Wachsen drückt sich in klarer und direkter Sprache Gottes Wille aus. Wachsen heißt, sich zu Gott hin zu entwickeln, und das scheint eine deutlich zu erkennende Tendenz im ganzen Universum zu sein.

Du siehst, deine Frage hat ein fast leidenschaftliches Plädoyer ausgelöst. Doch ich möchte noch kurz einen anderen Aspekt der Sache beleuchten. Aus meiner Aussage, daß wir Gurus brauchen, ist nicht abzuleiten, daß jeder einzelne verpflichtet ist, sich einen Guru zu suchen! Einen guten Guru erkennst du immer daran, daß er seine Schüler nicht an sich bindet, nicht von sich abhängig macht, sondern daß er sie beharrlich immer wieder auf sie selbst verweist. Ein Guru kann immer nur Hilfe, Wegweiser sein, aber niemals das Ziel. Alles, was du brauchst, findest du in dir selbst. Viele Menschen benötigen jemanden, der ihnen diesen Weg zeigt, aber Bedingung für das spirituelle Erwachen ist das keineswegs. Es gibt immer wieder starke, unabhängige oder auch einfach besonders sensitive Naturen, die keinen Guru in der materiellen Welt brauchen, die direkt in Kontakt mit ihrem »inneren Meister« treten können. Akzeptiere dich und den Weg, der für dich persönlich geeignet erscheint. Und denk daran: Welchen Weg du auch wählst, du wirst alles bekommen, was du auf ihm benötigst. Und er führt *immer* zum Ziel.

Teil III:
Fragen zu Theorie und Praxis positiven Denkens

Im letzten Teil dieses Buches möchte ich auf Fragen eingehen, die auf die theoretischen Grundlagen des positiven Denkens bezogen sind. Außerdem kommen praktische Schwierigkeiten und ihre Überwindung zur Sprache.

Frage: Wie arbeitet mein Unterbewußtsein?

Gut, daß du mir nicht die Frage gestellt hast: »Was ist das Unterbewußtsein?« Diese Frage könnte ich nämlich nicht beantworten, und ich bin davon überzeugt, daß es auch kein anderer Mensch bisher geschafft hat. Das Unterbewußtsein hat keine räumliche Ausdehnung, es ist nicht zeitlich begrenzt, es ist nicht materiell und doch mit unserem Körper verbunden. Es hat niemals angefangen zu sein, und es wird niemals aufhören zu sein. Aber keine Angst; daß ich nicht weiß, was das Unterbewußtsein ist, bedeutet nicht, daß ich nicht weiß, wie es arbeitet.

Zunächst ein paar Worte zu seinen Aufgaben. Das Unterbewußtsein hat sozusagen den Auftrag, dein Bewußtsein von Informationen freizuhalten. Die ungeheure Fülle von Informationseinheiten, die in jeder Sekunde deines Lebens von deinen Sinnen aufgenommen wird, könnte dein Bewußtsein unmöglich verkraften. Hier leistet dein Unterbewußtsein einen lebenswichtigen Dienst, es speichert nämlich »für alle Fälle« das, was auf dich einstürzt.

Stell dir vor, du bist ein vielbeschäftigter Geschäftsmann, und in deinem Büro würden 24 Stunden am Tag hundert Telefone klingeln. Jeder der Aufrufer hätte eine Information für dich: Die Luft will dir sagen, wie warm sie gerade ist. Deine Frau teilt dir mit, was es heute abend zu essen gibt. Dein Bauch meldet, daß es oben rechts ein bißchen zieht, die Pflanze auf deinem Schreibtisch möchte dir ihre neue Blüte zeigen. Dein Partner aus Südamerika will dir ein neues Geschäft vorschlagen... Ich glaube, du würdest das nicht einmal 24 Stunden lang aushalten! Und nun stell dir vor, daß du als dieser vielbeschäftigte Geschäftsmann an alle deine hundert Telefone Anrufbeantworter anbringst (und du das Klingeln nicht mehr hörst). Jetzt kannst du jeweils an das Telefon gehen, dessen Botschaft dich gerade interessiert. Alle anderen Botschaften werden auf das Tonband aufgezeichnet. Und falls du mal Lust hast, könntest du später in dieses, mal in jenes Band hineinhören.

Dein Unterbewußtsein ist also mit einer Tonbandcassette vergleichbar, die viele Tonspuren hat. *Es ist die einzige Aufgabe dieser Cassette, Informationen aufzuzeichnen, zu speichern und auf Abruf das Gespeicherte in ausreichender Lautstärke wiederzugeben.*

Vielleicht ist dir der Vergleich mit der Tonbandcassette etwas zu mechanisch, doch an ihm läßt sich noch eine andere wichtige Eigenschaft des Unterbewußtseins deutlich machen. Ebenso wie ein Tonband verhält sich dein Unterbewußtsein allen Aufzeichnungen gegenüber völlig neutral. Es unterscheidet nicht, es wählt nicht aus, es bewertet nicht. Es ist ihm völlig gleichgültig, was du ihm »anbietest«. Es hat gar nicht die Fähigkeit, darüber zu urteilen, ob dein »Programm« gut oder böse ist. Das ist allein die Aufgabe deines Bewußtseins. Dein Unterbewußtsein arbeitet für dein Bewußtsein als dienstbarer Geist, der hundertprozentig die Wünsche seines Herrn erfüllen kann, gerade deshalb, weil es gar keine eigenen Wünsche hat.

Nun speichert dein Unterbewußtsein nicht nur alle Eindrücke, die unwillkürlich auf dich zukommen, es speichert – und das ist der entscheidende Punkt für dich – auch deine Gedanken. Wir denken nahezu ununterbrochen, wenn wir wach sind. Gedanken aller Art durchziehen wie ein unendlich großer Vogelschwarm unseren Geist. Seit Jahrhunderten haben Mystiker aller Religionen und geistigen Richtungen versucht, diesen »Vogelschwarm« unter Kontrolle zu bringen. Mit meditativen Techniken gelingt das auch für einige zeitlose Momente. Doch hast du schon einmal versucht, während du deinem Kind bei den Schularbeiten hilfst, eine Mousse au chocolat zubereitest oder deinen Automotor auseinandernimmst, *nicht* zu denken? Falls ja, werden die Ergebnisse entsprechend gewesen sein. Wir wollen damit sagen, daß es innerhalb eines tätigen Lebens nicht möglich ist – von beglückenden Augenblicken abgesehen –, das Denken einzustellen.

Und nun bin ich am entscheidenden Punkt angelangt. Du hast zwar keinen Einfluß darauf, ob etwas von deinem Unterbewußtsein gespeichert wird, aber zu einem wesentlichen Teil sehr wohl darauf, *was* gespeichert wird. Ich will erklären, warum das so wichtig ist. Dazu muß ich meinen sehr mechanischen Vergleich mit der Tonnbandcassette jetzt doch fallenlassen und einen besseren heranziehen.

Stell dir vor, dein Unterbewußtsein wäre ein Garten und deine Gedanken die Samen, die du in diesem Garten pflanzt. Aus Samen wächst etwas (das ist der Unterschied zum Tonband), etwas, das vorher nicht da war. Eine Blume, eine Frucht materialisiert sich, wird langsam Wirklichkeit. Du mit deinem bewußten Geist bist der Gärtner dieses Gartens, und du mußt ihn bepflanzen – doch du hast die Wahl, welche Art von Samen du nimmst.

Diese Samen sind deine Gedanken. Böse, traurige, zerstörerische Gedanken bringen ebensolche Früchte hervor. Ein jegliches wächst nach seiner Art. Aufbauende, liebevolle, freudige Gedanken bringen ebenfalls entsprechende Früchte hervor. Mit anderen Worten: Denkst du zum Beispiel immer wieder an Krankheit – säst du den Samen der Krankheit –, so schließt dein Unterbewußtsein *automatisch* daraus, daß Krankheit die Frucht ist, die du ernten möchtest! Und es wird alles veranlassen in deinem Körper, um deinem »Wunsch« zu entsprechen.

Alles, was du denkst, hat die Tendenz, sich zu materialisieren. In deinem Körper, deiner Umgebung, deinen Lebensumständen. Durch ständige Wiederholung verstärkst du diese Tendenz. Das ist ein geistiges Gesetz, dessen Tragweite dir ganz klar sein sollte. Wenn du einen sonnigen, heiteren Charakter hast und ab und zu eine Regenwolke über dein Gemüt zieht, so hat das wenig Wirkung auf dein seelisches und körperliches Befinden und auf deine Lebensumstände. Wenn du jedoch Tag für Tag mit angstvollem Grübeln, mit Groll gegen andere und depressiver Verstimmung zubringst, so höhlt der stete Tropfen den Stein: Das Ergebnis wird in deinem Leben sichtbar.

Alles, was sich ausdrückt, was sich seiner Umgebung mitteilt, hat eine Sprache. Diese Sprache muß nicht immer aus Worten bestehen. Die Sprache deines Unterbewußtseins ist eine Sprache der Bilder. Es versteht Worte und Begriffe nur in dem Maße, als sich ein Bild damit verbindet. Wenn du das Wort »Glück« denkst, so kann dein Unterbewußtsein nur etwas damit anfangen, wenn du ihm die Bilder dazu lieferst, die du mit diesem Wort verbindest: eine Liebesumarmung, eine bestandene Prüfung, ein einsamer Strandspaziergang oder was auch immer. Wenn du nun Kontakt zum Garten deines Unterbewußtseins aufnehmen willst und gezielt positive Gedanken darin säen möchtest, so ist es von entscheidender Bedeutung für deinen Erfolg, daß du in Bildern denkst.

Doch das bringt uns schon zur nächsten Frage.

Frage: Was bedeutet positives Denken, und wie kann ich damit meine Zukunft selbst gestalten?

Der Ausdruck »positives Denken« wird so oft mißverstanden, daß ich ihn gar nicht mehr gern gebrauche. Viele Leute meinen, damit wäre ein Akt der Verdrängung, des Zukleisterns, der Schönfärberei, der Verlogenheit bezeichnet. So als wollte ich alles »Negative« unter einen riesigen Teppich kehren und gar nicht mehr hinschauen.

Jeder Mensch, der ein Gespür für seelische Vorgänge hat – das muß ganz und gar kein Psychologe sein –, weiß, daß das nicht möglich ist. Das, was wir unter den Teppich kehren, ist nicht verschwunden, es ist nur vorübergehend unserem Blick entzogen. Eines Tages quillt es unter dem Teppich hervor und wird dann unsere ganze Wohnung verschmutzen...

Positives Denken ist treffender »konstruktives« Denken. Etwas wird aufgebaut, unser Geist wendet sich Inhalten zu, die erwünscht sind. Stell dir vor, du stehst auf einem großen Bauplatz, auf dem viele, viele Baumaterialien herumliegen. Positives Denken sichtet Vorhandenes und ordnet das zur Verfügung Stehende in jetzt brauchbar und eventuell später brauchbar ein. Positives Denken heißt, den Bauplatz nicht als Chaos zu bezeichnen, sondern weiß um die Nützlichkeit von allem. Positives Denken wertet nicht, sondern versucht, für das Existierende den rechten Ort und die rechte Zeit zu finden. Positives Denken geht davon aus: Alles ist *gleich*-gültig! Alles ist brauchbar, nur nicht unbedingt jetzt. Ich habe schon gesagt: Ein jegliches gedeiht nach seiner Art. Je konstruktiver du denkst, desto mehr wird in deinem Leben aufgebaut. Du zerstörst nicht länger die Grundlagen deines Seins, du entwickelst sie weiter, du führst sie immer größerer Vollkommenheit zu.

Ich bin der Meinung, daß diese Weiterentwicklung von der niederen Form zur höheren Form der Sinn unseres Lebens ist. Jeder von uns ist ein Teil jenes gewaltigen Umwandlungsprozesses, den wir Evolution nennen. Yogananda hat einmal ein poetisches Bild dafür gefunden, das ich in diesem Buch schon interpretiert habe: »In der Schöpfung scheint es so, daß Gott im Gestein schläft, in den Blumen träumt, in den Tieren erwacht und im Menschen weiß, daß er wach ist.«

Die Stufen der Evolution unterscheiden sich also durch die verschiedenen Grade von Bewußtsein. *Alles* ist Bewußtsein. Materie ist die niedrigste Form von Bewußtsein; das universelle, prinzipielle, reine Bewußtsein ist die höchste, die göttliche Form.

Wir Menschen sind eine Zwischenstufe, ein Wesen des Übergangs. Wir haben die Bewußtseinsformen von Gestein, Pflanze und Tier überschritten. Das heißt nicht, daß wir sie hinter uns gelassen, die Verbindung mit ihnen abgebrochen haben. Wir haben noch sehr viel kristallines, vegetatives und – das ist wohl am deutlichsten – tierisches Bewußtsein in uns. Doch erstmals »weiß« Gott in uns, daß er wach ist. Wir sind individuelles, spezielles Bewußtsein, das über unsere körperliche Existenz, über unser Ego hinausweist.

Die Menschen des Wassermann-Zeitalters sind dazu aufgefordert, einen weiteren Schritt nach vorne in der evolutionären Entwicklung zu tun. Um unser weiteres Überleben zu sichern, müssen wir überholte Verhaltensweisen hinter uns lassen. Unsere Kampfbereitschaft, unsere Ablehnung alles Fremden, unser Egoismus, unsere Abgrenzung sind Relikte aus der Frühgeschichte der Menschheit. Damals haben, im nackten Kampf ums Überleben in einer rauhen Umwelt, diese Eigenschaften wertvolle Dienste erwiesen. Doch nun können wir sie überschreiten, also einen Schritt weiter, nach vorne gehen. Und wir kennen auch schon das Ziel: Die Verschmelzung unseres individuellen, speziellen Bewußtseins mit dem universellen, höheren Bewußtsein.

Wir Menschen sind fünf Milliarden verschiedene Wege zu diesem Ziel. Der eine steuert es direkt an, der andere macht – für ihn notwendige – Umwege.

Wir wissen nicht, wann wir eine neue Stufe der Evolution erreicht haben werden, und wir wissen auch nicht, wie es dort tatsächlich aussehen wird. Genausowenig wie die Affen sich darüber unterhalten konnten, wie ein Mensch beschaffen sein wird. Nach einer unendlich langen Anhäufung von Quantität passierte plötzlich der qualitative Sprung. Genauso werden wir es erleben. Vielleicht wirst du selbst in diesem Leben noch nicht ein »neuer Mensch« sein, aber du kannst deinen speziellen und ganz persönlichen Teil dazu beitragen, daß dieser schöpferische Sprung einmal geschieht.

Ich kehre zurück zu deiner konkreten Frage. Ich hoffe, ich habe dich jetzt davon überzeugt, wie notwendig es ist, positiv, also konstruktiv zu denken. Du erschaffst damit buchstäblich die Grundlagen deines Seins, du gestaltest deine Zukunft.

Die Zukunft kann immer nur aus der Gegenwart entstehen. Du kannst nicht die Zukunft verändern, denn die ist nur ein abstrakter Begriff. Das, was wandelbar ist, ist das *Jetzt,* deine unmittelbare Gegenwart. Kümmere dich also niemals darum, was sein wird, das ist intellektuelle Spielerei. Schau auf das, was ist. Wenn du Schnittlauchsamen in deinen Garten säst, ist es doch verrückt, darauf zu hoffen, daß Petersilie daraus entsteht, oder? Genauso ist es mit deinen Gedanken-Samen. Möchtest du morgen »Petersilie« ernten, mußt du auch heute »Petersilie« säen. Also, möchtest du Gutes, Gesundes, Erfolgreiches morgen ernten, geht das gar nicht anders, als daß du *heute* Gutes, Gesundes, Erfolgreiches denkst. Tust du das nicht, ist dein Leben, wie ich das leider so oft beobachten konnte, eine endlose Kette von kraftlosen und illusionär bleibenden Hoffnungen und Wünschen.

Heute ist der erste Tag vom Rest deines Lebens. Heute beginnt deine Zukunft. Streiche jedes »Wenn« und »Aber« aus deinen Gedanken. Wir haben es uns angewöhnt, unser Glück ständig von irgendwelchen Bedingungen abhängig zu machen. *Wenn* ich Geld habe... *Wenn* ich verheiratet bin... *Wenn* ich diesen Job bekomme... Was ist dann? Dann beginnt eine neue Kette von »Wenns« und sonst gar nichts!

Lerne die Verwirklichung deiner Wünsche im Hier und Jetzt zu suchen. Grübele nicht ständig in der Vergangenheit nach und sorge dich nicht, lebe! Es gibt kein Wenn und kein Dann. Es gibt jetzt, in diesem Augenblick, dich, so, wie du gerade bist. Dieser Augenblick kehrt in Hundertmillionen Jahren nicht mehr zurück. Nutze ihn. Alles, was du verändern willst, muß du hier und jetzt in die Wege leiten. Nicht später, irgendwann oder »wenn«!

Die großen geistigen Führer, und auch die oft im Verborgenen liebevoll helfenden Frauen aller Jahrhunderte wußten: Die Ewigkeit liegt im Augenblick, das, was zählt, muß immer wieder hier und jetzt geschehen. Leben ist reines, absichtsloses Sein.

Wie schwer das uns planenden, intellektuellen Wesen fällt! Zwinge dich nicht dazu, das wäre ja schon wieder lenkende Absicht. Aber vielleicht kannst du dir angewöhnen, deine Gedanken und Gefühle immer wieder geduldig auf deine unmittelbare Gegenwart zurückzuführen. Denn nur das, was du überhaupt wahrnimmst, kannst du auch verändern. Was du nicht siehst und empfindest, entzieht sich deinem Bewußtsein. Wie willst du da etwas verändern?

Wir wissen, daß unser Bewußtsein nur der oberste Kristall eines Eisberges ist, der im Meer des Unbewußten schwimmt. Unsere

Gedanken und Gefühle kommen und gehen, tauchen auf und tauchen wieder unter. Das ist eine geistige Bewegung, die unwillkürlich abläuft. Möchtest du Einfluß auf diese geistige Bewegung nehmen, so mußt du zunächst einmal versuchen zu *beobachten,* was da eigentlich in dir geschieht. Natürlich, das ganze »Meer« kannst du nie erfassen, doch wenigstens den »Eisberg« etwas näher erkunden. Dazu gibt es eine wirkungsvolle Technik.

Frage: Was ist »Gedankenkontrolle«, und wozu ist sie nützlich?

Ich mag das Wort »Gedankenkontrolle« nicht sehr, es hört sich so nach Zwang und Reglementierung an. Dennoch ist dieser Vorgang von entscheidender Bedeutung für deinen Erfolg. Gedanken der Fülle, des Reichtums und der Liebe erzeugen Glück und Erfolg in deinem Leben. Gedanken des Mangels Mangelsituationen und Mißerfolg. Ich wiederhole das bewußt immer wieder in diesem Buch, weil ich möchte, daß diese Erkenntnis tief in dich eindringt.

Nun ist es aber so, daß wir uns selbst nicht so gerne als Urheber negativer Gedanken sehen. Immer wieder rechtfertigen wir Negatives mit unserem Verstand, oder – und das ist noch schlimmer – wir schieben es ab in den »Keller«. Wir verdrängen es, wir tun so, *als wäre es gar nicht da.*

Doch das, was du nicht wahrnimmst, kannst du auch nicht verändern. Wenn du glaubst, du würdest den lieben langen Tag nur liebevolle Gedanken hegen, so kann das einfach nicht stimmen, wenn gleichzeitig dein Leben in größter Unordnung ist. Beharrst du darauf, nichts dafür zu können, dann verschließt du nur die Augen vor der Wahrheit.

Ich möchte dir eine Möglichkeit zeigen, wie du feststellen kannst, was sich tatsächlich in deinem Kopf abspielt. Nimm dir eine beliebige Woche vor, in der du dich zwei- bis dreimal am Tag für eine kurze Zeit zurückziehen kannst. In dieser Zeit schreibst du auf, was du in den davorliegenden fünf Minuten gedacht hast. Lege jeden Morgen fest, welche fünf Minuten das sein werden. Konzentriere dich dann auf diese fünf Minuten und versuche *alles* aufzuschreiben, selbst die kleinste Gedankenregung, die durch dich hindurchgegangen ist.

Zum Beispiel: Sehnsucht nach Sex, Ärger mit dem Chef, Lust auf ein Bier, Neid auf einen erfolgreichen Freund, Angst vor einem Vorstellungsgespräch... Bitte versuche, so ehrlich wie möglich zu sein (deine Aufzeichnungen sieht ja niemand!).

Nach dieser Woche beginnt die Auswertung deiner Notizen. Teile deine Gedanken in Sachgruppen auf, etwa »Wunsch nach Reichtum« oder »Neidgefühle« – und vermerke alle notierten Gedanken unter dem jeweiligen Stichwort. Nach Abschluß dieser Arbeit wirst du bemerken, *daß sich der größte Teil deiner Gedanken immer wiederholt.* Welche »Sachgruppe« ist die häufigste? Besonders interessiert solltest du an den negativen Gedanken sein. Vielleicht wird dir so das erste Mal in deinem Leben bewußt, wie eifersüchtig du bist oder wie wenig du deinen Körper magst.

Achte einmal in deinem alltäglichen Leben darauf, wie oft du negative Gefühle nicht wahrhaben willst. Gerade die intelligentesten Menschen finden die farbigsten Ausreden. So werden Aggressionen als »Kritikfähigkeit« ummäntelt, Lieblosigkeit als Sachlichkeit oder Eifersucht als Liebe »verkauft«.

Ich möchte ein paar Worte zu einem Gefühl sagen, das wir uns besonders ungern eingestehen: das ist der Neid. Während der Eifersucht oder dem Haß noch etwas Leidenschaftliches anzuhaften scheint, ist Neid in unseren Augen rein negativ. So negativ, daß wir ihn gern allen anderen Menschen unterstellen, aber wir – nein, wir sind doch nicht neidisch!

Viele Konflikte zwischen Menschen beruhen aber gerade auf Neidgefühlen. Nicht eingestandener Neid vergiftet Beziehungen, denn er macht böse und unehrlich.

Ich stelle mir mal vor, dein Kollege bekommt eine Gehaltserhöhung und du nicht, obwohl du sie deiner Meinung nach mindestens genauso verdient hast. Du gratulierst ihm scheinheillig lächelnd, aber in deinem Herzen nagt ein Neid, den du dir nicht eingestehst. Vielleicht fängst du jetzt an, schlecht über deinen

Kollegen zu reden und seine Leistungen herabzusetzen. Doch damit vergiftest du nur *dein* Gemüt. Die negativen Gedanken in dir bringen Negatives in *deinem* Leben hervor – nicht in dem des Kollegen. Weil du dir das Neidgefühl aber gar nicht eingestanden hast, kannst du dich auch nicht davon lösen! Hättest du gleich zu dir gesagt: »O je, da bin ich aber neidisch«, dann wäre die Sache ganz anders gelaufen. Du könntest dieses Gefühl empfinden und es dann loslassen. Den Neid in Frieden entlassen. Dann erst wärst du frei für positive und aufbauende Gedanken. Du würdest dir nämlich überlegen, wie du selber *auch* an eine Gehaltserhöhung kommen kannst.

Es steckt noch sehr viel materialistisches Denken in uns, das im Widerspruch zu den geistigen Gesetzen steht. So meinen wir oft, daß uns etwas fehlt, wenn es ein anderer hat. Wir neiden einem anderen Erfolg und Glück in der verrückten Annahme, daß er unseren Erfolg und unser Glück dadurch »wegnimmt«. So wie ein Kind einem anderen ein Leberwurstbrot wegnehmen kann.

Doch geistige Güter werden nicht weniger durch Teilung, im Gegenteil, sie vermehren sich. Bestimmt kennst du den Spruch »Geteilte Freude ist doppelte Freude«. Das ist nicht nur eine Redensart. Ich weiß ganz sicher: Wenn du an der Freude, dem Glück, dem Erfolg eines anderen teilhast, sind auch in deinem Herzen angenehme Gefühle. Damit hast du aber schon wieder den Keim gelegt für das Glück in *deinem* Leben.

Wahrhaftigkeit gegen sich selbst ist der erste große Schritt zum Erfolg. Erst wenn du dich mit klarem Blick sehen kannst und dir nichts vormachen mußt, erst dann kann sich Neues ereignen. Ich wünsche mir von dir, daß du gleich heute damit beginnst.

Vielleicht wirst du jetzt sagen: Das ist leichter gesagt als getan, und damit hast du sicher recht. Du bist dir nicht sicher, ob du es alleine schaffst, und so hältst du Ausschau nach Helfern. Darum geht es in der nächsten Frage.

Frage: Welche Therapieformen, Techniken, Systeme usw. führen mich am schnellsten zu meinem Ziel?

Ich kann gut verstehen, daß du nach einem Ziel fragst. Genauer: wie du es erreichen kannst. Und verständlich ist auch, daß du es möglichst schnell erreichen willst. Hast du dir einmal überlegt, warum du ein Ziel hast oder warum du ein Ziel haben willst? Und dann ist da auch noch die Eile. Versuche einmal, die folgende kleine Weisheit anzunehmen: *Ein bißchen Eile ist immer auch ein bißchen Angst.* Kannst du das für dich akzeptiern? Weil du Angst hast, möchtest du es hinter dich bringen. Was, das ist durchaus noch nicht klar, aber es hinter dich zu bringen, wäre schon eine große Erleichterung.

Es hat etwas zu tun mit der Kritik, der du so oft ausgesetzt warst. Wenn du es hinter dir hast, glaubst du, ist das mit der Kritik irgendwann vorbei. Endlich nicht mehr dem Urteil der anderen ausgesetzt sein! Endlich nicht mehr Angst haben zu müssen, alles wieder in Frage gestellt zu bekommen. Also, »Wie komme ich am schnellsten zu einem angstfreien Leben«, wäre ein Teil deiner Frage.

Die Frage nach dem Ziel ist entweder echt, nämlich die Frage nach dem eventuellen Endzustand, nach Erleuchtung oder wie auch immer du dir ein Endergebnis der materiellen Evolution vorstellst. Oder du fragst: Wie werde ich am schnellsten vermögend, wie werde ich am schnellsten supererfolgreich, oder wie ziehe ich möglichst viel Aufmerksamkeit auf mich. Vielleicht meinst du auch: Was muß ich tun, um möglichst schnell viel Macht zu haben?

Um dir zu helfen, erfolgreich zu sein, habe ich bisher drei Bücher geschrieben. Ich habe das getan, um dir möglichst viele Wege zu all deinen Zielen im materiellen und gesellschaftlichen Bereich aufzuzeigen. Die drei Bücher haben zusammen mehr als eine halbe Million Auflage und können dir recht gut dabei nützen, dich zu verwirklichen. Deshalb will ich hier versuchen, deine Frage im Sinne der ersten Definition zu beantworten.

All dem, was ich jetzt anschließend sagen werde, möchte ich

den Titel eines kleinen Büchleins voranstellen: »Der Erleuchtung ist es egal, wie du sie erlangst.« Somit würde sich im Grunde jedes Aufzeigen von Wegen erübrigen, aber es könnte sein, daß es der Erleuchtung doch nicht ganz egal ist, wer weiß.

Du fragst nach Therapieformen, Systemen, Techniken. Das sind genau die Worte, die der Intellektuelle gebraucht, um zu erklären, mit denen er versucht, etwas in den Griff zu bekommen. Mit Therapie habe ich mich vor sehr vielen Jahren beschäftigt, als ich mir selbst diese Frage stellte. Die Frage stellte sich jedoch nur so lange, bis ich mich umgeschaut hatte und mir die Natur des Bewußtseins begreiflich geworden war.

Mir war schon lange bewußt, daß Probleme zu haben wieder *verlernt* werden kann, denn als *angelernt* erkannte ich sie schon immer. Ich beschäftigte mich mit der Methode des Superlearnings, die von Dr. Lozanov begründet wurde. Dr. Lozanov behauptet, daß im Zustand von Trance (Meditation, Selbsthypnose, Entspannung) lernen oder Verlernen um ein Vielfaches schneller möglich ist. Dieser Effekt beeindruckte mich so, daß ich begann, mich dieser Methode zuzuwenden. Theoretisch und praktisch lernte ich, Möglichkeiten zu ergründen. Ich entschloß mich zu diesem Weg, als mir bewußt wurde, daß sich nur unter Umgehung des Wachbewußtseins, des Intellekts also, der Weg zu höheren Ebenen, zur Weisheit des Selbst eröffnet! Nur dort ist bei dir der Zusammenhang zu den Ereignissen bekannt, die du jetzt dein Problem nennst. Kein Verstand der Welt kann all die einzelnen Ursachen und »Ursächelchen«, eben all das, was zu deiner Verletzung beigetragen hat, aufspüren, um dann zu Resultaten zu gelangen. Zu groß ist die Zahl der Einflüsse und der daraus sich ergebenden Eventualitäten, als daß sie unser Intellekt bewerten könnte. Ich glaube, daß er von der Natur gar nicht dafür entwickelt wurde.

Beschäftige dich zukünftig mehr mit Intuition. Lerne sie zu begreifen, zu ergreifen, zu erfahren, zu ergründen. Ich für mich habe erkannt, daß es keine bessere Hilfe gibt, wenn du Lösungen suchst, die über einfache Sachprobleme hinausgehen. Lerne loszulassen, aus dem Kopf herauszugehen.

Versuche, jeden Tag eine Sekunde in einem Zustand zu verweilen, in dem du sozusagen nicht denkst. Versuche bei dem Vorgang, den wir »denken« nennen, zuzuhören. Beobachte deine Gedanken, wie sie kommen und gehen. Lerne nun aus dem Beobachten heraus zu erkennen, woher deine Gedanken kommen. Paß auf, was sie tun, wohin sie gehen. Lerne etwas völlig Neues, nämlich Beobachter zu sein. Das geht um so besser, je mehr du in der Lage bist, wirklich nur Zeuge zu sein. Lerne, nicht zu richten. Wenn du urteilst, liegt dem wieder Gedankenarbeit zugrunde. Genau das solltest du ja möglichst vermeiden.

Wenn du große Fragen an dich hast – was soll ich tun, wo ist mein Ziel, wie erreiche ich es am besten –, dann hilft es dir am meisten, die Lösung nicht im Kopf zu suchen. Lerne im übertragenen Sinn, mit dem Herzen zu sehen. *Nur mit dem Herzen sieht man gut.* Wenn dir das irgendwann zum erstenmal gelingt, besser gesagt, wenn »es geschieht«, dann wirst du wissen, daß deine Erkenntnis auf einer Ebene jenseits des Denkens liegt.

Von jetzt an beginnt eine neue Qualität in dir zu leben. Auf der Suche nach Lösungen überlegst du jetzt nicht mehr, welche Kombination von Knöpfen du in welcher Reihenfolge drücken mußt, um zum Ziel zu gelangen. Problemlösung heißt von nun an, Antworten zu suchen, noch richtiger, zur Antwort zu gehen. Du erkennst plötzlich, daß die Antwort auf eine lang gestellte Frage ohne Leistung, Arbeit und Aufwand, fast wie aus dem Nichts, da war. Du erkennst plötzlich, daß die Lösung, die Antwort auch ohne deine Frage schon immer existent war. Du erkennst plötzlich, daß die Antwort durch eine intensive Art des Nichtstuns und nicht durch Tun zu dir kam. Du brauchst sie dir nur einfallen zu lassen, und das ist, bei Gott, keine Arbeit.

Aber genau das war bisher dein Problem, du hattest immer Arbeit im Kopf, und dir »nur« etwas einfallen zu lassen, das war dir zu einfach!

Das, was geschieht, wenn du sozusagen nicht denkst und dir aus dem Nichts Antworten zufallen, kannst du als Intuition bezeichnen. Vom Verstand aus betrachtet kam das, was jetzt *ist,* nämlich die Antwort, aus dem, was nicht ist, Dein Verstand versteht das, was da passiert ist, nicht. Er sieht die Antwort, er erkennt, daß sie da ist, aber er weiß nicht, woher sie kam. Er wird von seiner eigenen Logik dazu gezwungen zu sagen: Sie kam aus dem, was nicht ist.

Erkenne hier deutlich die begrenzte Fähigkeit des Kopfes, er hat in der Evolution Aufgaben erhalten, die mehr im Ergründen und Beherrschen der Außenwelt liegen, als sich im Inneren zurechtzufinden. Wende dich, um in seelischen Bereichen bewußt zu sein, der Intuition zu. Man nennt sie eine seelisch selbständige Funktion. Wenn du durch Hypnose oder Meditation in Bereiche vorstößt, die jenseits des Denkens erst beginnen, erhältst du Zutritt zur Akasha-Chronik (einer Art kosmischer Datenbank), zum kollektiven Unbewußten der Menschheit, erhältst du eine Eintrittskarte zu jenem besonnten Raum, in welchem alles auf immer bekannt ist.

Wenn du das intuitiv verstanden hast, stellst du automatisch auch keine Fragen mehr, und von Eile ist schon lange keine Rede mehr. Du fragst nicht mehr: Wo ist mein Ziel, und wie komme ich am schnellsten dorthin. Du wirst, wenn du innerlich vollkommen losläßt, immer die Antwort in dir haben, und du wirst zur Antwort für vieles werden, nach dem du nie gefragt hast. Du wirst erkennen, daß sich dein Ziel aus der Antwort ergibt und nicht mehr räumlich und zeitlich von dir getrennt ist. Es gibt dann für dich nichts mehr, das in der Zukunft zu verwirklichen wäre, sondern nur noch gegenwärtig zu Lebendes. Du brauchst dann nur noch bereits Vorhandenes durch Leben in die Realität zu setzen.

Solltest du aber bereits vor dem Lesen dieser Seiten dein Ziel gekannt und deine Frage nur gelautet haben, wie komme ich am schnellsten dort hin, dann hier noch ein paar Gedanken dazu.

Sieh dein Ziel als einen Bewußtseinszustand an, der von dir *noch* nicht erreicht ist. Alles geschieht zur *richtigen* Zeit, heißt es, dein Ziel wäre demnach entweder nur noch zeitlich von dir entfernt, oder du mußt bis dahin eine Bewußtseinsveränderung herbeiführen, erfahren. Meditiere darüber. Das, was du dein Ziel nennst, ist das Ergbnis deiner Entwicklung bis zu diesem Punkt. Dich irgendwohin zu entwickeln, kannst du beschleunigen. Springe im Geiste von deiner Gegenwart zu deinem zukünftigen Ziel. Überbrücke also geistig Wochen, Monate, Jahre. Versetze dich in das Gefühl hinein, das du haben wirst, wenn du am Ziel bist. Lebe für Minuten oder länger total in dem Bewußtsein, »es ist erreicht, es ist vollbracht«. Vollziehe geistig Handlungen, die darauf basieren, daß du dein Ziel erreicht hast. Wenn du total mit dem Bewußtseinszustand, am Ziel zu sein, verschmolzen bist, begib dich wieder zurück in die Vergangenheit, oder nenne es Gegenwart.

Wenn du von jetzt an täglich dieses Verschmelzen mit dem Ziel praktizierst, gibst du der zeitlichen Dimension von jetzt bis dann einen verkürzenden Impuls, der das Ersehnte näherrücken läßt. Beginne die Qualität zu entwickeln, die du brauchst, um »legal« Zukünftiges schon jetzt zu vergegenwärtigen.

Der schnellste Weg zu deinem Ziel ist es, dir Gedanken zu machen über das Wesen von Zeit. Zu erkennen, daß Zeit ein Maßstab ist, mit dem du Fortschritte im Bewußtseinsbereich ermessen kannst. Zeit hat bei seelischen Vorgängen nur geringen und eher nebensächlichen Einfluß.

Verstreicht viel Zeit vom Erkennen deiner Wünsche bis zu ihrer Umsetzung, so hat das etwas mit deinem Bewußtsein zu tun. Dein Selbst-Bewußtsein enthält das Wissen um deine Meisterschaft. Ist sie erkannt, verkürzt sich parallel mit ihrem Wachsen die Zeitspanne von Zielerkennung und Zielerreichung.

Beschäftige dich mit der Kraft des Glaubens, stärke deinen Glauben, in ihm findest du die Zeit, die sonst verstreicht, bis du dein Ziel erreichst. Auf dem Weg durch dein Leben lernst du zu glauben oder zu warten. Ich wünsche dir, daß dir zur rechten Zeit dein Wunsch erfüllt werde, so daß du nicht einen Schritt vor dem anderen tust. Zu leicht stolperst du sonst, und dir wird wieder genommen, was dir noch nicht gehörte. Wünsche dir nicht zu empfangen, bevor du gegeben hast. Du mußt erst Platz schaffen für Neues. Deshalb steht vor dem Empfangen das Geben. Beschäftige dich mit dem Glauben, und du findest Zeit. Deine Zielvorstellung ist durch die Zeit von dir getrennt, die du benötigst, um dich zu entwickeln, auf daß du innerlich mit ihr übereinstimmst. Dann entfallen Systeme, Techniken und die Frage nach dem kürzesten Weg. Dann erkennst du, daß alles seine richtige Zeit hat. Denn dann kann dir niemand nehmen, was dir gehört. Genauso wie niemand behalten kann, was ihm nicht gehört. Nenne dein Ziel Zufriedenheit.

Du suchst immer noch nach einer Therapie? Nun, dann möchte ich dich mit der Hypnosetherapie bekannt machen, denn ich halte sie für die beste Möglichkeit, dich auf den Weg des Glaubens und der Zufriedenheit zu führen.

Frage: Was ist Hypnose, und was geschieht in der Hypnosetherapie?

Für den tranceartigen Zustand, den wir Hypnose nennen, haben die Wissenschaftler bisher noch keine Erklärung gefunden. Die meisten Menschen haben eine recht eigenartige Vorstellung davon. Vergiß bitte die spektakulären Berichte über Hypnotiseure in Fernsehshows oder auf Jahrmärkten! In der Hypnose wird niemand ein willenloser Sklave eines anderen, und du bist auch nicht bewußtlos oder in einer Vollnarkose.

Wie oft stehen wir im Alltagsleben unter Hypnose! Wenn du hingerissen den Worten eines Politikers lauschst – falls so etwas heutzutage überhaupt noch vorkommt –, stehst du unter Hypnose. Wenn du in einem Popkonzert von deinem Idol verzückt bist, befindest du dich in einem hypnoseartigen Zustand. Ebenso, wenn du bei der Lektüre eines spannenden Buchs die Welt um dich herum vergißt.

Hypnose als Therapie kann in der Hand eines verantwortungsbewußten Arztes oder Heilpraktikers ein wunderbares, segensreiches Instrument sein. Unter Hypnose bist du in einem Zustand des selektiven Bewußtseins. Es öffnen sich Tiefenschichten, die dem normalen Bewußtsein gewöhnlich nicht zugänglich sind. Dadurch kommen längst vergessene und verdrängte Bewußtseinsinhalte nach oben und können hier bearbeitet werden.

Durch positive Suggestionen wird der Therapeut aber auch dein Unterbewußtsein positiv »programmieren«. Das kannst du auch selber, doch es hat sich herausgestellt, daß Fremdsuggestionen einen vielfach höheren Wirkungsgrad haben als Autosuggestionen. Unter Hypnose werden Umprägungen im Unterbewußtsein zigmal schneller wirksam, als wenn du es im Alleingang machst. Dennoch sind Autosuggestionen in deinem Alltag eine unschätzbare Hilfe. Auch wer langsam geht, kommt schließlich ans Ziel.

Was kann Hypnose? Ich möchte nur einen kleinen Ausschnitt der unendlich vielfältigen Möglichkeiten zeigen. Hypnose kann:
Krankheiten auflösen
Ängste vertreiben
Verhaltensstörungen beseitigen
Neurosen verschwinden lassen
von Süchten befreien
Kreativität steigern
Spiritualität weiterentwickeln
die Lernfähigkeit vergrößern
verborgene Talente entdecken
liebesfähiger und selbstbewußt machen.

Hypnose ist eine relativ einfache Einflußnahme auf unser komplexes Seelenleben. Sie hat keine Nebenwirkungen wie Medikamente, und sie kuriert das Übel an der Wurzel, anstatt, wie häufig die Schulmedizin, nur an Symptomen herumzudoktern. Menschen, die seelisch und körperlich krank sind, haben meist das Gefühl, hilflos irgendwelchen äußeren Mächten ausgeliefert zu sein. Sie kommen gar nicht auf die Idee, die Heilung in *sich* zu suchen. Hypnose, wie ich sie einsetze, läßt den Patienten erkennen, daß in ihm eine unzerstörbare Instanz ist, die Lösungen für alle seine Probleme hat.

Es gibt drei Phasen oder Tiefengrade der Hypnose. Eine Therapie wird im oberen oder mittleren Bereich durchgeführt. Hier nimmt der Patient alles um sich herum wahr, aber er hat keinen Willen mehr, es mit dem Verstand zu beeinflussen. Mechanische Handlungen wie das Öffnen der Augen oder das Heben eines Arms sind erschwert. Nun können die Inhalte des Unterbewußtseins hochsteigen. Längst vergessene Bilder und Situationen formen sich plastisch. Diese Bilder und Situationen sind vom Bewußtsein verdrängt worden, weil sie schmerzhaft oder unangenehm waren. Im Zustand des entspannten Betrachtens kann der Patient nun in diese Situationen neu hineingehen. Er wird ganz neue Aspekte entdecken. Oft stellt er fest, daß sich Gedanken und Gefühle längst überholt haben, daß die alten Schmerzen nichts mit seiner heutigen Lebenssituation zu tun haben. Er kann Abschied nehmen von diesen Bildern und sie in Frieden entlassen.

Es gibt dann noch die dritte und tiefste Phase der Hypnose, den Somnambulbereich. Hier ist ein Mensch für die Außenwelt tatsächlich nicht mehr erreichbar. Er ist so weit entfernt, daß er die Worte des Therapeuten – und damit auch die positiven Suggestionen – nicht mehr aufnehmen kann. Allein deshalb scheidet diese Phase, die ohnehin nur von wenigen Menschen erreicht werden kann, für die Therapie aus.

Ich hoffe, ich konnte dich davon überzeugen, daß Hypnose nichts mit Gewalt oder Gehirnwäsche zu tun hat. Die Morde, die von Hypnotisierten ausgeführt werden, sind nichts als Phantasiegebilde einfallsreicher Krimiautoren. Nimm so etwas als Unterhaltung – und lach darüber!

Wenn du in die Tiefen deines Unterbewußtseins hinabsteigen willst, mußt du dich zuerst einmal von der Alltagswelt abwenden.

Bei der Hypnosetherapie liegst du in einem ruhigen, abgedunkelten Raum, der wenig äußere Sinnesreize bietet. Wenn du möchtest, kannst du leise meditative Musik hören. Sie übt einen beruhigenden Einfluß auf dein Nervensystem aus. Jede Hypnose beginnt mit Entspannung. Nach Art des autogenen Trainings werden deine Glieder langsam entspannt, dein Atem zur Ruhe gebracht. Alles an dir wird müde und leicht. Du hast das Gefühl tiefer Ruhe und Harmonie in dir. Das, was außerhalb deiner selbst ist, wird ganz unwichtig. Nur die Stimme des Therapeuten dringt in dein Ohr. In der Hypnose willst du nichts – das ist eine Aktivität des Verstandes –, du läßt einfach geschehen. Es geschieht mit dir.

Hypnose kann zur einschneidendsten Erfahrung deines Lebens werden. Jahrzehntelang hast du dein Leben nach bestimmten Mustern gestaltet, die dir, oft ohne dein Wissen, aufgedrängt worden sind. Hypnose wirkt nicht wie ein Donnerschlag, der dein Leben von einer Minute auf die andere umkrempelt (obwohl auch das geschehen kann), Hypnose öffnet vielmehr ein Tor zu einem neuen Weg. Manchmal bäumt sich dein altes Ego noch einmal mit Macht auf, bevor es zum Rückzug bewegt wird. Doch wie ein steter Tropfen den Stein höhlt, wird schließlich die Kraft wirksam, die du in dir beständig stärkst. Also die positive Kraft. Ich habe auch erlebt, daß Menschen von der Hypnosebehandlung enttäuscht sind. Sie haben sich vorgestellt, daß da ein anderer ist – der Therapeut –, der ihnen alle Lasten abnimmt. Sie meinen, wenn sie sich passiv dieser Behandlung unterziehen, ist alles getan. Wenn du diesem Irrtum verfällst, erlebst du schwere Enttäuschungen. Der Therapeut kann dir einen Weg zeigen – doch gehen mußt du diesen Weg selber!

Die Hypnosetherapie ist eine Einzelbehandlung, hier wird auf deine spezielle Problematik eingegangen. Doch oft liegt das »Problem« gerade darin, daß du dich als isoliert empfindest, Kontaktschwierigkeiten hast und überdies der Meinung bist, daß alle anderen Menschen auf der Welt vor Glück platzen, und nur dir armem Wurm geht es schlecht. Zeit, in ein Seminar zu gehen! Hier lernst du dich als Teil eines Ganzen zu sehen und erfährst, daß es keine persönlichen Probleme gibt, sondern daß *alle* die gleichen Schwierigkeiten haben, auch wenn sie sich in vielerlei Weise ausdrücken.

Frage: Was spielt sich in deinen Seminaren ab?

In einem guten Seminar sollte ein von allen Teilnehmern getragenes geistiges Feld entstehen, das jedem einzelnen hilft, die alten Verhaftungen seiner Vergangenheit loszulassen. Spirituelle Seminare, wie ich sie halte, sollten dazu beitragen, unser Bewußtsein schneller zu entfalten. Es ist offensichtlich, daß geistiges Wachstum heute von vielen als ein Vorgang der Verschmelzung verstanden wird, bei dem das Ich sich zum Wir verwandelt. Gruppen bieten unter der sachkundigen Leitung eines Therapeuten Möglichkeiten zur Bewußtwerdung, für deren Entwicklung sonst Jahre nötig wären. Die Dynamik einer Gruppe hilft, aufgebaute Schranken zu erkennen und, in einem zweiten Schritt, abzubauen.

Genau hier liegt bei jedem Menschen gleichermaßen der Bereich, in dem er die sogenannte Arbeit an sich selbst zu tun hat. Wir alle sind Wesen mit unendlich vielen Fähigkeiten, die es zu erkennen und dann zu entwickeln gilt. Fähigkeiten, Talente in uns zu erkennen, ist verständlicherweise ein Akt der Bewußtwerdung.

Immer wieder wirst du, wenn von Menschen die Rede ist, mit dem Begriff Bewußtwerdung in Berührung kommen. Immer wieder wird jeder mit der Nase darauf gestupst, bis er es verstanden hat. Alles, was uns bisher leiden ließ, war das Ergebnis von Unbewußtheit. Wenn ich losgehe und später feststelle, daß ich etwas mitzunehmen vergessen habe, heißt das, daß ich mir dieser Sache beim Weggehen nicht bewußt war, ich dachte nicht an sie. Denken ist Ausdruck von Bewußtheit, Nichtdenken von Unbewußtheit. Wenn ich mich schmerzhaft verletze, so liegt das daran, daß ich nicht aufgepaßt habe. Kleine Kinder hauen den »bösen« Tisch, der sie gestoßen hat, weil sie noch nicht begreifen können, daß sie selbst der Verursacher sind. Aufpassen ist gleichbedeutend mit Bewußtheit, Gewahrsamkeit, es ist das Licht Gottes, das uns den Pfad leuchtet.

Bewußtheit ist ein Attribut höher entwickelter Lebewesen und bei uns Menschen durchaus als Geschenk des Schöpfers an seine Geschöpfe zu sehen. Wir Menschen sind, wenn es zum Beispiel durch unwegsames Gelände geht, in einem großen Maße in der Lage, auf Unvorhergesehenes zu achten, ja wir sind fähig vorauszuahnen, wie und wo es gefährlich werden könnte. Ein Tier ist nur auf seinen ganz speziellen Feind ausgerichtet, andere Gefahren als die, auf die es »programmiert« ist, erkennt es nicht. Deshalb kommen auch so viele Tiere zum Beispiel durch Autos um, eben weil dieser »Feind«, der für uns so offensichtlich ist, nicht in ihrem Feindbild-Raster gespeichert ist.

Unsere Fähigkeit, bewußt zu sein, ist zugleich Auftrag, und wenn wir ihm ungenügend entsprechen, werden wir in geeigneter Weise darauf hingewiesen. Fähig sind wir, du und ich, aber noch ziemlich unterbelichtet, noch ziemlich unterentwickelt. *Meine Seminare verstehen sich als Entwicklungshilfe*. Ich gehe davon aus, daß alle Anlagen in uns vorhanden sind, aber daß sie noch in Alu- oder Klarsichtfolie verpackt sind und auf ihren jüngsten Tag warten, an dem sie auferstehen... In meinen Seminaren versuche ich mit meinen Therapeuten prinzipielle, aber auch individuelle Hilfe zu geben, je nach innerer Bereitschaft des einzelnen Teilnehmers. Talente zu entwickeln, bedeutet, sich zu öffnen, aus sich herauszugehen, auf Neues eingestellt zu sein, zu einem Abenteurer zu werden. Neu entwickelte Fähigkeiten einzusetzen, heißt: Etwas ist anders geworden. Du bist fähiger als vorher. Indem du eines deiner Talente auspackst, steht dir zugleich ein neues Werkzeug zur Verfügung. Du kannst in Zukunft langsamer tun, weil du schneller geworden bist, das heißt, du hast mehr Möglichkeiten, zum Ziel zu kommen. Viele deiner Talente sind sozusagen noch nicht in Dienst gestellt, sie werden im Lichte deines sich erweiternden Bewußtseins von dir erkannt, und bald läßt dich deine Neugier nicht mehr in Ruhe, sie auch auszuprobieren. Vieles von dem, was du heute bist und tust, konntest du dir vor vielen Jahren gar nicht vorstellen. Und heute kannst du dir noch nicht vorstellen, was in fünf oder zehn Jahren selbstverständlich für dich sein wird.

Spirituelle Seminare zeigen dir, woher du kommst, aus welchem Stoff du bist und wohin du gehst. Aus Geist bist du geworden, zu Geist wirst du wieder werden, könnte es in Abwandlung der Beerdigungsrede heißen. Du lernst in meinen Seminaren weniger, deine Hände einzusetzen, dafür um so mehr deinen Geist. Du lernst zu erkennen, daß deine Hände direkter Ausdruck deines schöpferischen Geistes sein sollten. Seminare können dir helfen, zielgerichtet vorzugehen, dich selbst wahrzunehmen. Seminare helfen dir, die Angst abzubauen, die dich seit Urzeiten dirigiert. Bewußtwerden heißt erkennen. Wenn du den Sinn von Angst verstehst, hast du gleichzeitig die Möglichkeit, dich von ihr da zu befreien, wo sie nicht mehr gebraucht wird. Angst hat dich davor bewahrt, Dinge zu tun, für die du eventuell noch nicht bereit warst. Angst warnte dich vor dem Unbekannten, weil das früher fast immer gleichbedeutend war mit Gefahr. Heute ist das Leben weit weniger unmittelbar gefährlich als früher, nur, eingeschliffene und genetisch weitergegebene Verhaltensmuster lösen sich nicht in wenigen Jahrhunderten auf. Deshalb helfen dir Seminare, das Potential, das in der Angst steckt, in jetzt hilfreiche Formen von Führung umzuwandeln.

Seminare zeigen dir, was damit gemeint ist, wenn ich sage: Sei durchlässig, transparent, widerstandslos. Sie lassen dich erkennen, warum Widerstand der Grund für Leiden ist. Dem Ruf, dem wir alle folgen, freiwillig zu entsprechen, heißt, mühelos in einem Strom zu schwimmen, der einst im Meer einmünden wird. Du wirst getragen vom Strom des Lebens und bist dabei Vorbild und Helfer für andere. Lies die Geschichte »Illusionen« von Richard Bach, von den Wesen, die am Grunde eines kristallklaren Flusses alles festhalten.

In spirituellen Seminaren lernst du loszulassen, du lernst vor allem verstehen, was das konkret heißt. Dein Kopf gibt dir nur wenig Information über diese Angelegenheit, er meint, na ja, die Hand aufmachen und ein Ding hergeben. Loslassen, so wie ich es verstehe, kann dein Leben retten, zumindest aber, es zum Positiven umgestalten helfen.

In meinen Seminaren möchte ich dir beistehen, dich neu einzuordnen, dich einzuordnen möglichst an dem Platz, an dem dich das Leben am liebsten vorfinden würde. Die meisten Menschen haben mit sich und der Welt Probleme, weil sie nicht ihren Qualitäten entsprechend aktiv sind. Viele bieten sich weit unter Wert an, sie wären zu Großem fähig, aber sie glauben nicht daran. Ich selbst habe aufgehört, dem ungläubigen Thomas etwas von sich selbst zu erzählen. Ich wende mich heute ganz bewußt jenen zu, die auf der Suche nach sich selbst sind und erkennen, daß Vertrauen und Glauben die wichtigsten Wegbegleiter auf der Straße des Lebens sind. Wer sich selbst sucht, wird sich selbst finden, und dann wird er sich auch selbst vertrauen.

Du weißt nicht, was du jetzt tun sollst? Dann lies meine Antwort auf die nächste Frage.

Frage: Soll ich Seminare besuchen, und welche sind die richtigen für mich?

Das Leben, die ganze Welt ist eine einzige Schule. Wo auch immer du bist, was auch immer du tust – in allem liegt Lernen. Wie das Wort »Fortschritt« verbildlicht: du schreitest fort. Unser ganzer Planet ist eine Gesamtschule und ständig im Begriff, sich lernend weiterzuentwickeln. Das in allen Erscheinungen enthaltene Wissen offenbart sich täglich mehr und mehr. Wie die Blüte bereits in der Knospe als Anlage enthalten ist, so ist auch deine Hoch-Zeit in ihrer Gesamtheit bereits in dir enthalten. Du mußt nur zu deiner Offenbarung bereit sein. Indem du beginnst, dir der inneren Zusammenhänge bewußt zu werden, kannst du steuernd in diesen Prozeß eingreifen. Sobald die Mannschaft weiß, daß jemand den Steuerkurs und das Ziel kennt, überläßt sie ihm auch mit wachsendem Vertrauen zielgerichtete Maßnahmen, die dem Gesamtwohl des Schiffes dienen.

Sobald du zu dem inneren Wissen um dein Ziel Zugang hast, intuitiv weißt, was für dich gut ist, bist du frei von einer Vielzahl von Zwängen. Wenn du in hohem Sinn für dich Verantwortung übernehmen willst, beginnen dir qualifizierte, wachstumsfördernde Mittel zur Verfügung zu stehen. Sie begegnen dir überall. Inneres Wachsen ist durch alles, was du tust, und alles, was dir begegnet, möglich. Angenommen, du möchtest einen Garten anlegen. Du kannst das ganz alleine tun, du kannst aber auch einen Gärtner um Rat fragen oder ihn gar bitten, bei der Gestaltung mitzuwirken.

Die Frage ist zunächst: Wie perfekt und wie schnell möchtest du deine Aufgabe lösen? Wie soll dein Leben verlaufen? Hast du dir ein Lebensziel gesetzt? Möchtest du Geld verdienen, auf Gesundheit achten, willst du spirituell wachsen? Ist dein Ziel, lehrend zu lernen? Wo, glaubst du, ist deine Hauptaufgabe zu sehen? All das ist, meiner Meinung nach, mitbestimmend dafür, in welche Lernsituationen du dich begeben solltest, um aktiv voranzukommen.

Es gibt heute eine Vielzahl von Seminaren, die alle für sich wachstumsfördernd sind. Frage andere, in welcher Art von Seminaren sie welche Art von Erfahrungen gemacht haben. Du kannst in Tanz-Seminaren den Ausdruck deines Körpers verfeinern. Du kannst in verschiedenen Meditations-Seminaren unterschiedliche Grade von innerer Losgelöstheit erfahren. Du kannst in intellektuellen Seminaren dein Wissen über geistige Zusammenhänge vermehren. Dein Verstand sollte mit seinen Fähigkeiten durchaus herangezogen werden, um dir Brücken zu schlagen. Seminare haben, wenn sie von wirklichen Könnern geleitet werden, die größten formenden Kräfte, die du auf legalem Weg auf dich einwirken lassen kannst. Also: Wichtig ist, daß du erkennst, was eine ganz bestimmte Art von Seminar erreichen will. Daran richtet sich dein Suchen aus.

Bei den spirituell orientierten Seminaren, wie sie von mir veranstaltet werden, geht es um *Offenbarung*. Um totales Öffnen. Das Problem dabei ist, daß du genau davor Angst hast. Aus deiner Frage erkenne ich, daß du weißt, was zu tun ist, aber Angst davor hast, es zu tun. Totales Aufmachen zum Beispiel heißt, offen jedem anderen gegenüber zu sein. Auf keinen Fall zu taktieren. Bereit zu sein, dem anderen gegenüber von deinen Gefühlen zu sprechen, ihm zu sagen, was du möchtest und was nicht. Vollkommenes Vertrauen zu haben in dich und den anderen. Totalität dir selbst gegenüber bedeutet, dich wahrzunehmen. Du nimmst dich und dadurch auch dein Gegenüber wahr.

Besuche, wenn du willst, Tarot-Seminare, du öffnest dich dadurch deinem mystischen Bereich. Je mehr du dich mit Mystik beschäftigst, desto mehr ent-mystifiziert sich für dich jener Bereich, der vorher okkult (verborgen) war. Besuche Pendel-Seminare, um so deine Sensitivität übergeordneten Reizen gegenüber zu entwickeln. (Nimm den Begriff »entwickeln« in diesem Buch immer möglichst wörtlich-bildlich.) Evolution heißt *entwickeln*. Wenn der Seminarleiter um diese Zusammenhänge weiß, helfen dir Seminare, dich vertrauensvoll zu öffnen. Dich öffnen heißt hier, in dich hineinschauen lassen, einen Blick in dich selbst zu tun. So wie die wachsende Knospe, in sich hineinspürend, ihre nahe Zukunft als Blüte wahrnimmt.

Spirituelle Seminare, wie ich sie leite, sollen dir helfen, dein So-Sein zur Kenntnis zu nehmen und es zu akzeptieren. Dich zu erkennen als sich entwickelndes geistiges Wesen, als Ebenbild dessen, der dich erschaffen hat. Doch es gibt viele Wege zu diesem Ziel. Höre dir Vorträge in Astrologie-Seminaren an, kosmobiologisches Wissen hilft dir, dich in deiner Einzigartigkeit als Bestandteil des Kosmos zu finden.

Ich persönlich glaube, aufgrund meiner langjährigen Seminarerfahrung, daß Seminare ein gewaltiges Potential an Selbsterkenntnis in dir freisetzen können. Ich spreche in meinen Seminaren gern von einem Buddha-Feld, in dem Transformation geschieht. Damit ist gemeint: Wenn genügend Menschen zusammengeführt werden, entsteht eine gemeinsame Schwingung, die dann zu einem Kraftfeld anwächst. Stell dir vor, daß der Mensch ein kleiner Rundfunksender ist, der auf seiner persönlichen individuellen Frequenz schwingt. Werden nun viele Individuen, sei es durch Tanzen, Singen, Atemübungen, Meditation oder gemeinsames Lachen, aufeinander zugeführt, dann schwingen sich alle Anwesenden aufeinander ein. Es entsteht jetzt eine gemeinsame Schwingungsfrequenz (Resonanz), auf der alle mitwirken. Je genauer eine große Gruppe aufeinander eingestimmt ist, desto mehr vermag sie. Je stärker ein Rundfunksender ist, desto weiter ist er zu hören, um so machtvoller kann seine Stimme erschallen. Je besser eine Gruppe zusammenwirkt, je mehr von jedem einzelnen zur Gemeinsamkeit beigetragen wird, desto mehr verbindet jeden mit jedem. Und es werden Wunder geschehen, denn das Ganze ist weit mehr als die Summe seiner Teile.

Dieses Miteinander-in-Verbindung-Sein ist Ausdruck von Liebe. Jeder, der zur Verstärkung des anderen, ja der ganzen Gruppe beiträgt, hat damit begonnen, das Wir über das Ich zu stellen. Jeder ist damit im Sinne der Evolution einen großen Schritt weitergegangen. Denn die Zukunft der Menschheit liegt im Gemeinsamen, im Miteinander, weil nur so jeder, getragen vom anderen, den Schritt in die nächste Daseinsebene tun kann.

Gute Seminare sollten einen leichten Einstieg in verschiedene Meditationspraktiken ermöglichen. Meditation ist der Königsweg zum Selbst. Meditation ist die beste Brücke von deinem individuellen Istzustand zu deiner überpersönlichen, prinzipiellen Erscheinungsform. Seminare sollten immer etwas Erhebendes haben, sie sollten dich aufrichten, dir helfen, deinen Weg zu finden. Solltest du feststellen, daß sich Negatives, Destruktives über Tage hinwegzieht, dann solltest du den Mut haben zu gehen.

Aber prüfe vorher, ob eine bei dir ausgelöste Krise nicht gerade das Sprungbrett in die Höhe sein kann, gib nicht aus Angst vor dir selbst zu früh auf. Auf der anderen Seite: Laß dir von keinem erzählen, daß du stunden- und tagelang im Mist wühlen mußt, um dich selbst zu finden. Die Schattenseite deines Wesens ist existent und hat auch ihren Sinn. Doch in der Finsternis zu verharren, ist selbstzerstörerisch und gegen die Schöpfung gerichtet: *Die Umnachtung ist mit der Erleuchtung beendet.* Dein Weg, dein Ziel, das Licht sind nicht in der Dunkelheit zu finden.

Du möchtest heraus aus der Polarität, dich neuorientieren. Da ist der Grund für dein Suchen. Licht und Dunkel gilt es in ihrer Natur zu erkennen, um dann zum Licht kommen zu können. Ziel eines jeden Seminars sollte es sein, dich deine Spiritualität erfahren zu lassen. Der Weg zu diesem Ziel kann durchaus dem Seminarleiter überlassen werden, vorausgesetzt, er weiß, was er tut, vorausgesetzt, er ist selbst Lehrer und Lernender zugleich.

Bevor du dich für ein Seminar entscheidest, rufe beim Veranstalter an und stelle ihm nur eine Frage: was das Ziel seiner Arbeit ist. Und dann laß ihn reden. Während er oder sie es dir erklärt, höre weniger auf die Worte als auf das Dahinter. Der Inhalt eines Seminars ist immer auch das Ziel der Suche, auf der der Veranstalter selbst ist. Während er spricht, ist er wahrscheinlich offen, und du kannst seine Motive, Sehnsüchte spüren und so entscheiden, ob du ein Stück seines Weges mit ihm gehen willst, weil es auch dein Weg ist.

Jedes Seminar sollte dir auf ganz einzigartige Weise ein Stück des Himmels zeigen. Lerne zu erkennen, daß das, was du suchst, jenseits der Wolken ist. Lerne zu erkennen, daß das, was du suchst, jenseits dessen ist, was dir den Blick verstellt auf das, was *ist*. Die Wolken zwischen dir und dem Himmel sind deine Gedanken über das, was du suchst. Die Wolken, die dir den Blick in das reine Blau des Himmels verwehren, bestehen aus deinem Wissen über das Ziel. Alles, was du weißt, verstellt den Blick auf das, was ist. Ein Seminar sollte immer jenseits dessen, was du weißt, neue Wege suchen und auch finden. Auf daß du weißt und doch nicht weißt.

Im Grunde ist es nicht von Bedeutung, an welcher Stelle ein Seminar ansetzt, was zählt, das ist sein Ziel. Wenn es mehr vom Körperlichen oder auch Intellektuellen ausgeht, so sollte es zum Inhalt haben, gerade von der Vergeistigung des Materiellen zu berichten. Sollte dein Seminar das Geistig-Spirituelle an den Anfang setzen, so sollte es ein Ziel sein, den Ausdruck von Geist im Körperlich-Materiellen aufzuzeigen. Seminare sollten immer zu wertfreiem Denken führen. Bewerten ist Gewicht beimessen. Beurteilen ist immer verurteilen. Das Geistige ist nicht »besser« als das Materielle oder umgekehrt. Im Zyklus kosmischen Geschehens wird immer das eine zum anderen (Geist zu Materie) und wieder das andere zum einen (Materie zu Geist) werden.

Deine Frage nach den Seminaren ist im Grunde die Frage: Wer bin ich? Der körperbetonte Mensch sucht in der Gemeinschaft der Heiligen das rückverbindende Element. Du bist alles, Körper, Seele und Geist, du kannst also anfangen, wo du willst. Körper-Seele-Geist sind eine Einheit, und wenn du bei einem Ausdruck beginnst, führt das automatisch zu den beiden anderen. Wichtig ist, daß du Vertrauen in dich hast, daß du weißt: Was auch immer im Seminar angeboten wird, du machst das Beste daraus. Du mußt tief innen wissen, daß du alles in für dich Verwertbares verwandelst, von welcher Seite du auch beginnst.

Seminare symbolisieren intensives Leben, und im Leben kommt es nur darauf an, was du daraus machst. Wenn du wirklich weißt, daß alles in allem ist, daß in jedem Teil schon immer das Ganze enthalten ist – muß es dir dann nicht automatisch gleichgültig sein, wie und in welcher Form es dir begegnet? Es gibt nicht das »Eigentliche«, auf das du warten mußt, auf daß es dir begegnet und du dementsprechend Angst haben mußt, es zu verpassen. Es gibt keine falschen Wege, »alle Wege führen nach Rom«. Geh am besten davon aus, daß dir in der Münze heimgezahlt wird, die momentan für dich den richtigen Wert bemißt. Geh davon aus, daß das, was da auf dich zukommt, genau dem entspricht, was du gerade brauchst. Es gilt, in jeder Erscheinungsform gleichermaßen zu lernen, das, was dir begegnet, in das umzusetzen, was du möchtest, daß es ist. Eines ergibt sich aus dem anderen.

Das Leben mit seiner vielfältigen Entwicklung ist in seiner Gesamtheit eine ständig eskalierende Offenbarung. Beschäftige dich einige Zeit mit den Begriffen: Öffnen, Aufmachen, Offenbaren. In diesen Begriffen liegt unverschlüsselt der Sinn deines Lebens. Dein Ziel in Seminaren wie im Leben sei es *aufzumachen*. Nimm das ruhig ganz wörtlich. Aufzumachen ist der Beginn eines lang währenden Prozesses. Zuerst machst du momentan auf, dann sofort wieder zu. Angst ist der Grund für dieses Offensein auf Probe, und du solltest diese Angst nicht als deinen Feind bekämpfen, denn dadurch verschließt du dich nur noch mehr vor dir selbst. Sei auch offen für deine Angst vor dem Aufmachen, selbst wenn das paradox klingt.

Der nächste Schritt ist das Öffnen zumindest tagsüber, eine Verschlußsache stellt sich, sagen wir für 12 Stunden, Blicken anderer zur Verfügung. Du kommunizierst, lachst, weinst und gehst aus dir heraus. Kommen und Gehen ist jetzt für dich normal, Geben und Nehmen ist selbstverständlich. Aber die zweiten zwölf Stunden machst du wieder zu, »man muß ja schließlich nicht übertreiben«. Offenheit bedeutet, ein offenes Haus zu sein, du schließt deine Türe nicht mehr zu, weil du keine Angst mehr hast vor Überrumpelung und Niederlage. Du fürchtest nicht mehr, daß man dir etwas wegnehmen könnte, denn du weißt, daß dir niemand nehmen kann, was dir gehört. Offenheit bedeutet, du gestattest jedem der zu sein, der er ist. Offenheit bedeutet, daß es fließt und es nirgends Staus, Blockaden, Spannungen gibt. Offenheit ist ein Ausdruck von Harmonie, von Vertrauen, sie ist das Baumaterial der Straße, die in die Unbegrenztheit führt. Begrenzung hat aufgehört, Offenheit ist sowohl für das Kleinste als auch für das Größte da. Offenheit sagt nicht zum Kleinen: Du bist klein, und zum Großen: Du bist groß. Denn das wäre ja schon wieder Richten und Be(Ver-)urteilen. Offenheit gestattet allem, so zu sein, wie es ist, weil sie in allem einen Ausdruck von etwas ihrem eigenen Wesen Entsprechendem erkennt. Jetzt näherst du dich der Offenbarung. Indem du Innerstes nach Außen bringst, besteht Einheit von Geist und Ausdruck. Wenn du dich offenbarst, gibst du dich zu erkennen, und der Himmel ist dein. Das Dach deiner Wohnstätte auf Erden ist das Himmelszelt. Du bist ein Wanderer zwischen den Welten, und du kannst anderen den Weg und das Ziel zeigen. Kehren wir zurück zu deinem alltäglichen Leben, in dem du auch alleine zurechtkommen mußt. Meine wichtigste Erfahrung an dich zur Meisterung deines Lebens kann ich in zwei Worten fassen: *Entspanne dich!* Du weißt nicht, wie? Dann lies die Antwort auf die folgende Frage.

Frage: Kannst du mir eine einfache Methode zur Tiefenentspannung beschreiben?

Der Wert der Tiefenentspannung kann überhaupt nicht hoch genug eingeschätzt werden. Ich sage bewußt *Tiefen*-Entspannung und nicht einfach Entspannung. Unter Entspannung könntest du nämlich auch einen Kinobesuch, einen Spaziergang oder ähnliches verstehen. Tiefenentspannung ist ein Zustand, in dem wir *nichts* tun. Wir lassen von allen äußeren Reizen los und wenden uns nach innen. In diesem Zustand – ich beschreibe sofort, wie du ihn erreichen kannst – sind die Muskeln und sogar unsere inneren Organe entkrampft. Tiefenentspannung bewirkt dadurch mehreres: Schmerzzustände und Störungen, die sonst nur mit Medikamenten behandelt werden können, werden in der Tiefenentspannung aufgelöst. Migräneanfälle, Magenschmerzen, hoher Blutdruck, Herzneurosen und sogar leichte Gallenkoliken lassen sich mit dieser Methode bessern oder sogar völlig beseitigen. Eine besonders günstige Wirkung hat die Tiefenentspannung auf alle Formen von Streß, und wir wissen ja, daß Dauerstreß früher oder später krankmacht.

Die bekannteste Methode zur körperlichen Entspannung ist das Autogene Training. Es gibt zahlreiche Möglichkeiten, es zu erlernen, zum Beispiel an der Volkshochschule. Ich möchte dir jetzt zwei Methoden der Tiefenentspannung vorstellen, mit denen du sehr viel schneller »in den Keller« kommst als beim allgemein praktizierten Autogenen Training. Probiere die Übungen aus. Solltest du damit noch nicht allein zurechtkommen, so empfehle ich dir, Hilfe bei einem meiner erfahrenen Therapeuten zu suchen. Es gibt in deinem Leben kaum etwas Wichtigeres, als eine schnelle und effektive Methode der Tiefenentspannung zu beherrschen! Dafür lohnt sich in jedem Fall auch ein kleiner Aufwand.

Grundübung:

Zieh dich in einen ruhigen, abgedunkelten Raum zurück, Kerzenlicht dient deiner Entspannung am besten. Lege dich flach auf den Rücken, möglichst ohne Kopferhöhung. Deine Beine sind leicht gespreizt, die Fußspitzen fallen ganz von selbst nach außen. Die Arme liegen locker, nicht zu nah, am Körper. Sorge dafür, daß dich deine Kleidung nirgends einengt. Nun schließe die Augen und atme ruhig in deinen Bauch. Du läßt deine Atmung einfach los, ohne sie zu beeinflussen. Bei jedem Einatmen atmest du Entspannung ein, bei jeden Ausatmen atmest du Spannung aus. Stell dir vor: Es atmet mich. Die Füße sind ganz locker. Die Beine sind warm und leicht. Die Arme sind warm und leicht. Das Becken ist entspannt. Der Bauch ist ganz locker und wölbt sich leicht bei jedem Einatmen. Alle inneren Organe sind ganz entspannt. Der Brustbereich, deine Schultern sind ganz weich und locker. Der Hals ist entspannt. Der Mund ist entspannt, der Unterkiefer ist ganz locker. Die Augen liegen leicht in ihren Höhlen. Die Stirn ist glatt, die Kopfhaut ist entspannt. Der Atem ist ruhig und gleichmäßig. Wenn du jetzt irgendwo in deinem Körper noch eine Spannung fühlst, dann stell dir vor, daß dein Atem dahin fließt. Bist du vollkommen entspannt, dann werde dir deines Sonnengeflechts, des Solar-Plexus bewußt. Diese Stelle befindet sich nahe dem Bauchnabel.

Stell dir nun im Sonnengeflecht strömende Wärme vor. Strömende Wärme im Sonnengeflecht. Du fühlst dich unendlich wohl...

Bitte achte darauf, daß du nicht plötzlich aus dieser Entspannung herausgerissen wirst, etwa durch lautes Telefonklingeln! Du bist jetzt in einem hochsensiblen Zustand, und Geräusche, die dich sonst weiter nicht stören, können jetzt regelrecht Übelkeit auslösen. Spring auch bitte nicht plötzlich auf, sonst wird dir schwarz vor Augen. Dein Kreislauf muß erst wieder auf Touren kommen.

Du gehst in vier Schritten aus der Entspannung heraus:

1. *Schritt:* Balle die Fäuste, strecke die Arme weit von dir weg.
2. *Schritt:* Spanne die Beine an, und strecke sie weit von dir weg.
3. *Schritt:* Strecke die Arme weit über den Kopf, und recke und dehne den ganzen Körper.
4. *Schritt:* Atme tief ein paar Mal ein und aus, und öffne dann die Augen. Jetzt kannst du aufstehen.

In meinem Buch »Die Macht Ihrer Gedanken« habe ich eine Übung beschrieben, die noch einen Schritt weitergeht, sie führt in einen Zustand der Trance.

An diesem Zustand ist nichts Geheimnisvolles oder Okkultes. Es ist auch keineswegs so, daß nur besonders medial Begabte ihn erreichen könnten. Manchmal geraten wir ganz von selber in Trance. Schau einmal in die geistesabwesenden Gesichter von Leuten, die stundenlang aus dem Fenster eines fahrenden Zuges starren. Sie haben sich, ganz unbewußt, durch die gleichmäßige Bewegung in einen Zustand der Trance versetzt.

Hier nun meine einfache Übung:

Du hast dich in den zuvor von mir beschriebenen Zustand der Entspannung gebracht. Nun stelle dir ein kleines, leeres Notizbuch vor. Du schlägst es auf und schreibst mit einem Stift auf die erste Zeile der linken Seite deinen Vornamen. Auf die erste Zeile der rechten Seite schreibst du das Wort »Trance«. Nun schreibst du auf die zweite Zeile der linken Seite deinen Namen und auf die zweite Zeile der rechten Seite das Wort »Trance«. Nun gehst du wieder zur linken Seite, dann zur rechten und so weiter. Wenn du das Gefühl hast, daß die Seite des Notizbuchs vollgeschrieben ist, dann blättre um und schreibe weiter. Schreibe so lange, bis dir fast der Stift aus der Hand fällt. Dann schreib auf die rechte und die linke Seite deines Notizbuchs das Wort »tiefer«. Fahre damit fort, bis du das Gefühl hast, den Stift nicht mehr heben zu können. Nun bist du in Trance.

Tiefenentspannung und Trance sind nicht nur ausgezeichnete Verfahren, deine Gesundheit positiv zu beeinflussen. Du schaffst damit auch die Voraussetzung für die optimale Aufnahme positiver Suggestionen. Während der Tiefenentspannung, und in noch höherem Maße in der Trance, ist das Tor zu deinem Unterbewußtsein weit offen. Suggestionen, in einem dieser Zustände übermittelt – gedacht oder vom Tonband gehört –, haben eine weit größere Wirkung als im Tagesbewußtsein eingegebene Suggestionen.

Begib dich möglichst oft – wenn es geht täglich – in Tiefenentspannung, ich weiß, du kannst nichts Besseres für dich tun.

Hier sind eine Reihe von Fragen zur Anwendung von Suggestionen.

Frage: Wie soll ich die Suggestionen anwenden? Soll ich sie nur denken oder laut sprechen oder aufschreiben?

Suggestiv wirkt auf dich das, was du glaubst. Du wirst alsbald zu dem werden, was du glaubst. Dabei ist es ziemlich gleichgültig, ob du dir sprechend, hörend oder schreibend etwas suggerierst. Überlege dir, bevor du dir bewußt Suggestionen gibst, wie nahe dir innerlich dein erwünschtes Ziel ist. Erscheint es dir möglich oder eher unwahrscheinlich, es zu erreichen? Je wahrscheinlicher dir seine Realität vorkommt, desto näher ist es deinem inneren Wesen bereits, und der Weg zu deinem Ziel ist entsprechend kurz.

Wenn du hauptberuflich Armutsgedanken produzierst, so wird deine Reichtumssuggestion (laut gesprochen, auf Cassette gehört oder niedergeschrieben) auf Granit beißen. Du weißt, daß du ein armer Hund bist, aber du bist wild entschlossen, der Meinung zu sein, daß du mittels Suggestionstechnik wohlhabend werden kannst. Niemals wird eine Macht größer sein können als die deines tiefen, inneren Glaubens. Wie gut und ausgefeilt auch immer die Technik sein mag, mit der du deine unbewußten Inhalte verändern möchtest – vergiß nie, daß entgegen deinen Glaubensinhalten eine Beeinflussung niemals möglich ist.

Nehmen wir an, du setzt unbewußt der Suggestion »Ich bin reich« Widerstand entgegen. Die Inhalte, oder anders gesagt, das Programm deines Unterbewußtseins ist dann vordringlich auf das Erhalten deines jetzigen Status' ausgerichtet. Daher kommt es, daß jemand, der arm ist, es auch bleibt bzw. noch ärmer wird. Seine Lebensqualität ist ein Produkt seiner Meinung, seines Glaubens.

Er selbst denkt von sich, was er selbst und jeder andere sehen kann. »Ich bin arm.« Er selbst glaubt – meist von seinen Eltern übernommen – arm zu sein und bleibt es dann natürlich auch. Eine täglich wiederholte Suggestion höhlt zwar im Laufe der Zeit als Tropfen den Stein, doch wer will Jahre oder Jahrzehnte warten, bis seine Wünsche in Erfüllung gehen?

Suggestion, auf ganz und gar neue Ziele bezogen, ist theoretisch zwar möglich, doch mühevoll und langsam in der Verwirklichung. Werde dir bewußt, wieviel innerer Widerstand gegen eine Suggestion in dir vorhanden ist, Widerstand, den dein Wunsch ja überwinden muß.

Um eine größere Wirkung zu erzielen, habe ich Cassetten mit sogenannten »Subliminals« besprochen und produziert. »Subliminal« heißt unterschwellig, und diese Technik wirkt, indem teilweise innerer bewußter Widerstand umgangen wird. Scheinbar ist auf diesen Cassetten nur Musik zu hören, und dein kritisches Wachbewußtsein begibt sich erst gar nicht in Abwehrstellung. Tatsächlich jedoch ist, in die Musik hineingewoben, die von dir gewünschte Suggestion auf dem Band enthalten. Deine Zukunftswünsche können freier im Unterbewußtsein aufgehen und daher besser wirken. Diese Technik hat bisher außerordentliche Erfolge hervorgebracht und stellt für viele eine Abkürzung zu ihrem Ziel dar.

Wie auch immer du vorgehen magst: Lege dein Hauptaugenmerk auf deinen inneren Widerstand. Solltest du täglich zum Beispiel eine Stunde damit verbringen, dein Bewußtsein damit auszufüllen, von dem du möchtest, daß es *ist,* so solltest du genauso täglich fünfzehn Minuten im meditativen Zustand verbringen und deinen Glauben an seine Rechtmäßigkeit stärken.

Lerne hauptberuflich, täglich, zu glauben. Glaube dich lieber zu Tode, als daß du noch einmal zweifelst. Mach es wie ich. Ich war ein perfekter Zweifler an mir selbst, bis ich das Maximum erreicht hatte – dann begann ich die andere Seite der Münze zu leben. Heute bin ich so stark im Glauben wie früher im Zweifeln. Früher zweifelten, gleich mir, viele an mir. Heute glauben, gleich mir, viele an mich. Erscheint dir das zu dick aufgetragen? Dann bist du noch auf der Seite der Zweifler zu finden.

Erscheint es dir schwierig zu sagen: »Ich glaube an mich, andere glauben an mich«? Wenn ja, bist du dir deines wahren Werts noch nicht bewußt. Ich glaube, daß du und ich auf dieser Welt sind, um ihr etwas zu geben. Ob wir uns selbst geben oder einen Ausdruck unseres Selbsts (ein Produkt) ist unwichtig. Du hattest, wie ich dich kenne, bisher viele, viele gute Ideen, die zum Wohle der Welt beigetragen hätten. Du hast vieles von deinem Guten bereits der Welt, dem ganzen Kosmos – meist völlig unbewußt – auch schon zur Verfügung gestellt. All deine Ideen, deine Erkenntnisse sind in das morphogenetische Feld, in das kollektive Unbewußte, miteingeflossen. All die Gedanken an den Weltfrieden, das kommende Himmelreich auf Erden, die du bereits dachtest, sind bei jeder Wiederholung verstärkt worden. Du bist ein unentbehrliches kleines Teil eines gewaltigen Ganzen. Der Kosmos setzt auf dich, er traut dir, er braucht dich. Setz dich täglich mit diesem Gedanken zusammen (nicht auseinander). Werde dir deines wahren Wertes bewußt, und alsbald werden Suggestionen unnötig sein.

Sobald du dich in Demut dem Glauben an den, der in allem ist, hingibst, wirst du erhalten, bevor du bittest. Doch solange du Suggestionen erarbeiten willst, helfe ich dir genauso gerne auch dabei.

Deine Frage lautet: Soll ich sprechen, denken, schreiben? Dein Denken wird, sobald du losläßt, in immer übergeordnetere Bahnen führen. Es wird sich mit jedem Öffnen nach oben weiter von logischen, intellektuellen Bereichen entfernen, so daß du in naher Zukunft bereits sagen wirst: Sind das noch meine Gedanken, wer oder was denkt durch mich? Früher drücktest du in deinen Gedanken deinen Willen aus. Heute sagst du: *Dein* Wille geschehe.

Laß dein Denken losgelöst von allem »Wollen« sein. Du darfst schon wollen, aber tue es zum Wohle aller. Je mehr deine Suggestionen und dein Wollen auf das Gemeinwohl ausgerichtet sind, desto mehr kommen dir alle guten Kräfte des Universums zu Hilfe. Bauen wir uns eine Brücke. Wenn du zum Beispiel wohlhabend sein möchtest, um anderen dann mit Taten, Worten und Gaben besser helfen zu können, dann ist dein Wunsch legal, sozusagen gemeinnützig, und die guten Geister tragen zum Gelingen bei.

Wenn du gesund sein möchtest, um anderen zu helfen, das Wesen von Krankheit besser zu erkennen, und den Sinn deiner Schmerzen entschlüsseln kannst, dann ist dein Wunsch nach Heilung legal, und die Wandlung hat bereits eingesetzt. Wenn du deinen idealen Partner suchst, so kann auch das nur gut sein, denn du wirst durch ein neues Glück dem Universum Freude und Liebe hinzufügen.

Versuche zwischen allen deinen Wünschen und dem Gemeinwohl einen Zusammenhang zu sehen. Vergewissere dich bei der Formulierung aller deiner Zielvorstellungen, lediglich *einer* der Begünstigten zu sein. Der Materialist kann nichts mitnehmen, er wird alles verlieren. Erkenne, daß die inneren Schätze, die du über dein Bewußtsein erschaffen hast, von bleibendem Wert sind und auch, wenn du weitergegangen bist, allen anderen über das kollektive Unbewußte noch zur Verfügung stehen. Richte deine Suggestionen zum Wohle des ganzen Planeten aus. Versuche, das durch dich gesteigerte individualisierte Glück wieder einfließen zu lassen in den Weltgeist.

Oft wird statt von Suggestionen von »Affirmationen« oder »Bejahungen« gesprochen. Catherine Ponder, die sich für eine »Extremistin in Sachen Bejahungen« hält, weist darauf hin, daß die ganze Schöpfung nichts anderes als eine Bejahung Gottes ist: »Es werde Licht! Und es ward Licht«. Du kannst die Macht der Bejahungen also gar nicht überschätzen.

Frage: Wo liegt der Unterschied zwischen Suggestionen und Affirmationen?

Über Suggestionen hast du auf den vorhergehenden Seiten schon einiges gehört. Affirmationen sind im Grunde auch Suggestionen, nur treffen sie in ihrer Aussage genauer, was geschehen *soll.* Affirmation (lateinisch = fest, stark) bedeutet Bejahung, Bekräftigung, Bestätigung, Zustimmung. Eine Affirmation sagt mit Bestimmtheit aus, daß jetzt, in diesem Augenblick, etwas so oder so ist. »Zeit ist eine Illusion« ist der Titel eines Buches, und damit ist gemeint, daß der Faktor Zeit kein reales Sein in unserem Universum hat, er ist eine abstrakte Konstruktion, ist lediglich dem Verstand behilflich, sich in einem mehrdimensionalen Weltbild zurechtzufinden.

Du schaffst deine Zukunft durch deine Gegenwart. Schließe doch einmal die Augen und versuche, zwei Minuten lang an nichts zu denken, an rein gar nichts. Ist dir das gelungen? Gratuliere, dann bist du fast schon ein Weiser. Im allgemeinen führen wir den lieben langen Tag lang, und nachts auch noch im Traum, einen endlosen inneren Dialog mit uns selber. Meistens völlig unbewußt, geben wir vor uns selbst unaufhörlich Erklärungen ab darüber, wie wir uns fühlen, was wir von anderen Menschen und Situationen halten. Du findest Menschen, die laute Selbstgespräche führen, wahrscheinlich etwas wunderlich, aber glaube mir, du tust mit dir unaufhörlich das Gleiche, selbst wenn du dabei nicht die Lippen bewegst.

Affirmationen sind in der Lage, eingefahrene Automatismen zu durchbrechen, den Zug endlich mal auf ein anderes Gleis zu bringen. Du kannst mit ihnen deine Einstellungen, Erwartungen und Urteile umwandeln und dadurch auch deine äußeren Umstände verbessern. Ich sagte schon, Affirmation heißt Bejahung, also »ja« sagen. Indem du dir etwas suggerierst, willst du damit eine Veränderung von Situationen und Gegebenheiten erreichen. Das geht auch gut, wenn du, ganz wörtlich, die Eigenartigkeit der Vorgänge verstehst. Menschen, die bewußt mit Suggestionen arbeiten, haben die Entscheidung getroffen, etwas ändern zu wollen. Affirmation dagegen *will* weniger, erreicht aber mehr, indem sie einfach »ja« sagt.

Wozu auch immer du »ja« sagst, es erfährt dadurch eine Bestärkung. Im übertragenen Sinne ist, zu jemandem ja zu sagen, ihn zu begrüßen. Das, was du begrüßt, erfährt durch deine Beachtung einen Energiezuwachs. Und genau dadurch kann dann das von dir Erwünschte, Bejahte leichter eine Transformation zur materiellen Existenz erfahren, es kann auf dem Bildschirm des Raumes erscheinen.

Alles, was du möchtest, ist ja zur Zeit im Außen noch nicht existent, es ist noch in deinem Kopf. Es ist ein geistiges Bild, das zur Materialisation veranlaßt werden soll. Dazu braucht es aufbauende, bejahende Energie!

Ein Schauspieler erhält auf der Bühne, wenn er gut war, am Ende Applaus. Er erfährt, sehr direkt, dadurch eine Bestätigung, eine Verstärkung. Er gewinnt an Selbstbewußtsein, seine Leistung kann sich noch steigern. Er wurde bejaht. Bei Pfiffen und Buh-Rufen weiß er zwar, daß er etwas falsch gemacht hat, aber das zeigt ihm noch lange nicht, wie er es anders, besser machen kann. Wenn du möchtest, daß jemand etwas besser macht, dann gib ihm die seelische Kraft, die er für diese Leistung braucht. Wenn du deinen Partner in einem beruflichen Tief als »Versager« beschimpfst, so wird sein ohnehin angeknackstes Selbstwertgefühl diese Suggestion aufgreifen, und die Pechsträhne wird anhalten. Bejahst du ihn dagegen in seinem Sein und zeigst Vertrauen in seine Fähigkeiten, dann wird er von der Talsohle schnell wieder in eine Hochebene gelangen.

Es gibt natürlich auch Schauspieler in allen Berufen, die süchtig nach dem ständigen Applaus anderer sind, weil sie selbst an sich zweifeln. Deshalb ist die Bejahung *deiner eigenen Person* die wichtigste Aufgabe, die du in Angriff nehmen solltest. Bejahe dich, die Welt, alles was du willst. Ja sagen ist, Sich-Öffnen, im Ja-sagen liegt Herzlichkeit, Offenheit, Liebe und Kreativität. Denn du erschaffst das, was du willst, durch deine Bejahung. Und du weißt doch: *Das, wofür du offen bist, für das bist du unwiderstehlich!*

Ich möchte dir jetzt noch ein paar praktische Hinweise für die Formulierung von Affirmationen geben. Besonders wichtig ist es, daß du Affirmationen nie in der Zukunftsform, sondern immer in der Gegenwartsform gebrauchst. Erinnere dich: Zeit ist eine Illusion, es gibt nichts, das einmal sein wird (damit schiebst du es in alle Ewigkeit hinaus), es gibt nur das, was *ist*. Halte deine Affirmationen kurz und einfach, lege Gefühl hinein. Es geht nicht darum, daß dein Verstand mit ihnen brillieren kann, es geht um Eindrücklichkeit. Vermeide Affirmationen, die gleichzeitig Widerstand bei dir auslösen, weil du nicht an sie glaubst. Wenn du nicht an den Satz »Ich bin reich« wirklich glauben kannst, dann formuliere zum Beispiel: »Mir fließt jetzt immer mehr Geld zu.« Dann wird dieses »mehr« soviel sein, wie du gerade glaubst, daß es sein darf. Nach und nach wirst du immer mutiger...

Versuche nicht, mit Affirmationen etwas Spezielles herbeizuzwingen. Sage niemals: »Müller fliegt aus der Firma, dafür bin ich Abteilungsleiter«. In deinem Egoismus kannst du gar nicht überblicken, was du da anrichtest, selbst wenn dein Wunsch in Erfüllung geht. Halte deine Affirmationen zwar einfach und direkt, aber doch allgemein. Also etwa: »Die höhere Intelligenz leitet mich jetzt zu meinem idealen Arbeitsplatz«. Wichtiger als das mechanische Dahersagen von Affirmationen aller Art ist es, daß du ein Gefühl des *Vertrauens* dafür entwickelst, daß sich alle deine Lebensumstände zum Guten hinwenden werden. Oft genügt *eine* geistig sehr hoch angesiedelte Affirmation, um Gutes in vielen Bereichen in die Wege zu leiten. Du mußt dann nicht mit einem Koffer voller Affirmationen für jede Gelegenheit durch die Lande ziehen, du setzt gleich auf das Trumpf-As.

Ich möchte dir einige Beispiele für solche Affirmationen geben:

Ich bin eins mit allem Guten.
Ich bin, ich kann, ich tue.
Gott liebt mich.
Ich bin die göttliche Weisheit.
Es gibt nur eine Gegenwart und Macht in meinem Leben: Gott, das allmächtige Gute.
Was ich liebe, kommt zu mir.
Dein Wille geschehe.
Gott führt mich auf allen meinen Wegen.
Der Herr ist mein Hirte.
Alle meine Energien fließen frei.
Ich bin jetzt ein positiver Mensch.
Ich vertraue dem Leben.
Ich sehe mit den Augen der Liebe.
Ich bin das Licht meiner Welt.
Jesus Christus kommt in mein Leben.
Ich bin zum Guten erwacht und ernte die Früchte aller Möglichkeiten.
Ich vertraue auf meine innere Führung.
Ich bin Bewußtsein.
Alle Kanäle sind frei, alle Tore sind offen.
Ich habe mich für das Glück entschieden.
Ich bin ein Magnet, der alles Gute anzieht.
Liebe und Harmonie sind für immer mein.
Ich ruhe im Zentrum meines Seins.

Was geschieht, wenn Suggestionen keine Bejahungen sind, wenn sie negativ formuliert sind? Solche Suggestionen finden sich in den Büchern vieler hervorragender geistiger Lehrer, darunter auch bei Dr. Joseph Murphy.

Frage: In anderen Büchern stehen oft negative Suggestionen, wie: »Ich habe keine Angst«. Du schreibst aber doch immer wieder, daß Suggestionen positiv formuliert sein müssen. Was ist richtig?

Die Aufgabe eines jeden Menschen ist es, Bestehendes in Frage zu stellen. Was auch immer dir in dieser Welt begegnet, es ist Übergang, Zwischenstation. Alles, was ist, ist Medium zwischen dem, was war und dem, was sein wird. Das heißt, nichts enthält das volle Maß an Wahrheit, alles leistet nur einen, nämlich seinen Teil zur notwendigen Veränderung. Alles, was von Menschenhand, von Menschengeist geschaffen wurde, ist Ausdruck des Zeitgeistes, zu dem passend es sich formte. Was du heute kreierst, entwickelst, sagst und schreibst, ist – wenn du up to date bist – heute passend und gültig. Morgen schon wird die gestaltende Hand des erwachenden Geistes für Fortentwicklung sorgen. Morgen schon ist dein Bestes von heute nur noch Fundament für das weiterwachsende Gebäude des Geistes.

Weniges von Menschenhand Geschaffene ist über die Kluft der Zeiten hinweg von Bedeutung geblieben. Der Mensch ist, wenn er der Welt sein Bestes gibt, allenfalls Zulieferer von Baumaterial, in Ausnahmefällen auch mal Architekt *einer* Stufe einer unendlich hohen Treppe. Zu deinen Aufgaben gehört es, Existierendes ständig neu zu be-denken, um ihm so zu helfen, sich ständig verändernden Anforderungen anzupassen. Wer Bücher zum Thema Lebenshilfe schreibt, sollte hoffen, daß der kreative Geist eines anderen seine Aussagen schnell aufgreift und sie weiterentwickelt. Alles andere ist Stillstand, Leblosigkeit.

Leben ist am klarsten mit »Wachsen« definiert, und ich hoffe, daß die von mir aufgestellten Thesen von dir aufgegriffen werden und du deinen Beitrag leistest, indem du sie fortführst und entwickelst, ihnen durch deinen Geist zu weiterem Wachstum verhilfst.

Mein Lehrer Dr. Joseph Murphy hat 36 Bücher über geistige Gesetze und über lebensphilosophische Fragen geschrieben. Er wurde im 19. Jahrhundert geboren und leistete zu seiner Zeit einen großen Beitrag zum Erwachen von Millionen Suchenden. Seine Aussagen werden sicher für lange Zeit die Denk-Grundlage all derjenigen sein, die weitergehen wollen. Er hat durch seine Existenz Millionen zu einem erfüllteren, glücklicheren Dasein verholfen. Und doch zeichnet sich auch hier in Teilbereichen Evolution ab, alles fließt, wächst, ist in ständiger Bewegung zum Guten hin begriffen.

Heute haben wir erkannt, daß sich Suggestionen ausschließlich mit dem befassen sollten, was als wünschenswert erkannt wird. Wer einmal verstanden hat, daß sich alles in *eine* Richtung entwickelt, daß Geist nur das seinem Inhalt Entsprechende ausdrücken kann, der versteht, daß Geist die *einzige* schöpferische Kraft ist und somit nicht sein Gegenteil erzeugen kann.

Laß mich deiner Logik eine Brücke bauen. Wenn du dir suggerierst: »Ich bin nicht mehr krank«, so ist das für alle, die Verstand haben, auch zu verstehen. Da meint jemand, der noch krank ist, daß er gesund sein möchte. Indem er sagt, daß er nicht mehr krank sein will, bringt er das logisch klar zum Ausdruck. Weil der eine weiß, was der andere will, versteht er, was gemeint ist. Der Haken an der Sache ist nur, daß dein Unterbewußtsein nicht in Begriffen der abstrakten Logik denkt. Es kann nicht überlegen, wie wohl etwas gemeint sein könnte. Es begreift nicht den übertragenen, logisch hergeleiteten Sinn, sondern nur die wörtlich gemachte Aussage. Das Unterbewußtsein wägt die Aussage (Suggestion) auf ihr emotionales Gewicht hin ab. Es weiß: Was du den Worten »Ich bin« folgen läßt, das möchtest du sein. Das Wort »nicht« ist eine abstrakt logische Verknüpfung und hat keine Entsprechung im *Sein*. Eine Verneinung steht im Widerspruch zum Strom des kosmischen Geschehens. Alles was ist, ist, *weil es ist,* eine Bejahung!

Alles bejaht das, aus dem es entsprungen ist, und alles bejaht das, zu dem es Voraussetzung ist. Ich bejahe meine Kinder, die geistigen und die körperlichen, denn ich lebe in ihnen weiter. Sie wiederum bejahen mich, denn sie haben durch mich ihre Existenz. Alles bejaht alles, alles bedingt alles. Das eine bedarf des anderen, um dem nächsten zu dienen, das Niedere dient dem

Höheren, das seinerseits wieder das Niedere zu einem Nächsthöheren ist. *Verneinung ist abstrakt logisch, aber nicht real möglich*, sie steht im Widerspruch zu dem, was wir von kosmischen Gesetzmäßigkeiten wissen. Je mehr du in deiner Persönlichkeit Widerstand hast, je mehr du ablehnst und verneinst, desto mehr Sorgen und Nöte hast du, denn du stellst dich gegen den Strom der Schöpfung.

Es gibt in der Natur keine Kraft, die sich gegen eine andere wendet. Deshalb sollten deine Suggestionen Be-ja-hungen sein. Die Worte »ich bin« zeigen also die Richtung, in die du willst. Sie haben in der Suggestion »Ich bin nicht mehr krank« eine klar zu erkennende Bedeutung. Das Wort »nicht« ist von deinem Unterbewußtsein als Verneinung nicht zu verstehen, es kann nicht in Realität umgesetzt werden, und deshalb wird es negiert, nicht zur Kenntnis genommen; »mehr krank« sagt als Fragment, »mehr krank sein wollen«. Ein schreckliches Mißverständnis zwar, aber überall gebräuchlich. Im einfachen Sinn führt die Suggestion »Ich bin... mehr krank« also zu mehr Krankheit! Wenn man das von mir eben geschilderte Prinzip nicht versteht und beachtet, kommt es zu furchtbaren Mißerfolgen, was natürlich oft zur totalen Ablehnung von Suggestion und Hypnose führt.

Alles, was du bisher in deinem Leben angepeilt, aber nicht erreicht hast, ist darauf zurückzuführen, daß du direkt oder indirekt das, was du wolltest, gleichzeitig verneint hast. Schalte den Fernseher ein, das Radio, schlag die Zeitung auf. Alles schimpft und wettert gegen Mißstände, alles versucht, über die Verneinung von Zuständen Umstände zu ändern. Doch über die Verneinung gibst du Zuständen nicht die Kraft, sich zu verändern. Du mußt dem, von dem du willst, daß es sei, durch Bejahen zum Wachsen verhelfen. Du mußt der Gesundheit in dir helfen zu werden. Wenn du dich der Krankheit zuwendest, bestärkst du sie nur. Zuwendung, egal mit welchen subjektiven Gefühlen sie verbunden ist, ist Bejahung. Wenn du in deiner Suggestion Worte wie »Krankheit«, »Armut«, »Angst« benutzt, so gibst du ihnen Zuwendung, du bejahst sie. Indem du sie nun gleichzeitig mit dem Wort »nicht« loswerden willst, erzeugst du einen Widerspruch. Im harmlosen Fall führt das zu einer Neutralisation, im schweren negiert dein Unterbewußtsein das unverständliche Wort »nicht« und macht sich gehorsam an die Ausführung deiner »Wünsche«... Erkenne hier ein ganz einfaches Prinzip: Bejahung. Laß dich bejahen und nie bezweifeln. Sei Verstärker und nie Widerstand. Dr. Murphy sagte dazu: »Alle Auswüchse und Monstrositäten auf dieser Welt sind das Ergebnis von Widerstand.« Lege dir selbst Rechenschaft darüber ab, wie widerspenstig du bist. Es ist wichtig für dich und für mich, für alle, daß du auf der gleichen Seite des Strickes mitziehst! Formuliere deine Gedanken und Worte so lange um, bis sie Bejahungen sind. Solange du ein Verneiner bist, bist du Widerstand.

Widerstand wird umgangen oder aufgerieben, der Verlierer bist in jedem Fall du. Wenn du ein Verneiner bist (»Ich bin nicht mehr krank«), wirst du große Energien einsetzen müssen, um den selbsterzeugten Widerstand zu überwinden. Die meisten Zeitgenossen bleiben dabei auf der Strecke, irgendwann geben sie auf. Ihre Gedanken und Worte bestehen hauptsächlich aus Verneinungen, wie: Es hat doch alles keinen Zweck, niemand liebt mich, alle sind gegen mich, ich komme nie zu Geld, es ist alles nicht so einfach. Ich glaube, du kennst diese Gedankengänge recht gut. Nehmen wir zu deinen Gunsten an, nur von den anderen...

Deine Frage nach negativen Suggestionen ist für viele außerordentlich wichtig, denn hier werden von 70 Prozent der Schüler an der Universität des Lebens die meisten Fehler gemacht. Es gibt heute eine Vielzahl von Suggestions-Cassetten auf dem Markt, die Verneinungen enthalten. Wir haben da wieder einmal Produkte von Kaufleuten, die zwar keine Ahnung vom Fachgebiet haben, aber deswegen nicht weniger marktschreierisch auftreten. Immer wieder höre ich Cassetten mit Texten wie: »Alle Müdigkeit ist verflogen, alle Angst löst sich auf« usw. Leider wurde hier ein schlechtes Produkt gefertigt, das dem Benutzer schaden kann. Lies bitte dieses Kapitel noch einmal, sprich mit Freunden darüber, nimm es in deinen Alltag hinein.

Nun noch eine andere Schwierigkeit, die für manche Leser im Umgang mit Suggestionen aufgetaucht ist. Übrigens: Falls du unsicher bist, ob deine Formulierungen die richtigen für dich sind, komm zu mir oder schreibe mir. Meine Therapeuten und ich sind dir gerne behilflich, den optimalen Weg für dich zu finden.

Frage: Du sagst, daß Suggestionen allgemein und unpersönlich sein sollen. Andererseits betonst du die Wichtigkeit von klaren Zielen. Ist das nicht ein Widerspruch?

Der Mensch denkt, Gott lenkt, heißt es. Je detaillierter du deine Vorstellungen ausmalst und sie kraft deiner Imagination umsetzen möchtest, desto weniger Raum ist für die lenkende göttliche Hand zur Verfügung. Da gibt es eine ironisch klingende Warnung: Hüte dich vor deinen Wünschen, sie könnten in Erfüllung gehen. Damit ist gemeint, daß du wahrscheinlich nicht in der Lage bist, die vielfältigen Konsequenzen zu überblicken, die das Erfüllen deiner Wünsche nach sich zieht. Schon oft haben Menschen erlebt, daß es besser gewesen wäre, wenn sich ihr innigster Wunsch nicht erfüllt hätte. Denn bei seiner Verwirklichung traf der Wunsch dann auf ganz andere Gegebenheiten, als geplant war, oder der Wunsch wurde zwar erfüllt, aber um einen Preis, den man nie und nimmer bereit gewesen wäre zu zahlen. Was lange als großes Glück erschien, hat plötzlich eine umgekehrte Reaktion zur Folge. Geht es glimpflich aus, ist man lediglich enttäuscht, aber es ist auch möglich, daß sich das große Glück als riesengroßes Unglück herausstellt.

Bei Frauen zum Beispiel erlebe ich oft in meinem Berufsleben, daß sie einen ganz bestimmten Partner unbedingt haben wollen. Einen ganz bestimmten, nur der darf es sein, nur er kann das Glück bringen. Da will jemand diesen Partner, meist weil ganz bestimmte Prestige- oder Imagewünsche durch ihn garantiert scheinen. Auf einen, vielleicht ganz harmlosen, normalen Zeitgenossen wird da die Erfüllung jahrzehntelanger Sehnsüchte projiziert. Der Ärmste hat dann meistens gar keine Chance, er selbst zu sein, und auch für die Frau bricht die Welt zusammen, wenn sie ent-täuscht wird. Natürlich ist so ein Verhältnis ohne jede Zukunft. Wenn ich sage, halte deine Suggestionen allgemein, so ist damit gemeint: Wünsch dir niemals einen speziellen Partner, er soll noch namenlos sein. Habe niemals einen bestimmten, persönlichen, dir bekannten vor deinem inneren Auge. Sei dir dabei aber total deines konkreten Zieles bewußt: ein idealer Partner. Schreibe nicht vor, wie, wo, wann du ihn triffst. Der Weg zum Ziel sollte unwichtig sein. Verwechsle nicht den Weg mit dem Ziel.

Wenn ich manchmal sage: Mal dir, back dir einen idealen Partner, so ist das im übertragenen Sinne gemeint. Wähle dir die Charaktereigenschaften, die du am meisten zu *deiner* Komplettierung brauchst, nicht ein Illustrierten-Klischee. Sieh deinen Partner das sagen, das tun, was du nicht kannst. Dein Partner sollte dir nicht unbedingt sehr ähnlich im Wesen sein. Er sollte dir dort Vorbild sein können, wo du lernen willst. Das Prinzip aus Yin und Yang besteht nicht aus zwei gleichen, sondern aus zwei sich ergänzenden Elementen. Dein Partner braucht dich, um da zu lernen, wo er noch unentwickelt ist. Erkenne deine Stärken und wünsche dir und ihm, ihm davon abgeben zu können.

Suche nach dem Zahnrad, das zu dir so gut paßt, daß kein noch so geringer Übersetzungsfehler vorliegt. Mal dir einen Partner, heißt: Mal ihn dir im Geiste aus. Back ihn dir, heißt: Gib deinem geistigen Bild die Kraft, sich zu materialisieren. Habe eine klare Vorstellung von deinem Partner, aber laß noch Spielraum für seine Einzigartigkeit. Vergewaltige ihn nicht mit zu genau ausgearbeiteten Vorstellungen. Sei unpersönlich, allgemein, aber habe klare Ziele, die dann in persönlicher Form in dein Leben treten. Die Gemeinsamkeiten, die sich mit deinem zukünftigen Partner schon jetzt, vor eurem Treffen verbinden, liegen in der gleichen Richtung, in die ihr gehen wollt. Partner sein heißt, Weggenosse sein, weniger, einen Weggenossen haben. Denk daran, daß im »wir« mehr »du« liegt als »ich«. Du wirst zu dem Zeitpunkt deinen idealen Partner anziehen, zu dem du für ihn der ideale Partner bist. Wichtiger als Suggestionsarbeit ist es, deine eigene Entwicklung zu beobachten.

Stell dir vor, dein idealer Partner hat tatsächlich recht viele positive Eigenschaften. Laß mich, zur Verdeutlichung, mal etwas übertreiben: Er ist warmherzig, klug, schön, kreativ, reich. – Und was hast du ihm zu bieten? Du würdest sicherlich sehr viel von ihm bekommen, aber was kannst *du* ihm geben? Er will sich ja genauso wie du weiterentwickeln, was also hast du an Positivem dazu beizutragen? Denk daran, Geben und Nehmen müssen ausgeglichen sein. Wenn einer allein längere Zeit nur der Gebende ist, wird er sich jemandem zuwenden, von dem er auch etwas bekommen kann.

Alles, was ich jetzt in bezug auf deinen idealen Partner gesagt habe, gilt natürlich auch für andere Bereiche des Lebens. Wenn du dich zum Beispiel beruflich weiterentwickeln möchtest, versuche *nie,* einen ganz bestimmten Job herbeizuzwingen, womöglich noch einen, der einem anderen gehört.

Vielleicht erhältst du ihn sogar – und dann stellt sich heraus, daß du gar nicht für ihn geeignet bist, oder andere Menschen zahlen dir deine Rücksichtslosigkeit mit den gleichen Mitteln, die du angewendet hast, heim. Wenn du Geld haben möchtest, versteifst du dich doch auch nicht darauf, spezielle Geldscheine mit speziellen Seriennummern zu bekommen. Geld ist Geld, sagst du zu Recht, egal, um welche Exemplare von 1000-Mark-Scheinen es sich dabei handelt.

Wenn du ein großes Ziel hast, ob Partner, Gesundheit, Reichtum, beruflicher Erfolg, so ist die Suggestivkraft am wirkungsvollsten, wenn du dich emotional in das Angekommensein hineinfühlst. Habe klare Vorstellungen in dem Sinne, daß du deutlich das Glück empfindest, das mit dem Erreichen deines Ziels eintritt. Gib deinem Unterbewußtsein nie Bilder ein, die *vorschreiben,* wie dein Glück aussehen muß. Wie das Glück aussieht, ist doch gleichgültig, nur daß du glücklich *bist,* ist maßgebend. Dein durch egoistische Vorurteile beschränktes Wachbewußtsein kann oft gar nicht feststellen, was *wirklich* für dich gut ist!

Ich weiß, daß es dir schwerfällt, allgemein und zielstrebig zugleich zu sein. Am besten richtest du deine ganze Aufmerksamkeit darauf aus, daß du eines nicht zu fernen Tages zufrieden, gelöst und in Harmonie mit dir und deiner Umwelt bist. Laß es völlig gleichgültig sein, wie es dazu kommt und welche Namen die Facetten deines Glücks tragen. Habe klare Vorstellungen von deinem Ziel, aber laß die Weisheit deines Höheren Selbst den Weg dorthin selber finden.

Ich möchte dich nun mit einer Suggestions-Technik bekanntmachen, die relativ neu und hochwirksam ist. Lies dazu auch die »Nachbemerkung« in diesem Buch.

Frage: Was sind Subliminals, und warum sind sie so wirksam?

Wir alle sind es gewöhnt, eine Sache nur dann als erfolgversprechend anzusehen, wenn sie mit viel Mühe erarbeitet wurde. »Arbeit macht das Leben süß«, »Sich regen bringt Segen« und ähnliche Sprüche klingen uns seit unserer Kindheit im Ohr. Tatsächlich aber gehört willentliche Anstrengung einer recht niederen geistigen Ebene an. Anstrengung *verbraucht* deine Kräfte, zurück bleibt Erschöpfung. Wenn du dich anstrengst, befriedigt das zwar für einige Zeit deinen pflichtbewußten Verstand, aber dein Unterbewußtsein, das spielerische, »weiche« Methoden liebt, wird kaum dabei angesprochen. Tatsache ist, daß willentliche Anstrengungen, auch wenn sie im Moment großartig aussehen, auf die Dauer nicht viel bewirken. Wir alle kennen die Bauchaufschwünge, die wir oft zu Beginn eines neuen Jahres für kurze Zeit vollbringen – sei es, weniger zu essen, weniger zu rauchen, mehr Sport zu treiben. Aber erlebst du nicht immer wieder nach einigen Wochen ein merkliches Nachlassen deiner Bemühungen? Und dann ist alles wieder beim alten. Bis zum nächsten Silvester.

Nun kannst du dein Leben mit einer Kette solcher Mühseligkeiten verbringen, aber deine Frage zeigt mir, daß du aufgeschlossen dafür bist, neue Wege zu gehen. Für Menschen wie dich habe ich ein Subliminal-Cassettenprogramm produziert. »Subliminal« heißt unterschwellig, unterbewußt und bezeichnet die Art der Wirkung dieser Suggestionscassetten. Der technische Vorgang ist folgender: Mit Hilfe eines sogenannten Subliminalprozessors werden Suggestionen so einer bestimmten Musik angepaßt, daß der Pegel der Subliminals immer etwas unter dem Pegel der Musik liegt. Das Bewußtsein kann so die verdeckten Informationen nicht entschlüsseln. Natürlich erfährst du – auf der anderen Seite der Cassette oder im Begleitheft – was dir da unterschwellig eingegeben wird.

Ich weiß, daß dein Intellekt jetzt schon in Kriegsrüstung auf der Matte steht: »Was!«, sagt er, »etwas soll Wirkung haben, das *ich* nicht höre? Das ist ganz und gar unmöglich!« Es *ist* möglich, und es gibt wissenschaftliche Untersuchungen, die selbst deinen Verstand überzeugen müssen. So wurde nachgewiesen, daß unterschwellige Reize sich deutlich auf unwillkürliche Körperfunktionen wie Herzfrequenz, Hautwiderstand und Hauttemperatur auswirken, und das wiederum hat Einfluß auf deine Gesundheit und dein Wohlbefinden. So bestätigen zum Beispiel 90 Prozent der Hörer eines Subliminal-Entspannungsprogramms, daß sie besser einschlafen konnten. Ebenso war der Alkoholkonsum einer Gruppe nach der »Behandlung« mit Subliminals nur noch halb so hoch wie der einer Kontrollgruppe. Subliminals werden in den USA inzwischen erfolgreich in der Drogentherapie und in Kliniken eingesetzt. Gewichtskontrolle, Leistungssteigerung bei Sportlern und Geistesarbeitern, ja sogar Schizophrenie sind weitere der unzähligen Anwendungsmöglichkeiten.

Du kannst Subliminals »nebenbei« in deinem Alltag hören, bei Haushaltsarbeiten und ähnlichem. Möglichst jeden Tag und das mindestens drei Wochen lang. Natürlich ist es auch möglich, mehrere Programme abwechselnd zu benutzen.

Warum nun sind Subliminals so erfolgreich? Eben aus dem Grund, weshalb sie dein Verstand nicht so sehr mag: Weil sie die kritische Instanz des Bewußtseins umgehen und sofort in dein Unterbewußtsein wirken. Ich habe ja schon in diesem Buch, ebenso wie in meinen Büchern »Kraftzentrale Unterbewußtsein«, »Hilfe aus dem Unbewußten« und »Die Macht Ihrer Gedanken«, davon gesprochen: Die Instanz, in der *wirklich* Veränderungen unserer Einstellung und damit unseres Verhaltens bewirkt werden, ist das Unterbewußtsein. Nur hier kann ein altes, negatives Programm gelöscht und durch ein neues, konstruktives ersetzt werden. Das leisten natürlich im Prinzip alle Suggestionen, doch leider kommt es da oft zu kleinen Grabenkämpfen zwischen den Suggestionen und dir; dem also, von dem du *möchtest,* daß es ist, und deinem alten Programm, an das du noch *glaubst.*

Nehmen wir an, du gibst dir die Suggestion ein: »Ich bin selbstbewußt«. Natürlich möchtest du selbstbewußt sein und hocherhobenen Hauptes durch die staunende Menge schreiten. Aber während du noch sagst »Ich bin selbstbewußt«, fängt schon irgend etwas in dir zu kichern an und wispert: »Was? Du willst selbstbewußt sein? Ausgerechnet du, wo dir dein Vater doch schon immer gesagt hat, daß du eine Niete bist und es nie zu etwas bringen wirst...« Du siehst, durch solche Widersprüche pfuschst du dir dauernd selbst ins Handwerk, und der Erfolg deiner Bemühungen ist entsprechend.

Das Unterbewußtsein dagegen kennt kein Beurteilen und damit kein Verurteilen. So wie die Erde nicht sagt: »Ich mag aber nicht, daß man Stiefmütterchen in mich pflanzt, ich will Ringelblumen«, so akzeptiert dein »Mutterboden« Unterbewußtsein alles, was kommt – und verhilft ihm zum Wachstum. Gibst du den Satz »Ich bin selbstbewußt« also direkt deinem Unterbewußtsein ein, so wird er so, wie er ist, angenommen und umgesetzt. Ganz wörtlich! Und dann heißt er: »Ich bin selbst-bewußt, ich bin mir meines Selbstes bewußt«. Und genau das führt zu dem, was wir gemeinhin unter Selbstbewußtsein verstehen: Sicherheit, Stärke, Offenheit.

Ich wünsche dir nun viel Erfolg mit den Subliminals und möchte dich noch an einen anderen Spruch deiner Kindheit erinnern: »Den Seinen gibt's der Herr im Schlafe«.

Suggestionen anzuwenden ist einfach, geradezu »kinderleicht«. Manchem erscheint es da als Ei des Columbus, das Verhalten von bockigen Kindern durch Suggestion zu steuern. Doch ich halte das für den falschen Weg.

Frage: Ab welchem Alter kann man Kindern Suggestionen geben, und wie geht man dabei am besten vor?

Hat hier jemand sein Lieblingsspielzeug kaputtgemacht und will es mir zur Reparatur bringen? Wenn dein Kind Probleme hat – und deine Frage nach passenden Suggestionen deutet darauf hin –, so mußt du dir schon ein bißchen mehr Mühe geben. Probleme werden Kindern nicht in die Wiege gelegt, sie werden von den Eltern übertragen. Hier hat sich ein familiäres Spannungsfeld aufgebaut, in dem jeder, auch dein Kind, seine Rolle hat. Was immer an deinem Kind »nicht stimmt«, in dir und den anderen Familienmitgliedern existiert die entsprechende Ursache.

Jemand hat einmal gesagt: Kinder sind der Schatten der Eltern. Damit ist gemeint, daß Kinder häufig die Eigenschaften ausdrücken, die von den Eltern verdrängt worden sind, mit denen sie sich nicht auseinandersetzen wollen. Doch das Kind bringt sie wie die Sonne an den Tag, es ist ein Spiegel des elterlichen Unterbewußtseins. Wenn dein Kind also zu brav oder zu bockig, zu faul oder zu aggressiv ist – dann schau doch mal in dir selbst nach, wie es mit diesen Eigenschaften bestellt ist. Hast du nicht selber Schwierigkeiten mit deiner Bravheit oder Aggressivität? Warum kannst du dein Kind nicht akzeptieren, wie es ist? Hat sich da jemand in eine endlose Spiegelfechterei verstrickt und bekämpft in seinem Kind sich selber?

Du siehst, so einfach kommst du aus der Sache nicht heraus. Kinder sind die besten Lehrmeister für ihre Eltern, denn sie verstellen sich nicht, sie tragen keine Maske. Kinder empfinden alles ganz direkt: den Rausch des Glücks, das ganze schreckliche Ausmaß des Schmerzes. Für ein Kind ist es natürlich, seine Gefühle in aller Intensität zu erleben und sie spontan auszudrücken. Aber vielleicht erlaubst du ihm nicht, seine Gefühle direkt abzureagieren, du hinderst es zum Beispiel daran, seine (schnell verrauchende Wut) zu äußern, weil sie dich an deine eigene fürchterliche (und nicht mehr schnell verrauchende!) Wut erinnert.

Das heißt natürlich nicht, daß man jeder Gefühlsregung eines

Kindes freien Lauf lassen soll. Aber wenn aus der Unterdrükkung System wird, wenn ein Kind sich gar nicht mehr frei ausdrücken darf, dann wird es mutlos, in sich gekehrt, oder es entwickelt Symptome wie Stottern und Bettnässen. Die Kette, die du hoffentlich unterbrechen kannst, läuft dann folgendermaßen ab: Zuerst war das freie Gefühl, dann die Blockade, dann der Schmerz, dann die Aggressivität, und wenn diese negativen Gefühle auch nicht ausgedrückt werden dürfen, dann kommt es zu Krankheiten, Unfällen, Verhaltensstörungen bis hin zu Kriminalität und Drogensucht.

Ich will dir damit nicht Angst machen, sondern dir die Augen öffnen dafür, daß du sie nicht länger verschließen darfst. Wenn dir nun klargeworden ist, daß du zur Heilung deines Kindes auch an dir selbst arbeiten mußt, kannst du seinen Heilungsprozeß mit Suggestionen durchaus unterstützen. Das ist möglich, sobald das Kind ruhig liegen kann, also ab etwa fünf bis sechs Jahren. Das Wichtigste dabei ist die Entspannung. Suggeriere deinem Kind niemals, was es zu tun oder zu lassen hat! Viel wichtiger sind allgemeine *vertrauensbildende Maßnahmen*. Wenn dein Kind entspannt, zufrieden und selbstbewußt ist, dann treten auch in seinem äußeren Leben keine großen Schwierigkeiten mehr auf. Säe Vertrauen und nicht Zweifel in dein Kind, und es wird aus sich selbst heraus Kräfte entwickeln, die alle Probleme überwinden.

Ich habe gesagt, daß dein Kind dein Spiegel ist, damit meinte ich aber nicht, daß es nichts weiter als das ist, daß es gar ein Wesen ist, daß erst durch dich Substanz erhält. Die Substanz, den Geist, bringt es schon mit auf die Welt, denn es ist eine uralte, erfahrene Seele, wenn es geboren wird. Du aber hast einen enormen Einfluß auf die *Form*, auf die Art und Weise, in der sich dieser Geist inkarniert. Das ist eine hohe Verantwortung und wird daher von vielen Menschen als die wichtigste Aufgabe ihres Lebens gesehen. »Ihr seid die Bogen, von denen eure Kinder als lebende Pfeile abgeschickt werden«, sagt Khalil Gibran, und auch: »Eure Kinder sind nicht eure Kinder. Sie sind die Söhne und Töchter der Sehnsucht des Lebens nach sich selber. Sie kommen durch euch, aber nicht von euch.«

Probleme sind Geschenke, das habe ich schon des öfteren in meinen Büchern gesagt, denn Probleme sind Wegweiser auf deinem Weg der spirituellen Reife. Nimm auch die Probleme deines Kindes als Geschenke an, als Chance, mehr Bewußtheit über dich selbst zu erlangen. Akzeptiere das, was ist, auf daß du es ändern kannst. Wachse an deinem Kind, so wie dein Kind an dir wächst. Ihr seid nicht zufällig zusammengekommen, ihr habt euch erwählt, um zusammen ein Schauspiel des Lebens zu spielen, das euch beiden zur Weiterentwicklung dient. Welche Rolle hätte schon Othello ohne Desdemona, König Lear ohne seine Töchter und Gretchen ohne Faust? Sie leiden aneinander, aber sie brauchen dieses Leiden, um bestimmte Erfahrungen zu machen. Durchschaue dieses »Spiel« mit deinem Kind, dann werdet ihr immer weniger Leidensdruck brauchen und freiwillig in Freude miteinander und aneinander wachsen.

Kommen wir zu einer Frage, die mir häufig gestellt wird. In unserem technologiegläubigen Zeitalter betrachten sich viele Menschen als ein Art Computer, der beim richtigen »Input« augenblicklich mit dem richtigen »Output« reagieren muß. Doch du bist kein Computer, du bist ein geistiges Wesen, und du unterstehst geistigen Gesetzen.

Frage: Seit geraumer Zeit mache ich regelmäßig Entspannungsübungen und sage mir immer wieder positive Suggestionen vor. Geändert hat sich in meinem Leben gar nichts. Was soll ich tun?

Ausdauer und Beharrlichkeit sind Werte, die in unserer schnelllebigen Zeit, die immer neue spektakuläre Erfolge sehen will, nicht mehr viel gelten. Dabei sind es genau die Eigenschaften, die auf Dauer einen erfolgreichen Menschen von einem erfolglosen unterscheiden. Sprich einmal mit den Großen aus Kunst, Politik oder Wirtschaft. Da ist kein einziger, der dir sagen wird, daß von seiner Geburt an ein roter Teppich ausgelegt war, den er nur bis zum Gipfel entlangzuschreiten brauchte. In jedem Leben gibt es Niederlagen und Mißerfolge. Es kommt nur darauf an, wie man damit umgeht.

Der Erfolglose ist nur deshalb gescheitert, weil er seine Niederlage akzeptiert hat. Er sieht einen Rückschlag als Beweis dafür, daß er doch nichts taugt, daß das, was er sich vorgenommen hat, einfach nicht zu schaffen ist, daß er von Natur aus benachteiligt ist und vieles andere mehr. Begründungen für einen Mißerfolg finden sich viele, wenn man danach sucht. Erfolglos bist du dann, wenn du ans Ende all dieser Grübeleien die Resignation setzt. Wenn du aufgibst.

Der Erfolgreiche geht mit einer Niederlage ganz anders um. Je nach Temperament streift er die Erfahrung wie Wasser auf einem imprägnierten Mantel ab, oder er stellt sorgfältige Analysen an. Doch er wird niemals sagen: »Ich kann es nicht«. Er sagt: »Ich kann es. Vielleicht weiß ich im Augenblick noch nicht ganz wie, aber das wird sich zeigen.«

Erinnerst du dich an die Bibelgeschichte, in der Jakob mit dem Engel ringt? Er sagt dabei den erstaunlichen Satz: »Ich lasse dich nicht, du segnest mich denn.« Er beharrt auf seinem Wunsch nach dem Guten, und so blieb dem Engel sozusagen gar keine andere Möglichkeit, als ihn zu segnen.

Beharrlichkeit ist etwas ganz anderes als krampfhaftes Bemühen. Dieses Bemühen kommt aus dem Willen und ist von Angst begleitet. Wer seinen Willen durchsetzen will, hat Angst, daß er das, was er will, nicht bekommt. Beharrlichkeit dagegen ist ein ruhiger, gelassener Zustand. Er ist von *Vertrauen* getragen. Jakob wußte, daß Gott gar nicht anders kann, als die Menschen zu segnen, und so hielt er beharrlich an seinem Wunsch fest, im Vertrauen auf seine Erfüllung.

In den östlichen Religionen und Weisheitslehren zählt die Geduld zu den größten Tugenden. Ungeduld ist Unwissen, ist Unbewußtheit. Geduld ist Wissen, ist Bewußtheit. Das Ego ist ungeduldig, wenn es seinen Willen nicht sofort bekommt. Doch es weiß nichts über die wahre Natur der Dinge! Wenn du einen Samen jeden Tag aus dem Boden ausgräbst, um zu kontrollieren, ob er auch wächst, wird niemals eine Pflanze aus ihm. Du mußt ihn schon geduldig seinem eigenen Reifungsprozeß überlassen – und eines Tages siehst du eine grüne Spitze durch den Erdboden kommen.

Wir bestehen in unserem Leben viel zu oft ungeduldig darauf, daß etwas Bestimmtes jetzt sofort geschieht. Jetzt wollen wir Geld, sofort wollen wir einen Ehepartner, noch in diesem Monat einen neuen Arbeitsplatz.

Woher weißt du eigentlich so genau, daß dies auch tatsächlich richtig für dich wäre? Erinnere dich einmal an entsprechende Situationen in deinem Leben: Da war etwas nicht nach deiner Nase gegangen, da kam dein Gutes ganz plötzlich vom Himmel gefallen, als du gar nicht damit gerechnet hast. Wie oft stellt sich erst im nachhinein heraus, wie richtig es war, daß etwas *nicht* nach deinem Willen gelaufen ist! Gut, du hast den begehrten Posten einer Sekretärin nicht bekommen – aber vielleicht nur, damit du ein paar Monate später Chefsekretärin werden konntest. Gut, du hast das Mädchen, in das du mit 16 furchtbar verknallt warst, nicht geheiratet – aber war das nicht, im nachhinein betrachtet, ein Segen?

Ich kann dir nur raten: Übe dich in Ausdauer, Geduld und Beharrlichkeit, dann verändert sich in deinem Leben auch etwas. Vielleicht zu einem Zeitpunkt, an dem du es gar nicht erwartest. »Ein jegliches hat seine Zeit, und alles Vorhaben unter dem Himmel hat seine Stunde«, sagt der weise Salomo. Woher will dein Ego wissen, was die richtige Stunde ist? Das geht weit über seine Fähigkeiten hinaus. Überlasse es deinem höheren Selbst zu entscheiden, wann die rechte Zeit für die Erfüllung deiner Wünsche ist. Ich möchte dir ein offenes Geheimnis verraten: Das erreichst du durch Loslassen. Laß deine Gier, deine Ungeduld, dein kämpferisches Bemühen los. Laß auch deine – ungewollte – Suggestion »Ich kann tun, was ich will, es ändert sich in meinem Leben nichts« los. Fahre gelassen in deinen Bemühungen fort und vertraue.

Ich halte es aber auch für möglich, daß du zwar »brav« deine Entspannungsübungen machst und positive Suggestionen wiederholst, aber trotzdem noch angefüllt mit negativen Gedanken bist. Ich habe dein Unterbewußtsein schon öfters mit einem Garten verglichen. Du weißt jetzt, daß du den Samen nicht jeden Tag wieder ausgraben darfst, um nachzusehen, wie er sich entwickelt. Aber hast du dich in deinem Garten auch schon einmal umgesehen? Vielleicht liegen viele große Steine darin herum, so daß deshalb nichts wachsen kann. Oder die Erde ist hart und trocken. Oder deine Plastikmülltüten stehen überall herum. Was ich damit sagen will: Du mußt dich von negativen Programmierungen, Ängsten und Aggressionen befreien, bevor etwas anderes in dir gedeihen kann.

Von zwei Schwingungen setzt sich immer die stärkere durch. Wenn du dich also eine halbe Stunde am Tag der Entspannung und Suggestionen widmest, aber den Rest des Tages mißgünstig, aggressiv und ängstlich bist, so ist das Negative vorherrschend in dir und wird das Positive nicht groß werden lassen.

Wir alle sind doch jahrzehntelang mit negativen Schwingungen auf negative Muster programmiert worden. Das fing bei den Eltern an (»Das kannst du nicht«, »Du bist doch eine Niete«) und setzte sich im Arbeitsleben und leider oft auch in der Ehe fort. Du hast also allerhand »Gerümpel« in deinem Garten angesammelt. Mit einem Händeklatschen ist das nicht verschwunden, es gehört schon eine ausdauernde Fleißarbeit dazu, dich von all diesen Dingen zu befreien. Das Positive ist, daran gemessen, zunächst nur eine schwache Schwingung, ein kleiner Anstoß. Doch du kannst sie durch die Beharrlichkeit, die ich dir gerade so ans Herz gelegt habe, von Tag zu Tag vergrößern. Sieh es doch einmal so: Jeden Tag in deinem Leben gibst du der positiven Schwingung etwas mehr Ausdruck. Auch wenn du scheinbar nichts tust, bewegt sich so in dir jeden Tag eine ganze Menge. Und eines Tages ist die positive Schwingung stärker als die negative. Dann ändert sich auch äußerlich in deinem Leben etwas. Es geht gar nicht anders, denn »wie innen, so außen«.

Es gibt noch eine andere Möglichkeit, auf das »Medikament« positives Denken zu reagieren. Und obwohl es merkwürdig klingt: Sie ist sogar sehr vielversprechend.

Frage: Ich habe vor einiger Zeit mit dem positiven Denken angefangen, doch ich erlebe einen Rückschlag nach dem anderen. Zur Zeit geht es mir schlechter als vorher. Woran kann das liegen?

Das ist ein ganz normaler Vorgang, der sogar einen Namen hat: »Chemikalisation«, das heißt chemische Umstimmung. In der Medizin kann man diese Chemikalisation öfters beobachten. Vielleicht hast du selber schon mal erlebt, wie eine Krankheit noch schlimmer wurde, *nachdem* mit der Heilung begonnen wurde. Auch chronische Krankheitszustände versucht man zunächst in eine akute Form umzuwandeln – um sie dann ganz heilen zu können.

Doch nicht nur Medikamente, auch Gedanken verursachen chemische Veränderungen in deinem Körper. Denk daran, wie du dich fühlst, wie dein Körper reagiert, wenn du Angst hast oder im siebenten Himmel schwebst. Da geschehen chemische Veränderungen in deinem Körper, und je öfter ein Gedanke oder Gefühl wiederholt wird, desto stärker wird dein Körper in einer bestimmten Weise stimuliert. Gedanken greifen tief in die Chemie deines Körpers ein.

Du glaubst, positive Gedanken müßten auf der Stelle Positives bewirken. Doch das ist nicht so. Warum aber die anfängliche Wendung zum Schlechteren? Überlege dir einmal folgendes: Jahrzehntelang hast du deinen Körper auf eine gleichbleibende Weise mit eingefahrenen, negativen Gedankenmustern beeinflußt. Dein Körper weiß sozusagen im Schlaf, was kommen wird und hat sich darauf eingestellt. Jedes System strebt nach Stabilität. Wenn du nun plötzlich Gedanken der Freude, der Liebe, der Harmonie in dich einströmen läßt, so ist dein System »verstört«, es weiß nicht, wie es auf diese neuen Reize reagieren soll – und wehrt sich, indem es die alten Muster verstärkt. Erst nach und nach – durch ständige Wiederholung – kann sich die neue Denkweise durchsetzen und bestimmt jetzt das »System«.

Vertraue darauf, daß dieser Umschwung früher oder später kommt. Laß dich nicht entmutigen, wenn für eine Übergangszeit alles schiefgeht, was nur schiefgehen kann. Das zeigt nur, daß du reagierst auf das »Medikament« positives Denken. Ich kann dich also nur beglückwünschen!

Schau doch einmal genauer hin, welche Lebensgebiete dieser Aufruhr betrifft. Hast du Schwierigkeiten in lang eingefahrenen Beziehungen? Geht dir dein Job auf die Nerven? Das kann ein Zeichen sein, daß du etwas in deinem Leben verändern sollst. Krisen sind Wendepunkte im Leben eines Menschen, Häutungen. Alte Verhaltensweisen und Lebensgewohnheiten sind nicht mehr länger gültig, du wirst aufgefordert, neue zu suchen, *Mißerfolg in einer Sache kann die Vorstufe zu Erfolg in einer viel besseren sein!* Manchmal mußt du dich, unter Schmerzen, von einem Menschen trennen, um frei für einen anderen, besser zu dir passenden zu sein. Ärgere dich auch niemals über einen Auftrag oder Job, der dir durch die Lappen geht. Versuche, deine Rückschläge einmal in diesem Licht zu sehen. Sei mutig, ausdauernd und vertrauensvoll. Dann wird sich dein Blatt wenden. Vielleicht von einem Augenblick auf den anderen. Sag mir, wenn es soweit ist!

Ja und hier kommt ein ganz Mutloser:

Frage: Warum mache ich immer die gleichen Fehler?

Ich glaube, daß du noch nie einen Fehler gemacht hast. Du hast dir von deiner Umwelt nur immer wieder einreden lassen, daß du nicht »richtig« bist, daß du vieles falsch machst. Ja, du hast dir sogar lange Zeit drohen lassen: »Wenn du nicht endlich ...« Du hast dich lange verunsichern lassen, und dieses Gefühl hat sich manchmal bis zu Angst gesteigert. Die Angst hat dich dann tatsächlich vorübergehend Umwege gehen lassen.

Aber Gott sei Dank hast du bis heute nachhaltig auf deinem eigenen Weg bestanden. Das hat die anderen auf den Plan gerufen.

Sie alle suchten Mitläufer, weil sie verunsichert waren. Auch ihnen sagten andere, sie seien auf dem falschen Weg. Weil die Seuche der Angst umgeht, sucht jeder nach Unterstützung, und alle verbreiten die Legende, daß wir gemeinsam stärker sind. Jeder einzelne ist jedoch eine Insel. Die Distanz zu anderen kann nur durch das Bewußtsein überbrückt werden, daß in unserem Ursprung nie eine Trennung vorhanden war. Die scheinbare Andersartigkeit, die scheinbare Isolation ist Maya, eine Illusion des zeitlichen und räumlichen Universums. Jeder einzelne, du eingeschlossen, ist ein in sich perfektes und vollkommenes Ganzes, das sich nur aus sich selbst von innen heraus erfahren und erkennen kann.

Wir alle stammen aus derselben Quelle, folgen vorübergehend unserem eigenen Fluß und finden im Ziel wieder in unserer Ursprünglichkeit zusammen. In diesem perfekten Kreislauf ist nirgends Unklarheit, Fehlerhaftigkeit. Nur du kannst aus dir heraus all die Gründe und Notwendigkeiten erfassen, die zu deinem momentanen Tun führten, es sogar notwendig machten. Niemand kennt besser deine Einzigartigkeit als du selbst und somit die Notwendigkeit deines individuellen Weges.

Deine Vergangenheit hat jedoch, wie ich dich kenne, recht suggestiv auf dich eingewirkt, denn du behauptest immer noch, schon viele Fehler gemacht zu haben. Du möchtest aus dem Kreis ausbrechen, der im scheinbaren Wiederholen von Fehlern liegt. Es mag sein, daß es manchmal an Sensibilität fehlte, und daß es deshalb zu Wiederholungen kam. Wenn du diesen Vorgang jedoch genau betrachtest, stößt du nicht auf fehlende Sensibilität, sondern auf Unsicherheit und Angst, die dir eingebleut wurden. Fehler zu machen ist dann aus deiner Sicht tatsächlich vermeidbar, du gehst deinen Weg so lange, bis du die Ursache deines bedingt richtigen Handelns erkennst und berichtigst.

Du hast immer, was auch geschah, gelernt. Manchmal wie man es macht und manchmal, wie man es nicht macht. Und genau deshalb war es nie falsch oder gar ein Fehler. Fehler wären es nur, wenn du dich weigern würdest, aus den Vorgängen zu lernen. Erstens tust du das nicht, und zweitens wäre es dir auch gar nicht möglich.

Genau hier hört nämlich unsere Handlungsfreiheit auf, denn die Evolution ist ein Bewußtsein schaffender Prozeß, dem sich nichts entziehen kann!

Du hast manchmal – oder oft – Situationen in deinem Leben wiederholt, weil du Angst hattest, dich Neuem zu öffnen. Dieselbe Geschichte kam wieder vorbei, noch bevor du den Mut hattest, dich ihr offener zuzuwenden. Selbst wenn dies drei-, vier- oder gar fünfmal geschehen ist, sollte niemand deine nur bedingte Reaktion »Fehler« nennen. Du brauchtest genau die Zeit, die verstrich, um genau das zu lernen, was es zu lernen galt.

Wenn ein anderer an deiner Seite schneller war, gratuliere ihm, aber laß dich von ihm nicht beeindrucken. Wir alle haben unsere Stärken, sie sind nur nicht ganz gleichmäßig verteilt! Liebe dich dafür, daß du so bist, wie du bist. Liebe dich für dein Sosein. Niemand ist schon jetzt perfekt, aber deshalb noch lange nicht fehlerhaft. Wenn du dir von einem anderen beweisen läßt, daß du etwas falsch gemacht hast, dann traust du nur *seiner* Logik mehr als der *deinen!*

Warum? Warum gibst du dem anderen das Recht und auch die Macht, dich ungut zu nennen? Wenn du dich in der Vergangenheit oft hast rechtfertigen müssen, kann sich daraus ein Automatismus entwickelt haben. Vielleicht klagt dich schon lange niemand mehr an. Vielleicht bist du zu deinem eigenen Richter oder Ankläger geworden? Du setzt jetzt die begonnene Lebenssituation fort. Wenn du ihre Zusammenhänge durchschaut hast, kann ein neuer Lebensabschnitt für dich beginnen. Wenn du willst, sind wir dann bereits zu zweit.

Ich komme nun zu einer der wesentlichsten Fragen. Bitte lies dir nicht nur kurz die Antwort durch. Verweile bei dieser Thematik, meditiere über sie, führe deine Intuition immer wieder an sie heran. Sie ist der Schlüssel zu dem, was die großen Weisen und Mystiker »Erleuchtung« oder »Erlösung« genannt haben.

Frage: Wie soll ich es denn anstellen, keinen Willen zu haben bzw. wie lerne ich loszulassen?

Krampfhaft zu wollen, *keinen* Willen zu haben, ist natürlich ein Widerspruch in sich und führt nur zur Erschöpfung. An deiner Willensenergie ist grundsätzlich nichts Schlechtes. Mit dem Willen gibst du deinem Leben eine Richtung, überwindest du Hindernisse. Eine willensstarke Persönlichkeit gilt bei uns als stark, unabhängig und positiv. Ich will also kein schwaches Blatt im Wind aus dir machen, das sich hilflos hierhin und dorthin treiben läßt. Im Gegenteil, ich möchte dir gerade die Unendlichkeit deiner Möglichkeiten vor Augen führen. Doch dieses Land der unbegrenzten Möglichkeiten kannst du wiederum nur betreten, wenn du deinen Willen transzendierst, das heißt überschreitest, durch ihn hindurch *weiter*gehst.

Der Wille ist eine harte Energieform. Er übt Druck aus und stößt deshalb irgendwann einmal auf Gegendruck, auf einen Gegen-Willen. Nun bricht ein Kampf aus, und diesen Kampf magst du manchmal gewinnen, aber immer wieder auch verlieren. Sobald du die harte Energie in eine *weiche* umwandelst, übst du keinen Druck mehr aus, es entsteht kein Gegendruck, kein Kampf – und es gibt infolgedessen keine Verlierer mehr. Die weiche Variante zum Wollen ist das *Mögen*. Wenn du etwas magst, nimmst du eine Herzensbeziehung zu ihm auf, du läßt Liebe zu dem Gegenstand deines Begehrens fließen und nicht Gewalt. Was du aber liebst, das ziehst du an – und siehe da, du hast genau das, was du »wolltest«.

Der Willensstarke setzt ein Übermaß an Energie ein, weil er Widerstand fürchtet. Er hat Angst und geht nun mit dem Kopf durch die Wand, um diese Angst nicht mehr spüren zu müssen. Die Angst, nicht das zu bekommen, was du brauchst, Mangel zu erleiden, kommt natürlich aus der Kindheit. Ein willensbetonter Mensch mußte schon früh im Leben die Erfahrung machen, daß er für sich selbst sorgen muß, wenn er überleben will, er konnte kein Vertrauen in eine nährende, unterstützende Mutter, einen beschützenden Vater entwickeln.

Doch nun bist du erwachsen, und du weißt, daß du alles, was du brauchst, haben kannst. Nicht von Mama oder Papa, auch nicht durch wilde Entschlossenheit: Einfach deshalb, weil du ein Mensch bist und damit Teil einer Existenz, die alles, was lebt, versorgt, einfach nur deshalb, weil es *ist.*

Nun sind wir beim zweiten Teil deiner Frage: Wie kann ich lernen loszulassen? Auch in dieser Frage liegt ein gewisser Widerspruch, denn wenn man losläßt, tut man ja gerade nichts. Dieses Nichtstun ist es, was uns unendlich schwer fällt. Das hat wiederum mit dem Tier in uns zu tun, das noch sehr lebendig ist. Ein Raubtier läßt seine Beute nicht los. Es gräbt seine Krallen in das, was es jetzt gerade hat und setzt alles daran, diesen Besitz zu verteidigen. Auf der materiellen Ebene hat das Festhalten also durchaus seinen Sinn, denn satt wird man nur von dem, was man tatsächlich zwischen den Zähnen hat.

Doch wir sind nicht nur Körper, wir sind geistige Wesen, und auf der geistigen Ebene gelten andere Gesetze. Hier ist der Wille, den du einsetzt, etwas zu erreichen, gerade das Hindernis auf dem Weg zu deinem Ziel. Hier wird dir gerade das genommen werden, an dem du verbissen festhältst. Hier fällt dir buchstäblich alles zu, was du brauchst, wenn du dich vertrauensvoll fallen lassen kannst.

Ich habe schon öfters in diesem Buch davon gesprochen, daß die Evolution bestimmte Absichten mit uns verfolgt. Wir Menschen sind dazu bestimmt, uns immer weiter von den tierischen Seinsebenen zu entfernen, unser Ziel ist es, Schritt für Schritt auf unsere eigentliche, geistige Existenz zuzugehen, auch wenn wir für Generationen noch *Wesen des Übergangs* sein werden. Loszulassen ist also eine der großen Aufgaben, die *alle* Menschen, die sich in diesem Jahrhundert inkarniert haben, zu lösen haben. Vielleicht ist es die Aufgabe deines Lebens!

Nun kannst du freiwillig lernen – oder du wirst durch Leiden dazu gezwungen. Dann wirst du immer wieder Trennungen von Menschen und Umständen erleben müssen, die dir weh tun. Ist es da auf die Dauer nicht doch besser, freiwillig, ohne Leiden deine Verhaftungen zu überwinden?

Vielleicht sagst du jetzt: Ja, gut, nach einer Reihe äußerst schmerzvoller Erlebnisse habe ich das begriffen. Ich bin dazu entschlossen, freiwillig das Loslassen zu lernen. Doch wie soll ich da vorgehen? Lies dir noch einmal durch, was ich über den Unterschied von Wollen und Mögen gesagt habe. So wenig wie du darum kämpfen kannst, keinen Willen zu haben, kannst du darum kämpfen loszulassen. Das Loslassen ist das *Ergebnis*, das sich ganz von selbst einstellt, wenn du die richtige Einstellung zu deinen Dingen gefunden hast.

Stell dir vor, du sitzt in einem Flugzeug. Du siehst unter dir ein Wolkengebiet, aber du siehst auch, daß einige Kilometer weiter keine einzige Wolke mehr Schatten und Regen übers Land bringt. Vor allem aber ist dir bewußt, daß du *über* allen nur möglichen Wolkenfeldern fliegst, daß hier oben, in der Höhe, in der du dich bewegst, ewige Sonne ist, daß alle Wolken nur relativ und räumlich-örtlich begrenzt sind.

Wenn du dir diese geistige Einstellung in deinem Alltagsleben zu eigen machst, dann hast du eine Perspektive erlangt, aus der heraus es dir leichtfällt loszulassen. Du weißt dann: Alles kommt und geht, alles ist relativ und nur für diesen Augenblick gültig, ein paar Kilometer weiter, ein paar Tage später, kann alles ganz anders aussehen. Du entwickelst nun aus deiner *übergeordneten Perspektive* heraus eine Lockerheit, eine Leichtigkeit, die deinen Blick schärft für Alternativen.

Unternimm alles, was dazu dient, dir diese übergeordnete Perspektive als die einzig wahre erscheinen zu lassen (Meditation, Tiefenentspannung). Dann stellt sich die Fähigkeit loszulassen als natürliches Ergebnis ein. Und jetzt wird sich dir das Leben von seiner besten Seite zeigen. Es wird dich mit Angeboten und Alternativen zu den Angeboten nur so überhäufen! Und wenn du dann im Schlaraffenland zwischen Kokoshörnchen und Malaga-Eis wählen mußt, denk mal an mich…

Ich verabschiede mich von dir mit der letzten Frage, die den Kreis der Überlegungen in diesem Buch wieder schließt.

Frage: Warum hast du ein Buch mit Fragen und Antworten geschrieben, vergrößerst du damit nicht noch die Informationsflut?

Du hast diese Frage gestellt, bevor dieses Buch geschrieben wurde, sonst hättest du gesehen, daß es nur einige Zeilen Fragen sind und viele Zeilen Antworten. Außerdem habe ich die Fragen ja nicht gestellt, sondern nur versucht, sie zu beantworten. Ich habe also ein Buch mit Antworten geschrieben, weil du es so wolltest. Ich fragte dich, was du willst, und du sagtest: Antworten. Du sagtest mir, daß du keine Lust hast, nach Antworten zu suchen, aber daß es dir Spaß macht, Fragen zu stellen. Du hast mir verraten, daß es dir leichter fällt zu fragen und daß du dich oft freust, wenn dein Gegenüber darauf nicht antworten kann. Einmal hast du mir gestanden, daß du mit deinen Fragen den anderen ärgern willst, weil du ausprobierst, ob ein Dummer tatsächlich mehr Fragen stellen kann, als zehn Weise beantworten können.

Ich bin weder weise noch zu zehnt, so daß es wie »Mensch, ärgere dich nicht« aussieht, was hier gespielt wird. Da ich dich gerne habe, spiele ich mit. Du stellst lieber Fragen, als zu antworten, du hast gerne jemanden, der dir die Kastanien aus dem Feuer holt. Eine Zeitlang kannst du das auch sicherlich tun, aber irgendwann wirst du feststellen, daß die Antworten mehr zu dem passen, der sie gibt, als zu dir. In meinen verschiedenen Büchern habe ich öfters verständlich werden lassen, daß jede Antwort nur bedingt richtig sein kann. Alles, was wir in der Lage sind zu erkennen, sind Teilsaspekte, sind einzelne Elemente eines gewaltigen Ganzen, das seinerseits so groß ist, daß wir es nicht einmal erahnen können.

Je länger du dich mit Inhalten befaßt, wie du sie in Dr. Murphys und meinen Büchern findest, desto klarer wird dir sein, daß unser Wissen eher ein *Nicht-Wissen* ist, als daß sich tatsächlich etwas damit anfangen ließe. Deshalb versuche ich immer wieder, den Fragenden zu einer Suche nach einer eigenen Antwort anzuregen.

Das Frage-und-Antwort-Spiel ist auf dieser Evolutionsstufe

ein notwendiges Verhalten, um, wie mühsam auch immer, langsam, aber stetig voranzukommen. Hier wäre die Frage berechtigt: Wohin? Gut, daß du sie nicht stellst, ich käme wieder einmal in Schwierigkeiten, müßte ich sie beantworten. Viele Antworten sind in diesem Buch von mir nicht gegeben worden, aber immerhin sind die entsprechenden Fragen bereits existent. Solange du einen Mitspieler brauchst, ist dieses Spiel auch in Ordnung, aber fang einfach mal an, Fragen in den Raum zu stellen. Stelle Fragen, ohne daß jemand anderer dabei ist. Du kannst deine Antworten weltweit suchen, aber genausogut kannst du sie dir auch selbst geben. Versetze dich in einen Zustand, in dem du Kanal bist für höheres Wissen, Channeling nennt man das in der modernen Sprache.

Außerordentlich viele Menschen spielen gern das Dummenspiel. Sie stellen Fragen, obwohl sie sich genausogut die Antworten selber geben könnten. Bei diesem Spiel glauben einige, Fragen stellen, ehre den anderen. Es ist für sie so etwas wie »Bauchpinseln«: Ich bin dumm, du bist schlau. Das eigene Licht unter den Scheffel zu stellen, gibt es im Grunde gar nicht. Wer so tut, als wüßte er nicht viel und benötige einen anderen zur Lebensbewältigung, hat überhaupt nichts unter den Scheffel zu stellen. Achte genau auf deine Motive, wenn du fragst. Geht es dir wirklich um die Antwort, ist es gut. Willst du dich jedoch beliebt machen und mit klugen Fragen brillieren, dann solltest du vielleicht woanders mitspielen. Diese Zeilen sollen keine Kritik sein, und außerdem hast du sicherlich mein eines lachendes Auge gesehen.

Du sagtest mir: Noch mehr Antworten vermehren nur die Unsicherheit. Ich frage dich: Was vermehrt beim Unsicheren *nicht* die Angst? Der Ängstliche ist ständig auf der Suche nach Nahrung für seine Angst. Er stellt zur rechten Zeit den Fernseher an. Er liest Berichte über Gewalttaten in der Zeitung. Er ist Mitglied in der Videothek für Horrorfilme. Er hat viele gute Gründe dafür, unsicher zu sein, und auf seiner Suche nach »Beweisen« wird er auch ständig fündig werden. Der Vertrauensvolle sieht überall Anzeichen von wachsendem Frieden, er hört täglich von Schwertern, die zu Pflugscharen werden. Er freut sich über die vielversprechende weltpolitische Situation und läßt schon die Einladungskarten für die Silvesterfeier 2000 drucken.

Die Tendenz, die dominant in dir ist, sucht sich selbst in der Außenwelt zu bestätigen. Sie weist dich auf ihrem Inhalt entsprechende Geschehnisse hin und versucht, dir jeden Tag neu zu beweisen, daß du mit ihr ganz richtig liegst! Indem ich versuche, Antworten zu geben, erhöhe ich beim Sicheren dessen Sicherheit, und beim Unsicheren verstärke ich dessen Unsicherheit. Vielleicht aber verstärke ich auch bei ihm die positive Tendenz, die er bisher nur unterdrückt hat, und helfe ihm, sie zur vorherrschenden zu machen. Unsicherheit ist schließlich der erste Schritt zu einer neuen Sicherheit!

Du sagst, dieses Buch vergrößere die Informationsflut. Die ständig wachsende Flut der Informationen droht tatsächlich über unseren Köpfen zusammenzuschlagen. Aber ich glaube nicht, daß ich diese Flut vergrößere, ich bin nur Zulieferer. Du kennst ja da Gesetz: Jedes vermehrt sich nach seiner Art. Alles strebt nach Vervollkommnung, alles wird mehr, so auch die Information. Das Volumen des Wissens ändert sich grundsätzlich nicht, es war schon immer in der Welt, aber es wird täglich neu unterteilt, andere Aspekte werden beleuchtet, und das alles, um bei der Suche voranzukommen. Du selbst erhältst durch dein Suchen einen immer größer werdenden Anteil vom Ganzen. Deine Perspektive erweitert sich durch jede neu hinzukommende Information. Die Informationsflut dient uns, hilft uns zu suchen und zu finden. Sie soll uns niemals ängstigen. Alles, was ist, und so auch sie, zeigt uns nur immer neue Wege auf.

Du kannst dich dieser Wege bedienen, oder auch nicht. So wie ein unerschlossenes Land durch neue Wege nicht größer wird, sondern nur erfahrbarer, so helfen dir die Informationen, das, was du suchst, in immer neuen Perspektiven zu betrachten. Ich danke dir, daß du ein Stück meines Weges mit mir gegangen bist!

Nachbemerkung

Wir sind ein Stück des Weges gemeinsam gegangen und hoffen, daß wir angenehme und nützliche Weggenossen waren. Nun ist es an dir, was du daraus machst. Wir wünschen dir viel Erfolg!

Wir haben in diesem Buch einige Male die Subliminal-Cassetten erwähnt, die Erhard produziert hat. Hier nun die genauen Angaben dazu:

»Das positive Selbsthilfeprogramm«, zehn Cassetten von Erhard F. Freitag (A-Seite: die bewußte Technik, B-Seite: die Subliminaltechnik) mit folgenden Themen: »Konzentration«, »Frei von Angst«, »Frei von Streß«, »Selbstbewußtsein«, »Liebe und Partnerschaft«, »Schlank sein«, »Selbstheilung«, »Ruhig schlafen«, »Wohlstand« und »Erfolg«. Zu bestellen über die »Edition Kraftpunkt«, Toni Fedrigotti, Aindlingerstr. 3, 8900 Augsburg.

Solltest du noch persönliche Fragen an uns haben, die in diesem Buch nicht zur Sprache gekommen sind, so kannst du uns gerne schreiben.

Anschrift:
Institut für Hypnoseforschung
Postfach 20 08 16
80008 München
Tel. 089 / 7 90 15 25

GOLDMANN
GRENZWISSENSCHAFTEN ESOTERIK
Norman Vincent
PEALE
POSITIV IN DEN TAG
Der Führer zu einem glücklichen, erfüllten Leben

GOLDMANN
GRENZWISSENSCHAFTEN ESOTERIK
Norman Vincent
PEALE
DEM LEBEN VERTRAUEN
Aktive Lebensgestaltung durch Positives Denken

GOLDMANN
GRENZWISSENSCHAFTEN ESOTERIK
Dr. Joseph
MURPHY
Die Praxis des Positiven Denkens
Wie ein positives Leben unseren Alltag verändern kann
Originalausgabe

GOLDMANN ESOTERIK
DR. JOSEPH
MURPHYs
VERMÄCHTNIS
Das Leben bejahen